• 이남석

충남 공주생으로
공주사범대학 역사교육과를 거쳐
고려대학교 대학원에서 석사와 박사과정을 마쳤다.
현재 공주대학교 사학과 교수로 재직 중이며,
공주대학교 박물관장의 보직과 한국고대학회장을 역임하면서
1980년대 이후 현재까지 학내·외에서 백제유적의 발굴과 연구에 진력하고 있다.

주요 연구물로는
『百濟 石室墳 研究』(1995)를 비롯한
『漢城時代 百濟의 古墳文化』(2014) 등 10여 권의 저서와
「청동기시대 사회발전단계문제」(1985) 등 100여 편의 논문 등이 있다.

※ 본 연구는 공주대학교박물관의 학술연구지원에 의해 진행되었다.

遺蹟과 遺物로 본 熊津時代의 百濟

유물로 본
의

016년 7월 25일
016년 7월 30일
남석
경
라
출판 서경문화사
서울시 종로구 이화장길 70-14 105호
743-8203, 8205 / 팩스 : 743-8210
k8203@chol.com
994-41호
6062-189-3    93900

여 드립니다.

유적과 유물로 본
웅진시대의 백제

유적과
웅진시대
백제

초판인쇄일
초판발행일    2
지 은 이    이
발 행 인    김선
책 임 편 집    김소
발 행 처    도서

주소 :
전화 :
메일 :
등록번호    제300-
ISBN        978-89-

© 이남석. 2016

유적과 유물로 본

# 웅진시대의 백제

이남석 지음

서경문화사

　이 글은 백제의 두 번째 都邑이였던 熊津에서 발굴된 유적과 유물을 통해 백제의 웅진시대사를 살펴보고자 한 것이다. 두 번째 도읍지 웅진이 어떤 지역이고, 왜 백제가 웅진으로 천도하였고, 웅진에서 어떻게 있었는지, 그리고 사비로 도읍을 옮기는데 그 배경은 무엇이고, 이후 웅진은 어떻게 존속하였는지를 살펴보고자 한다. 물론 백제 웅진도읍기 대표적 文化遺産인 公山城이나 宋山里 古墳群의 역사적 의미도 살펴보겠다.

　백제의 웅진도읍기 정황은 문헌사학뿐만 아니라 고고학적으로도 다양한 검토가 이루어졌고, 분야별로 大綱의 이해기반은 마련되어 있다고 볼 수 있으나 시대사로써 一目然한 이해체계는 여전히 부족하다고 여겨져 본 글을 작성하게 되었다. 때문에 이 글은 기왕의 논의를 바탕으로 새롭게 확인된 자료나 견해를 添言하는 방식으로 진행될 수밖에 없었다. 본래 이글은 "백제, 웅진의 품에 안기다"라는 題下의 이야기책으로 만들었던 것인데, 그 근거를 밝혀둘 필요가 있기에 "유적 · 유물로 본 웅진시대의 백제"란 제목의 연구서로 체제를 갖추어 재정리한 것이다. 다만 웅진시대의 백제사를 槪說하겠다는 목적에서 이 글을 작성하였기에, 논의 전개도 원초적 고고학 자료나 문헌기록에 대한 나름의 論證을 통해 진행하였고, 기왕에 제기된 여러 견해의 可否 판단은 물론이고, 言及의 검토는 가능한 止揚하였음도 밝혀 둔다.

　사실, 熊津은 서기 475년부터 538년까지 64년간 백제의 도읍지였다. 고구려의 군사적 침략으로 한성의 함락, 개로왕의 敗死라는 황급한 상황에서 기반시설이 전혀 갖추어지지 않은 웅진으로 천도한 백제는 60여 년의 도읍기간 동안 혼란을 극복하고 更爲强國을 이루어 다시 사비로 천도한다. 따라서 백제의 웅진시대는 한성시대와 사비시대의 過渡的 단계로서 정치 · 사회 · 문화적 의미를 간직하고 있다. 그런데 웅진시대 정치와 사회상의 탐색은 이를 가늠할 문헌기록의 영세로 아직은 미흡한 부분이 많다. 특히 片鱗으로 남겨진 기록마저 비판적 검토가 부진한 채 자의적 해석만 거듭되어 맥락을 가늠하기 어려울 정도의 복잡한 역사상이 구성되기도 한다. 여기에 핵심일 수밖에 없는 왜 웅진으로 천도하였는지, 웅진에 도읍한 후의 혼란된 정국의 주체가 누구이고 왜 그렇게 되었는지, 나아가 어떻게 혼란한 정국을 수습하고 갱위강국을 실현하였는지의 배경에 대한 질문은 여전히 미흡한 상태이다.

백제의 웅진시대에 대한 이해는 『三國史記』 등 문헌기록의 零細性과 史料批判의 문제로 나름의 한계가 많은 것이 사실이다. 때문에 유적과 유물이라는 고고학적 자료를 통하여 탐구가 폭넓게 진행되고 있다. 그러나 유적과 유물을 통한 백제 웅진시대의 이해도 문헌사학에서 정립한 역사상과 相衝하는 문제로 인해 아직은 정론에 이르지 못한 상황이다. 특히 기왕에 정립된 역사상에 符合되는 유적과 유물만을 선별하여 특수성을 부여하고, 이를 토대로 사건 · 사고를 이해하는 경향이 적지 않아 고고학 본래의 의미가 퇴색되기도 한다.

역사는 사료와 물질 자료의 끊임없는 대화로 탄생한다. 백제의 웅진시대사는 그 시대상을 보여주는 기록이나 유적 · 유물과의 끊임없는 대화를 통해 복원될 수 있다. 다만 얼마나 客觀的이고 合理的으로 質問을 하였는가의 문제가 남을 뿐이다. 이를 위해서는 사료와 물질자료를 해석함에 있어 엄밀한 비판과 분석이 선행되어야 한다.

지난 30여 년간 백제의 두 번째 도읍지 웅진에서 유적을 발굴하고 나름의 분석과 해석을 거듭하면서 迷宮의 백제사 퍼즐을 구성하고자 노력하였다. 다만 본래 유적과 유물 즉 고고학 자료는 보편적 성격의 물질자료일 뿐이라는 생각에, 무엇보다 자료의 집적이 선행되어야 한다는 판단에, 짧지만 적지 않은 시간을 파고 닦는 작업에 열중한 것 같다. 이제 자료의 축적도 어느 정도 이루어졌고 나아가 각각에 대한 나름의 의미도 갖추어졌다고 여겨진다. 다만 유적과 유물이 웅변하는 백제의 모습은 문헌을 통한 이해와는 다소 상충되는 부분이 없지 않다. 특히 분석된 물질자료만으로 복잡하게 엮어진 웅진시대사의 본래 眞面目을 살피는데 어려움이 없지 않다. 이에 유적과 유물의 분석된 결과와 그 해석을 바탕으로 나름의 웅진시대의 백제에 대한 질문을 던져보고자 글을 쓴다.

물론 기왕에 간헐적이지만 발굴된 유적과 유물 그리고 그에서 비롯된 역사상을 토대로 웅진시대의 백제사에 대한 나름만의 의견을 피력한 바가 있었다. 그것은 모두가 認識하던 백제의 웅진시대사와 엇박자를 이룬 경우도 많았다. 그러나 유적과 유물이 雄辯하는 역사상에 올바르게 질문하였다는 자신감과 그것이 웅진시대의 백제사 이해에 논리적이고 합리적 접근이었다는 생각에는 변함이 없다. 때문에 결과가 기왕의 한국 고대사 인식과 상반된 것이고, 그처럼 애지중지하는 『三國史記』의 歷史認識과 상반된 것일지라도 당대 역사상을 가장 극명하게 반영하는 것은 유적과 유물이라는 판단에서, 기왕에 언급된 내용을 중심으로 다시금 웅진시대의 역사상을 정립하여 본 것이다.

물론 읽히지도 않는 글을 만들면서 悔恨도 많다. 불평없이 거친 인식을 함께 다듬었던 공주대학교 박물관의 식구들, 늘 주변에서 함께 백제를 이야기하였던 이들에게 폐가 아닌지의 노심초사와 더불어 항상 감사할 따름이다. 엮고 다듬어 책 만들기에 선뜻 나서준 서경출판사는 아마도 정 때문에 경제적 손실을 감수한 것 같다. 책을 만든 후에야 능력 부족을 절실하게 깨닫지만, 그래도 무언가 이야기 할 수 있다는 현실에 滿足하며 自慰한다. 문제를 인식하고 해결할 방법을 모색하면서 함께 討論을 요구할 空間이 있다는 점에서 그러하다. 그러한 외침이 또 다시 空虛한 메아리로 돌아오겠지만 그래도 백제사의 또 다른 인식을 시도하였다는 점만은 기억하고 싶다.

2016년, 7월에

熊津邊에서 筆者 識

유적과 유물로 본
웅진시대의 백제

# I
# 백제의
# 웅진천도

# 1. 도읍지 웅진의 자연과 인문환경

## 1) 머리말

백제의 웅진천도 정황, 특히 그 배경의 이해를 위해 먼저 도읍지 웅진의 자연, 지리적 환경과 천도전의 인문환경을 살피고자 한다.[1] 백제의 두 번째 도읍지 웅진은 지금의 충청남도 공주시가 그것이다. 백제의 두 번째 도읍지였던 지금의 공주시는 차령산맥에 포함되고 중심부에 금강이 관통하여 때로는 수륙의 교통 요지로 인식되나, 전근대사회에서는 산간오지로 판단함이 일반적이었다. 금강이란 대하천이 존재함에도 천변 범람원 발달의 지역적 불균형으로 공주지역 자체는 가용면적의 협소가 두드러진 지역이기 때문이다. 그럼에도 백제가 475년 웅진으로 도읍을 옮김으로써 웅진, 즉 지금의 공주는 역사적 도시로 갑자기 부상된다.

서기 475년, 백제의 웅진천도는 분명한 역사적 사실임에도 웅진이 왜 백제

---

1) 웅진인 공주지역의 자연지리적 환경과 인문환경의 대강은 百濟文化開發硏究院, 1988, 『忠南地域의 文化遺蹟 -公州郡편-』 第2輯과 公州市誌編纂委員會, 2002, 「제1편 자연 및 인문지리」 『公州市誌』(상권)에 그 대강이 정리되어 있어 이를 참고 정리한다.

의 도읍지로 선정되었는가를 구체적으로 알려주는 자료는 거의 발견되지 않는다. 때문에 웅진이 본래부터 준비된 도읍지였기에 천도한 것인지, 아니면 또 다른 긴박한 정치 환경에서 웅진이 도읍지로 선정된 것인가의 판단은 웅진의 자연 지리적 환경이나 천도 이전의 지정학적 환경에 의해 살필 수밖에 없다. 즉 웅진이었던 지금의 공주지역이 자연·지리적 측면에서 도읍지로서 충분한 조건을 갖추고 있는가와, 서기 475년에 백제가 이곳으로 천도하기 전까지 웅진지역에 천도를 유인할 만한 인문환경이 형성되어 있었는가의 고고학적 탐색을 통해 웅진이 도읍으로 선정된 배경의 이해가 가능할 것이다.[2]

원시·고대사회에서 의식주와 같은 삶의 조건은 자연환경에 좌우될 수밖에 없다. 때문에 특정지역 인문환경의 고고학적 검토는 그 첫 단계로 자연·지리 환경을 살피는 것으로 시작한다. 그런데 웅진은 천도로 역사상에 부각된 도시지만, 천도 이전의 인문환경이나 자연·지리의 환경적 측면에서 도읍으로서의 적합성을 찾기는 어렵다는 것이 일반적 인식이다. 지금의 공주는 금강이 시가의 중심부를 동에서 서쪽으로 관통하고, 높다란 산지가 넓게 발달되어 천혜의 요충지로 봄에 문제가 없다. 한편으로는 산간 오지로 불리듯이 지리적 협소성이 매우 크다고 할 수 있다. 그런데 평지가 절대로 부족한 환경에서 금강의 천변지역에 나타나는 범람에 의한 잦은 침수는 인문환경 형성에 그리 적합하다고 보기 어렵다고 보는 것이다.

한편 공주의 인문 환경에 대해서도 어느 정도의 이해는 진전되어 있다고 볼 수 있다. 역사시대는 물론이고 선사시대까지 관련 자료를 토대로 공주란 지역에 터전하였던 집단사회의 모습을 비교적 상세하게 검토하는 것이 그것이다.[3] 그런데 인문환경은 삶의 방식 차이에 따라 시대별로 다양하게 전개될 수밖에 없을 것인데 그 기저에 자연·지리 환경도 크게 작용할 것임은 물론이다.

---

2) 李南奭, 1997, 「熊津地域 百濟遺蹟의 存在意味」『百濟文化』26, 公州大學校 百濟文化研究所, 47쪽.
3) 百濟文化開發研究院, 1988, 앞의 글.

따라서 백제의 도읍지 웅진인 지금 공주의 자연·지리환경이 어떠한가의 이해와, 도읍지로 선정되기 이전의 인문환경의 이해는 백제가 웅진을 도읍지로 선정한 배경이라든가. 이후의 백제사 전개의 이해에 유익한 정보를 얻을 수 있을 것이다.

이에 지금의 공주지역에 대한 자연·지리환경과 거기에서 전개된 구석기시대에서 고대시기까지의 인문환경의 대강을 기왕의 검토결과를 토대로 요약 정리하여 보고자 한다. 특히 자연·지리 환경적 측면에서 공주가 도읍지로서 적합성을 갖추었는가의 문제와, 인문 환경적 측면에서 백제의 웅진천도를 유도할 만한 기반세력의 존재하는가의 탐색에 초점을 맞추어 보겠다.

## 2) 웅진의 자연과 지리 환경

웅진인 지금의 공주는 한반도 중서부에 자리한 충청남도 한가운데에 위치

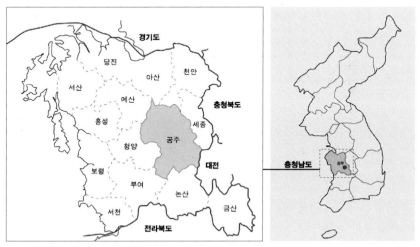

그림 1  한반도와 공주

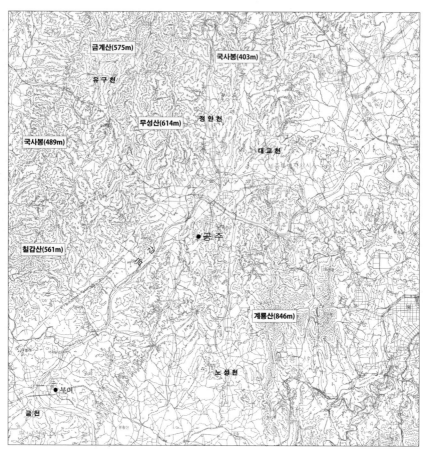

그림 2  공주의 지형

한다. 지리적으로 한반도 중부 이남의 서해안에 치우친 모습이나 바다와 관련된 생태환경은 거의 발견되지 않는다. 오히려 산간 내륙지역이란 환경만이 강조될 수 있는 지역이기도 하다. 한반도의 지세는 동쪽의 북에서 남으로 전개된 태백정맥에서 서남방향으로 작은 곁가지 산맥이 늘어져 있고, 이들 산곡간에 발달한 크고 작은 하천이 동에서 서쪽으로 흘러드는 형국이다. 따라서 전체 지형은 동쪽의 경우 비교적 높은 산지가 발달되어 있고, 서쪽에는 넓은

그림 3 금강과 공주

평지가 펼쳐져 있는 모습이다.

공주는 태백정맥에서 서남쪽으로 갈라진 차령산맥과 노령산맥의 사이에 위치하면서 차령산맥의 직접적 범주에 포함된다. 차령산맥은 오대산 부근의 태백정맥에서 갈라져 충청북도와 경기도의 경계를 따라 남서 방향으로 뻗어 충청남도의 중앙부를 거쳐 서해의 비인만에 이른다. 이 산맥의 일부가 공주시의 북동쪽에서 남서쪽으로 뻗어 있다.

공주는 크게 산지지형과 분지지형으로 구분된다. 산지지형은 공주의 북쪽과 남동쪽인 외곽에 해당된다. 북쪽은 차령산맥이 북동에서 서남으로 뻗으면서 중간에 무성산과 금계산 등의 산들이 자리하고 있다. 무성산이나 국사봉 그리고 금계산과 갈미봉 등은 차령산맥의 중심에 있는 산으로 공주의 북쪽에 있는 사곡면·정안면·유구읍 지역에 자리한다. 특히 북부지역의 대부분은 무성산을 중심으로 커다란 산지 지역을 이룬다. 남동쪽은 천왕봉을 최고봉으로 하는 계룡산지가 남북으로 뻗으면서 비교적 높은 산들이 점점이 이어져 고지대를 형성하고 있다.

분지지형은 공주분지로 구분되는 것인데 옥천의 습곡대와 경기의 육괴 사이에 위치하며, 행정구역상으로 공주를 비롯한 청양의 목면과 정산면 그리고 장평면과 청남면을 포함한다. 공주분지는 길이 약 25km, 너비 약 4km 정도의 마름모꼴 형태로, 북동에서 남서 방향으로 발달한 지형이며, 분지주변을 따라 단층대가 발달되었다. 이러한 공주분지는 공주시가의 동쪽에 위치한 월성산(313m)을 기점으로 사방에 공산과 주미산, 그리고 봉황산과 연미산, 취리산 등이 감싸고 있는데 비교적 좁은 범위에 국한된다.

한편, 공주의 중심부를 동에서 서쪽으로 관류하는 금강은 전북 장수군 분수리에서 발원한 것이다. 금강은 발원지역에서 북서 방향으로 흐르다가 초강과 보천천 등의 지류가 합쳐지고, 이어 청원 부강면에서 미호천이 그리고 신탄진에서 갑천이 합류한다. 금강은 이 부근에서 서남방향으로 크게 선회하여 공주로 진입한 후에 정안천과 유구천이 합쳐진다. 이후 다시 부여에 이르러 백마강이 된 다음, 은산천과 금천이 합쳐진 후 강경 부근에서 성평천과 강경

천이 합류하여 서해로 흘러들어간다.

금강은 길이 401km 정도로 한강 및 낙동강과 함께 남한의 3대 하천으로 구분된다. 평면상 강의 흐름은 전체적으로 완만하다고 볼 수 있다. 그러나 넓은 범람원이나 평탄면을 서서히 자유롭게 흐르는 구간은 적고, 물길의 대부분은 산지 혹은 구릉지의 사이를 흐르는 특징이 있다. 특히 금산군 부리면과 충북 영동군·옥천군까지는 급격한 물 흐름을 보이기도 한다.

더불어 금강의 하류지역은 잦은 범람으로 넓은 평야지가 형성되어 있지만, 공주 부근은 하류지역에 비해서 범람원 발달이 제한적이다. 대체로 금강 북부의 일부지역과 남부 중앙인 논산시 간의 접경지대를 제외하고는 큰 평야가 별로 없다고 할 수 있다.

결국 공주의 지형은 북부와 남동부에는 산지지형, 중앙부에는 분지지형이 각각 발달했으며, 금강이 이 분지를 동서 방향으로 흐르면서 크고 작은 하천들과 합류하지만 금강 하류지역에 비하면 공주 중심부의 범람원 발달은 미약하다는 것을 알 수 있다. 그리고 공주의 산세는 북쪽과 남동쪽의 능선들이 대체로 북북동이나 남북 방향이 우세한 반면, 중앙부의 분지를 둘러싸고 있는 낮은 고도의 능선들은 북동에서 남서쪽의 방향으로 전개된 형국이다. 그리고 분지의 주변은 대부분 표고 200m 이하의 구릉지들이 발달되어 있기도 하다.

분지의 중앙에는 분지와 평행하게 금강이 흐르고 있으며, 이에 유구천과 정안천 그리고 도천과 청룡천을 비롯한 검상천, 용성천, 왕촌천, 대교천, 혈저천 등이 금강에 유입된다. 이들 하천은 분지 내에서 각각 격자상과 수지상의 수계를 보인다. 그러나 분지의 북서부에서는 격자상과 수지상을, 분지 남동쪽의 기반암 내에서는 수지상의 수계로 발달하였다.[4]

따라서 백제 도읍지 웅진인 지금의 공주가 물 좋고 산 좋은 천혜의 명승지라 불리는 것은 이러한 자연지세와 관련 있다고 여겨진다. 즉 차령산맥과 계

---

4)  公州市誌編纂委員會, 2002, 앞의 글.

룡산맥에서 발달한 수려한 산세와 작은 지천이 모여 합류하는 금강의 경관에서 비롯되는 것이다. 다만 조밀하게 들이찬 산세와 금강이 관통하면서 상대적으로 결여된 범람원은 평지가 부족한 결과를 가져왔다.

공주의 중심부인 강남지역은 금강을 경계로 그 남안에 성곽이 쌓여진 공산성, 즉 공산이 자리한다. 그 서단에는 무령왕릉으로 유명한 송산리 고분군이 입지한 송산이 위치한다. 공산과 송산의 사이는 좁은 곡간 분지가 형성되어 있고 이것이 남쪽으로 이어져 공주 시가지를 이루는데, 금강의 범람지에 해당되는 구역이기도 하다. 금강 양안에 건설된 제방과 매립을 통한 도시조성 등으로 본래의 모습을 살피기 어렵지만, 강북지역은 대체로 저평한 하안 분지가 발달되어 있는 반면에 강남지역은 산지가 발달된 것을 쉽게 알 수 있다. 결국 이러한 자연 환경은 인문 환경의 형성에 다양한 형태로 영향을 주었을 것이다.


### 3) 선사시대의 웅진

웅진인 공주의 선사시대 환경은 석장리 구석기시대 유적의 존재로 홍적세부터 관심을 가질 수밖에 없다. 물론 한국의 구석기시대는 도구의 발전 정도에 따라 전기와 중기 그리고 후기로 구분함이 일반적이다. 그리고 전기의 경우 60만 년 전 즈음부터 20만 년 전 즈음까지, 그리고 중기는 3만 년 전까지로 보면서 후기는 1만 2천 년 전까지 잡는 것이 보통인데, 기준 년대는 지역에 따라 차이가 있지만 석장리 구석기시대의 유적은 대체로 후기에 속하는 것으로 본다.[5]

사실, 우리나라에서 구석기시대 유적이 처음 알려진 것은 일제강점기의 일로, 함경북도의 동관진 유적이 그것이란 점은 널리 주지된 사실이다. 그리고

---

5)  孫寶基, 1976, 「石壯里의 舊石器文化」『韓國史論文選集』先史編, 歷史學會.

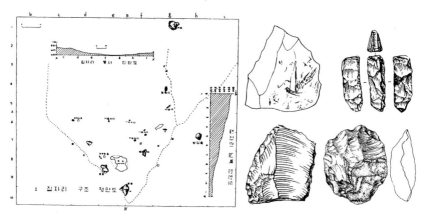

그림 4 　석장리유적 집자리와 출토유물  孫寶基, 1973, 「石壯里의 후기 구석기시대 집자리」 도면

동관진 유적이 알려지던 처음에는 우리나라의 구석기시대 유적에 대해 크게 주목하지 않았던 것도 사실이다. 그러다가 1963년 공주 석장리유적이 발견되면서 구석기시대의 유적에 대한 관심이 증폭되었고 나아가 한반도 전역에 구석기시대 유적들이 널리 산포되어 있음이 점차 확인되기에 이른다. 이후 한반도 각 지역에서 유적의 발견이 증가하였고, 북한에서는 이를 기초로 전기에서 후기까지 망라하는 구석기사회의 존재를 언급하지만 구체적 실증은 어렵고, 반면에 남한에서는 발견된 구석기시대의 유적들이 대체로 중기 이후의 것에 집중되면서 후기구석기시대 유적이 대부분이란 차이를 드러내기도 한다.

　석장리유적은 1963년도에 발견된 이래 여러 차례의 발굴조사가 진행되었고 그 결과 문화층이 두 지역으로 나뉘어 있음이 확인되었다.[6] 그 중 한 지역은 2만 8천 년 전의 것으로 추정되는 집터가 확인되었으며, 그보다 이른 3만 6백 년 전의 유구가 그 아래층에 자리한 것이다. 그리고 다른 한 지역은 절대연대는 확인되지 않았지만, 여러 층위에 걸쳐 사람들이 살았던 흔적이 확인된

---

6) 　孫寶基, 1976, 앞의 글.

것으로 전한다. 더불어 외날찍개와 양날찍개를 비롯한 주먹도끼나 격지, 그리고 돌날석기 등의 후기 구석기시대로 편년되는 유물이 수습되어 이로써 유적의 성격을 추정하기도 한다.7) 더불어 공주지역의 구석기시대 유적은 석장리유적 외에 마암리 동굴유적도 알려져 있지만8) 구체적이진 않다.

본래 구석기시대 유적은 동굴을 비롯하여 바위그늘이나 평지 등에서 발견되는 경우가 많다. 유적은 빛이 잘 드는 강이나 작은 하천변 가깝게 위치하는 경우가 많은데, 석장리유적의 입지환경도 그와 비슷한 강가의 평지에 해당되는 것이다. 그러나 구석기시대의 생업경제는 수렵과 채집생활이 중심이었고, 수렵생활의 경우 사냥감을 따라 이동하는 생활방식이었기에 관련 도구나 생활방식도 그에 상응한 형태였을 것으로 보아야 할 것이다. 따라서 석장리유적도 수렵생활과 관련된 유적으로 보아야 할 것이다.

한편, 기원전 1만 년 즈음의 지구는 후빙기가 도래하면서 기후가 점차 따뜻해지고 그에 따른 식생과 동물상 즉 생태환경에 커다란 변화가 나타난다. 지구의 온난화뿐만 아니라 대기 중의 습기와 빙하의 감소는 해수면 상승을 가져오는 등 지구환경에 적지 않은 변화로 이어진다. 특히 해수면은 100m 정도 가깝게 상승하면서 각 지역에 많은 호수가 생성되고, 큰 하천이 발달하여 이전과 전혀 다른 환경으로 변화된다. 이러한 변화는 상당기간에 걸쳐 진행된 것으로, 그에 대응된 인류의 생활방식 변화가 신석기시대의 시작일 것이다.

우리나라의 신석기시대 유적은 주로 해안가나 강가 혹은 큰 호숫가에서 발견되는 경우가 많다. 확인된 각각의 유적에서는 낚시 바늘이나 어망추 등 어로에 사용된 도구가 많이 출토되는데, 유적의 주변에서 생활의 부산물인 조개더미 유적이 적지 않게 남아 있어 생업경제가 어로에 많이 의존하였음을 알게 한다. 이러한 변화는 기후 온난화에 따라 구석기시대 생업수단인 수렵품 즉

---

7)  孫寶基 外, 1993, 『石壯里 先史遺蹟』, 韓國先史文化硏究所.
8)  金元龍, 1967, 「公州馬岩里洞窟遺蹟豫報」『歷史學報』 35·36, 歷史學會.

사냥감이 감소하고, 해수면의 상승에 따라 수자원이 풍부해진 것과 관련된 것이기도 하다. 그런데 공주 중심부에서 신석기시대의 유적은 거의 발견되지 않는다. 다만 주변에서 발견되는 사례가 있기는 하다.

공주 주변에서 발견되는 신석기시대의 유적으로는 공주 석장리나 부여 나복리 그리고 청양의 정산면 등지의 유적과[9] 계룡시의 용동리 유적을[10] 꼽을 수 있다.

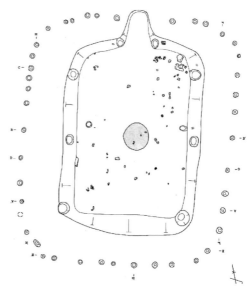

**그림 5  계룡 용동리 신석기시대 집자리**
公州大學校博物館, 2011, 『鷄龍 龍洞里 遺蹟』 도면

공주 주변에서 발견된 유적들은 용동리 유적처럼 규모가 큰 대형 집자리도 있지만 대체로 규모가 작고 분포상도 매우 산발적이다. 우리나라 신석기시대 사람들의 생업경제는 주로 어로에 의지하기 때문에 유적의 성격 또한 패총이나 집자리 등이 중심을 이룬다. 집자리의 경우 일정한 장소에 여럿이 밀집되어 규모를 갖춘 취락을 이루는 것이 보통이다. 이를 토대로 신석기시대 사람들이 공동체 생활을 영위하였다고 보기도 한다. 그러나 공주 주변에서 발견된 유적에서 그러한 면모는 아직 확인되지 않는다.

지구의 환경이 홍적세에서 충적세로 전환된 주요한 계기가 후빙기의 도래에 따른 기후변화이고, 그 중에서도 기온의 상승에 따른 해수면 상승이 주목

---

9)  李南奭·李賢淑, 2002, 『鶴岩里 遺蹟』, 公州大學校博物館.
10) 李南奭, 2011, 『鷄龍 龍洞里 遺蹟』, 公州大學校博物館.

된다고 앞서 언급하였다. 이와 같은 환경변화로 수렵의 대상인 사냥감은 감소한 반면에 해수면 상승으로 수자원이 풍부해지면서 사람들의 생업경제도 그에 의존할 수밖에 없게 되었다. 때문에 신석기시대 유적이 해안가나 강가와 같은 수변에 집중된 것이기도 하다. 공주지역은 금강이 동에서 서쪽으로 관통한다. 얼핏 보면 신석기시대의 생업경제에 유리한 환경 즉 수자원이 풍부한 지역으로 볼 수 있다. 그럼에도 이 지역에서 신석기시대의 유적이 거의 발견되지 않는 것은 큰 하천을 끼고 있음에도 사람들이 머물러 살기에 적합한 환경은 아니었다는 것을 반증하는 것이다. 따라서 홍적세기 이후에 형성된 자연환경 측면에서 볼 때, 공주는 금강이란 대하천이 있음에도 신석기시대의 보편적 인문환경 형성에 그리 적합한 지역은 아니었던 것으로 볼 수 있다.

본래 금속문명의 도래는 오랜 석기시대의 경험을 바탕으로 이룩된 것이지만, 금속의 등장 그 자체만으로도 인류 문명의 새로운 장을 맞이하는 것으로 볼 수 있다. 인류의 금속문명은 중동지역의 경우 적어도 기원전 3천 년 경을 상회하여 시작된다. 동북아시아 지역은 중국의 내몽고 지역을 기점으로 대략 기원전 18세기경에 비롯된 것으로 보는데,[11] 유라시아 대륙을 통해 동진한 문명의 결과로 봄이 일반적이다. 반면 한반도에서 비롯되는 청동기시대는 만주지역에서 전개되었던 청동기문화의 도래와 관련하여 설명하는 것이 보통이다. 시기는 한반도 전체의 경우, 기원전 13세기 혹은 10세기경으로 보거나 기원전 7세기경을 그 시작으로 보고, 이후에 철기문화가 전개되는 기원전 4세기 무렵까지를 그 하한으로 본다.[12]

청동기시대 사람들은 내륙의 구릉지 위에 거처를 마련하고, 비교적 규모 있는 집단사회를 이루어 생활하였다는 것을 그들이 남긴 유적을 통해 알 수 있다. 청동기시대의 유적은 신석기시대의 유적이 해안이나 강가에 남아있는 것

---

11) 김장석, 2007, 「청동기시대」『한국고고학강의』, 한국고고학회.
12) 이청규, 2007, 「초기철기시대」『한국고고학강의』, 한국고고학회.

과는 달리 대부분 내륙의 구릉지 위에 큰 규모로 남겨져 있기 때문이다. 아마도 그들의 생활방식, 즉 농경이나 가축에 적합한 환경을 선호한 것과 관련 있을 뿐만 아니라 집단의 규모가 확대된 것도 배경일 것이다. 유적에는 각종 무기류 외에도 농경 등의 생산용구가 풍부하게 남아 있어, 그러한 생활환경을 추정하는데 어렵지 않다.

백제의 두 번째 도읍지였던 웅진 즉 지금의 공주지역은 청동기시대의 유적이 적지 않으나, 지역을 도읍지 중심권으로 한정할 경우 분포의 상대적 빈약상이 크게 드러난다. 광역적 범위로 볼 때 도읍지의 남쪽 외곽 지역에는 다수의 유적이 알려져 있다. 이 지역은 청동기시대 유적으로 유명한 부여 송국리유적과 인접한 지역인데, 탄천면 남산리라든가 산의리 등지의 유적이[13] 위치한 범위가 그것이다. 이들은 부여 송국리유적의 범주에 포함될 수 있는 것이기에 백제 웅진인 공주지역의 범주에서 이해되기는 어려운 것이기도 하다.

공주 중심부에 가깝지만 강북에 해당되는 우성면 일대에서 집

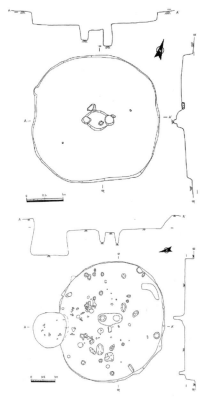

그림 6　산의리 청동기시대 집자리
公州大學校博物館, 1999, 『公州 山義里 遺蹟』 도면

---

13) 李南奭, 1999, 『公州 山義里 遺蹟』, 公州大學校博物館.

자리 등과 같은 청동기시대의 유적이 확인되었는데, 이들은 대규모로 밀집된 것이 아니라 소수가 산발적으로 발견된 것들이다. 공주지역에 잔존된 청동기시대 유적의 대부분은 도읍지였던 웅진 중심부가 아닌 외곽 지역에 주로 남아 있는 것으로 확인된다. 따라서 공주지역의 청동기시대 유적 부재 현상은 공주지역이 동시대인의 정주 환경으로 그리 적합하지 않았음을 대변하는 것으로 볼 수 있다.

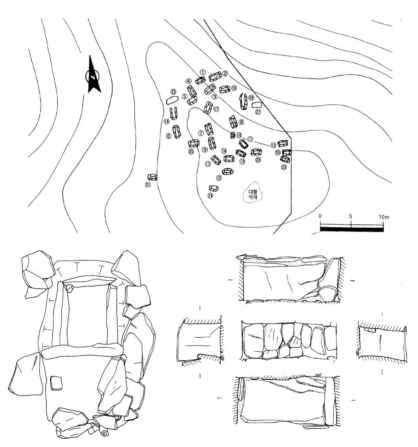

그림 7  산의리유적 분묘-上: 석관묘 배치도, 下: 6호 석관묘
公州大學校博物館, 1999, 「公州 山義里 遺蹟」 도면

대체로 청동기시대 유적은 산지를 배후에 두고 전면에 비교적 저평한 구릉지가 전개된 곳에 입지하는데, 공주지역에서 그에 상응된 지역이 거의 발견되지 않는 점이 유적 부재현상의 배경으로 보아진다. 비록 공주가 물 좋고 산 좋은 고장이라 하지만, 청동기시대인의 생업경제에 필요한 경작지 등의 부족으로 자족적 생업을 영위하기에 나름의 한계가 있었던 것이 아닌가 여겨진다.

공주지역의 규모 있는 청동기시대 집단의 부재현상은 초기철기시대에도 그대로 이어진다. 사실 한반도의 청동기시대는 기원전 3~4세기경에 이르러 새로운 문물, 즉 만주지방에서 성행하였던 철기문화의 확산으로 변화를 겪게 된다. 한반도의 철기문화의 확산 배경은 중국사회가 춘추시대에서 전국시대로 전환되면서 나타난 환경, 다시 말해 중원제국의 부국강병책 추진에 따른 세력 확대의 파장에서 비롯된 것으로 여겨진다. 아무튼 한반도 북부에 명도전으로 대표되는 중국 연나라의 철기문화가 크게 확산되었다. 그러한 영향은 한반도 북부뿐만 아니라 남부로 확대됨과 함께 바다 건너 일본열도의 청동기문화 발전으로 이어지기도 한다.

한반도의 선사시대 사회가 청동기문화에서 초기철기문화로 전환된 것은 철제품의 사용이 전제된 것이다. 그러나 청동기의 경우도 비파형 동검을 대신하여 한국식동검과 청동거울이 새롭게 나타나는가 하면, 주조된 쇠도끼나 쇠끌과 같은 새로운 유물이 널리 성행하기도 한다. 특히 철제 농기구의 성행으로 농업이 크게 발달하였고, 생산력 증대를 기회로 사유재산의 축적이 이루어지면서 계층화와 같은 사회변화가 크게 이루어진다.

그러나 공주지역에서 발견된 초기철기시대

**그림 8  봉안리 유적의 유물**
國立中央博物館, 1992,
『韓國의 靑銅器文化』, p.45 사진

의 유적으로는 장기면 봉안리 유적에[14] 불과하다. 봉안리 유적은 초기 철기문화의 지표인 한국식동검 등이 남아 있었으나 주변으로 확대 여부는 확인되지 않았다. 또한 아직까지 봉안리 유적 이외에는 규모나 내용면에서 크게 주목될 만한 초기철기시대의 유적은 발견되지 않는다. 아마도 청동기시대처럼 공주 자연환경이 초기철기시대 사람들의 생활환경에 적합하지 않았던 것과 관련된 것이 아닌가 여겨진다.


## 4) 삼한시대의 웅진

기원전 3~4세기, 한반도에 유입된 철기문화는 비단 물질문화만이 아닌 사회 전반에 대한 변화를 가져온다. 철제 농기구의 등장은 생산력의 비약적 증대를 가져왔고 이는 다시 사회규모의 확대로 이어지면서, 규모화 된 집단들은 서로 이합집산을 거듭하여 점차 나름의 정치체를 형성한 것이다. 바로 이즈음에 소국으로 불리는 집단사회가 성장한 것이다. 물론 이러한 정치체의 등장 배경은 한반도 북부에 자리한 고조선을 중심으로 대외교류가 활발하게 전개되면서 정치력 성장이 이룩된 결과일 것이다. 특히 중국대륙에 진·한 제국이란 통일 왕조의 등장이 동북아 정세에 적지 않은 영향을 끼치면서, 한반도의 정치체 성장도 크게 확대되었다고 볼 수 있다.

초기철기시대에 성장한 소국이 자리하던 시기를 삼한시대라 구분한다. 중국 역사서에 한반도 북부지역에는 부여를 비롯한 고구려와 같은 나라가 존재하며, 한반도 남부 지역에는 마한과 진한 그리고 변한으로 불리는 삼한이 기록되어 있기 때문이다. 동시에 바다 건너 왜에 대한 기록도 있는데, 왜를 국가가 아닌 종족 집단으로 기록한 것처럼 삼한의 마한과 진한 그리고 변한도 정

---

14) 安承周, 1979, 『百濟文化圈의 文化遺蹟: 公州篇』, 公州師範大學附設 百濟文化硏究所.

치체가 아닌 것으로 인식한 듯하다. 오히려 삼한의 마한과 변한 그리고 진한에 각각 54국과 12국, 12국의 소국이 있다는 사실을 기록한 것으로 볼 때, 마한이나 진한 그리고 변한의 명칭은 정치체가 아닌 지역이나 종족 혹은 단위집단의 분류 명칭으로 인식된 것으로 보아야 할 것이다.[15]

한반도 남부에 삼한사회가 존재하던 시기에 대하여 상한은 마한이 기원전 3세기경, 진한과 변한은 기원전 1세기 무렵으로 보아 서로 차이가 있다.[16] 하지만 그 하한은 대체로 3세기 후반으로 보기에 적어도 기원전후 무렵부터 기원후 3세기 후반까지 한반도 남부 지역에는 소국으로 구성된 삼한사회가 자리하였음을 알 수 있다.

삼한시대의 백제는 지금의 서울지역, 즉 한성에 자리한 마한의 소국 중의 하나로 인식되어야 한다. 그러나 한국 고대사 인식의 기본 역사서로 간주하는 『삼국사기』의 경우 백제를 마한을 정복하고 건국된 나라로 표현하여,[17] 백제가 마한의 소국 중의 하나라는 인식을 어렵게 한다. 그러나 이러한 인식은 『삼국사기』가 저술된 고려시대의 삼국에 대한 인식을 반영하는 것일 뿐이다. 반면에 『삼국지』 위지동이전을 비롯한 중국사서에서는 일관되게 기원 전후의 무렵부터 3세기 후반 무렵까지 한반도 남부지역에는 삼한사회가 존재하였다고 기록하고 있다. 그리고 삼한 중 하나인 마한은 그 범위가 오늘날의 경기와 충청 그리고 전라지역을 포함하는데, 54개의 소국이 있었으며 그중 백제가 포함되어 있다는 것을 분명하게 기록하고 있다. 따라서 삼한사회의 범주에서 한반도 남부지역의 역사를 이해한다면 백제는 삼한을 구성한 마한의 소국으로 이해되어야 할 것이다.

기원 전후부터 3세기 후반 무렵까지의 웅진, 지금의 공주지역은 마한의 범

---

15) 李南奭, 2014, 「馬韓墳墓와 墓制의 認識」 『漢城時代 百濟의 古墳文化』, 서경문화사.

16) 李賢惠, 1976, 「三韓의 國邑과 그 成長에 대하여」 『歷史學報』 69, 歷史學會.

17) 『三國史記』 卷23, 百濟本紀 第1, 溫祚王, "二十七年, 夏四月, 二城降. 移其民於漢山之北. 馬韓遂滅.

위에 포함된다. 마한에 백제를 비롯한 54개의 소국이 있었던 것으로 미루어 볼 때, 공주의 자연·지리 환경이 소국사회가 존재할 여건이었다면 적어도 하나의 소국은 자리하였던 것으로 볼 수 있다. 원래 『삼국지』에 기록된 마한의 54개 소국이 위치에 따라 북에서 남쪽의 순서로 기록되었을 것이란 가정에서 웅진인 지금의 공주에는 불운국 혹은 감원비리국으로 불리는 소국이 있었던 것이 아닐까라는 추정도 이루어졌다.[18]

사실, 공주지역에서는 고고학적으로 원삼국기, 문헌사학의 삼한시대로 편년되는 유적들 다수가 비교적 넓은 범위에서 발견되어 있다. 다만 분포상으로 볼 때 지역적 편재 현상이 두드러지는데, 후에 백제도읍의 중심부였던 현재의 공주시가 일원에서는 유적이 거의 발견되지 않는다. 반면에 강북지역은 서쪽으로는 산발적 분포를 보이고, 동쪽의 의당면이나 장기면 방면은 매우 밀집된 현상을 보인다. 강남지역의 경우 시가지 일원의 분지형 지역을 벗어난 남쪽의 탄천면과 이인면 방면에서 다수가 발견된다.

강북지역의 삼한시대 소국과 관련된 유적으로는 우선 의당면 수촌리 토성 유적을 꼽을 수 있으며,[19] 그 인근의 무덤과 집자리 유적도 주목된다. 우성면 귀산리에서 발견된 2기의 토기 가마도[20] 원삼국시대의 것으로 판단되는 것이며, 상서리에서 발견된 집자리 유적도 있다.[21] 한편 장기면 하봉리의 분묘유적은 주구토광묘로 일찍부터 알려진 것이나,[22] 개발로 인해 그 흔적이 거의 사라진 상황이다. 그러나 그 인근에서 환호형태의 의례시설을 갖춘 또 다른 분묘유적이 확인되어[23] 분포 범위가 상당하였다는 것을 알 수 있다. 최근 세

---

18) 李丙燾, 1976, 『韓國古代史硏究』, 博英社, 262~266쪽.
　　千寬宇, 1989, 『古朝鮮史·三韓史硏究』, 一潮閣, 422~423쪽.
19) 國立公州博物館, 2002, 『水村里 土城』 1.
20) 忠淸埋藏文化財硏究院, 2000, 『公州 貴山里遺蹟』.
21) 公州市, 1998, 『文化遺蹟分布地圖 -公州市-』.
22) 國立公州博物館, 1995, 『下鳳里』 I.
23) 東邦文化財硏究院, 2015, 『世宗 坪基里 遺蹟』.

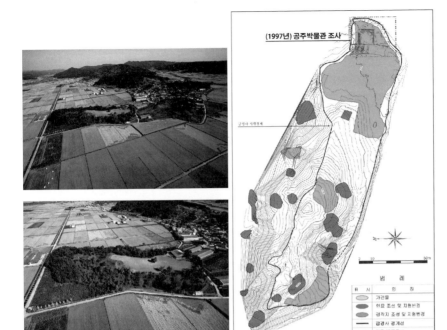

**그림 9  공주 수촌리 토성 <左-원경과 근경, 右: 현황도>**
　嘉耕考古學研究所, 2011, 『公州 水村里土城 地表調査 報告書』 사진 및 도면 재작성

종시로 편입된 송원리의 분묘유적이나 집자리 유적,[24] 나성리 집자리 유적도
[25] 일단은 공주 강북지역의 유적에 포함될 수 있는 것이다. 이로 보면 공주의
강북지역에 있는 삼한시대의 유적은 분포 범위가 매우 넓을 뿐만 아니라 규모
도 결코 작지 않다는 것을 알 수 있다.

　금강 남쪽지역의 원삼국시대 유적은 남단부인 탄천면 지역에 대체로 밀집
된 상황이다. 이 지역은 논산의 성동 뜰로 불리는 저구릉성 평야지가 남쪽에
자리한다. 또한 공주 중심부의 산지를 북쪽에 둔 자연 지세를 갖추어 선사시

---

24) 韓國考古環境研究所, 2010, 『燕岐 松潭里 · 松院里 遺蹟』.

25) 中央文化財研究院, 2015, 『燕岐 羅城里遺蹟』.

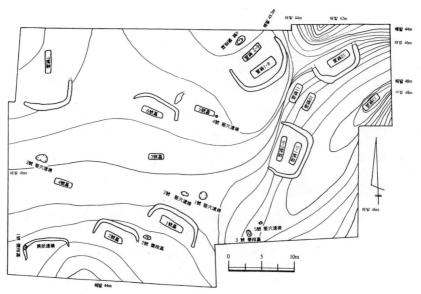

**그림 10 공주 하봉리 주구토광묘 유적** 國立公州博物館, 1995, 『下鳳里I』도면

대부터 취락이 다양하게 자리하였음이 확인된 지역이다. 대표적인 유적은 탄천면의 장선리나[26] 안영리[27] 그리고 정지리 유적을[28] 들 수 있다. 집자리는 대체로 수혈 집자리가 대부분인데, 평면 방형으로 네 귀퉁이에 기둥자리가 있는 사주식 집자리와 기둥자리가 없는 것들이 중심을 이룬다. 내부시설로 아궁이나 화덕시설이 확인되거나 원시적 난방을 위한 토벽의 구들시설을 갖추고 있는 집자리가 부분적으로 확인되고, 일부 집자리의 경우 대규모의 저장시설

---

26) 忠南發展研究院, 2003, 『公州 長善里 土室遺蹟』.
27) 忠淸埋藏文化財研究院, 1999, 『公州 安永里遺蹟』.
　　公州大學校博物館, 2002, 『安永里遺蹟』.
　　忠淸文化財研究院, 2003, 『公州 安永里 새터·신매 遺蹟』.
28) 충남대학교박물관, 2000, 「논산 정지리 백제취락지 현장설명회자료집」.
　　忠淸南道歷史文化研究院, 2012, 『論山 院南里·定止里遺蹟』.
　　嘉耕考古學研究所, 2013, 『論山 定止里遺蹟』.

도 갖추고 있어 주목된다. 무덤은 토광묘 계통의 것들이 주로 남아 있는데, 부장품에 위세품 성격의 것들은 거의 눈에 띄지 않는다.

공주의 원삼국시대 유적 분포정황을 강북지역과 강남지역으로 구분하여 살펴보았는데, 강남지역의 경우 중심부보다 남쪽으로 치우친 분포상을 드러내는 특징이 있다. 강북 지역의 경우는 수촌리가 포함된 의당면과 하봉리가 포함된 장기면 지역을 중심으로 상당한 밀집성을 보인다. 이 지역에는 수촌리의 토성이나 인근의 유적, 그리고 하봉리 주구토광묘의 갖춤새나 분포 정황으로 볼 때 비교적 큰 규모의 집단이 존재하였던 것으로 볼 수 있다. 특히 송원리나 대평리 일대의 집자리나 분묘 유적은 그 규모와 세력이 상당한 집단의 것이라는 것도 알 수 있다.

이는 강남지역도 마찬가지이다. 탄천면 일원에 발견된 원삼국시대의 유적과 함께 남쪽의 성동 뜰 일원에서 확인된 원삼국시대 유적을 포괄할 경우, 비교적 규모 있는 집단사회의 존재를 추정할 수 있기 때문이다. 다만 개별 유구에 대한 성격의 이해는 수정될 부분도 없지 않다. 예컨대 탄천면 장선리와 안영리 유적은 집자리와 함께 수혈구덩이가 대규모로 밀집되어 있어 주목된 것인데, 장선리 유적의 발굴 후에 이 수혈구덩이를 지하로 판 집자리로 판단하여 토실로 구분한 바 있다.[29] 그러나 인근에 위치한 안영리 유적은 아궁이가 마련된 방형의 수혈 집자리가 여러 채 남아 있고 그 주변에 장선리의 것과 같은 수혈구덩이가 규칙적으로 배열되어 이들 수혈구덩이를 주거시설이 아닌 저장시설로 판단하는 점을[30] 유의할 필요가 있다. 다만 백제 도읍의 중심지역으로 여겨지는 공주 시가지 일원은 동시기로 판단되는 유적이 거의 존재하지 않아 삼한시대 공주지역의 인문환경 조성은 지역적으로 편재된 상황이었음을 알 수 있다.

---

29) 이훈·강종원, 2001, 「公州 長善里 土室遺蹟에 대한 試論」『韓國上古史學報』 34, 韓國上古史學會.
30) 公州大學校博物館, 2002, 앞의 보고서.

## 5) 맺음말

웅진이 왜 백제의 도읍지로 선정되었는가를 직접적으로 알려주는 자료는 없다. 때문에 웅진이 본래부터 준비된 도읍지였는지, 아니면 긴박한 정치 환경에서 도읍지로 선정된 것인지에 대한 판단이 필요한데 이 문제는 웅진 지역의 자연·지리적 환경과 인문환경을 검토하는 것으로 해결될 수밖에 없다.

지금의 공주는 금강이 시가의 중심부를 동쪽에서 서쪽으로 관통하면서 높다란 산지가 넓게 발달되어 있어 일단 천혜의 요충지로 봄에 문제가 없지만, 산간오지로 불리듯이 지리적 협소성이 매우 크다. 평지가 절대로 부족한 환경에서 금강이란 대하천의 천변 지역은 범람에 의한 침수가 빈번하였을 것인데 그로 말미암아 웅진이 인문환경 형성에 그리 적합한 지역이었다고 보기는 어렵다.

비록 웅진 인근에 석장리 구석기 유적이 있지만 그것은 홍적세 환경에 속하는 것이기에 이를 통해 과거 공주의 인문환경의 적합성을 살피기는 어렵다. 나아가 신석기시대나 청동기시대 유적의 경우도 거의 발견되지 않거나 있더라도 분포가 빈약한 것은 그러한 자연환경과 무관치 않은 것이다. 이로써 웅진은 자족적 생산 경제를 영위하기에 불리한 지역이었다는 결론도 가능할 것이다.

이러한 지정학적 환경은 백제가 웅진으로 천도하기 이전인 삼한시대도 그대로 드러난다. 다만 금강을 경계로 북쪽에는 어느 정도 집단사회를 추정할 수 있는 유적이 남아 있다. 그러나 웅진 도읍의 중심부에 해당되는 남쪽의 시가지 일원에는 상관된 유적이 거의 발견되지 않는다. 이러한 정황은 백제가 천도하기 전의 웅진은 규모 있는 집단사회가 자리하기에 그리 적합한 환경은 아니었던 것을 보여준다.

# 2. 백제의 웅진천도

### 1) 머리말

백제는 서기 475년 10월 웅진으로 천도를 단행한다. 백제의 웅진천도는 고구려 장수왕의 한성침공에서 비롯되었다는 것은 알 수 있지만, 어떻게 천도가 계획되고 실행되는가의 문제를 비롯하여 왜 웅진이 도읍으로 선정되었는가 등의 의문을 구체적으로 대답하는 자료는 거의 없다. 오히려 천도 배경에 대해서는 고구려의 군사적 침략이란 점에 초점하여 피난이란 사실을 부각시키면서 도읍지 웅진의 선정도 피난지로서 의미만이 강조됨이 일반적이다. 그러나 서기 475년의 정황을 종합하면 웅진천도가 고구려의 침략에 따른 피난만은 아니라는 사실을 우선적으로 주목할 필요가 있을 것이다.

이를 위해서는 백제가 왜 웅진으로 천도하였는가의 문제는 우선 천도가 왕실 주도로 이루어진 것인가의 여부와, 천도지 웅진이 도읍지로서 준비된 지역이었는가에 대한 의문 해소가 필요할 것인데, 이는 천도 즈음의 정황을 비롯하여 해당 지역의 고고학적 환경의 검토를 통해 유추될 수밖에 없을 것이다. 그와 관련하여 앞에서 두 번째 도읍지 웅진인 지금의 공주는 자연·지리적 측면에서 도읍지로서 적합성을 가졌다고 보기가 어렵다는 사실을 보았다. 그리고 선사시대 이래 삼한시대까지의 웅진지역 인문환경을 살펴도 웅진으로 천도를 유인할 만한 환경을 발견하기 어렵다는 사실도 충분히 인지된 상황이다. 한편 도읍지였던 웅진지역의 유적과 유물의 정황을 종합하면 분포상에 나름의 시공간적 차이가 있다는 점은 주목될 수 있는 것이다.[1] 유적과 유물과 같은 고고학 자료는 삶의 흔적이기에 존재만으로도 사회실상을 유추할 수 있을 뿐만 아니라 그 배경의 정치 환경도 짐작할 수 있다는 점을 고려하면 웅진지역 유적과 유물의 분포정황과 성격을 통해 천도 전야에 도읍지 웅진이 어떤 위상이었는지는 파악할 수 있을 것으로 본다.

그리고 단편적으로 전하는 사실이지만 백제의 한성함락 즈음의 정황, 즉 서기 475년 9월에 고구려의 장수왕이 3만의 정예군을 이끌고 한성을 공격하였다는 사실과 그에 대한 백제 개로왕의 대응, 그리고 한성의 함락과 개로왕의 패사 내용이라든가, 장수왕이 포로 8천을 거느리고 평양으로 돌아가지만 신라 구원군 1만과 함께 한성에 당도한 문주가 왕의 궐위에 따라 등극한 사실, 그리고 연이어 웅진으로 천도하기까지 시간적 과정을 재음미할 경우 백제의 웅진천도의 주도세력이라든가 과정에 귀중한 정보가 포함되어 있기에 이를 통한 천도의 주도세력이나 과정 등의 이해가 가능할 것으로 여겨진다.

따라서 웅진에 잔존된 백제시대의 유적과 유물의 분포정황과 그 조성시기를 살펴 웅진이 준비된 도읍지인가의 여부를 판단한 다음에, 왜 웅진으로 천도하였는가의 문제를 기록에 남겨진 웅진천도 전야의 정황을 통해 살피고자 한다. 즉 도읍으로서 적합성이 결여된 환경에도 불구하고 웅진천도가 이루어진 것은 고구려에 대항하기 위하여 지방에서 동원된 구원군의 이해관계 속에 이루어진 것임을 살펴보고자 한다.

---

1) 李南奭, 1997,「熊津地域 百濟遺蹟의 存在意味」『百濟文化』26, 公州大學校 百濟文化研究所, 47쪽.

## 2) 천도지 웅진의 고고학적 현황

웅진지역에 잔존된 유적과 유물은 조영주체의 존재를 대변하는 것이기에 역사적 의미는 적지 않을 것처럼, 백제가 웅진으로 천도할 즈음에 조성된 유적과 유물은 천도 정황을 대변한다고 보아도 문제가 없을 것이다. 사실, 웅진지역의 백제시대 고고학적 환경은 풍부하면서도 나름의 특성이 있다. 따라서 이러한 고고학 환경을 통해 백제 웅진천도의 정황을 이해하기 위해서는 해당 시기의 관련 유적들의 존재현황을 살펴보아야 할 것인데, 인문환경의 부산물인 물질자료를 통해 천도 즈음의 환경을 추론하기 위해서 먼저 관련 자료가 어떤 것이 있는지를 살펴볼 필요가 있을 것이다.

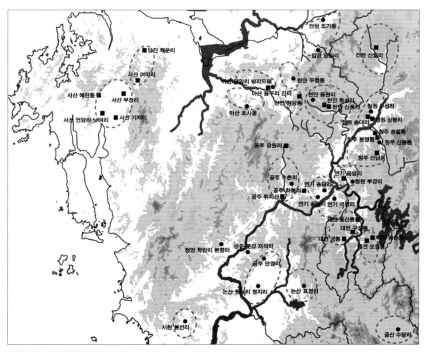

**그림 1** 금강유역권의 유적 분포 현황 이현숙, 2012, 「墓制를 통해 본 漢城期 百濟의 地域相」 도면

그림 2　웅진천도 이전 금강유역의 유적 <해미 기지리유적>　公州大學校博物館, 2009,
　　　『海美 機池里 遺蹟』

그림 3　웅진천도 이전 금강유역의 유적 <천안 용원리유적>　公州大學校博物館, 2000,『龍院里 古墳群』

웅진지역의 유적현황을 살피기에 앞서 범위를 넓혀 금강유역의 백제유적 존재현황을 살펴볼 필요가 있다. 이는 웅진도 금강유역에 포함된 백제의 지방사회였다는 점을 전제하기 위한 것이다. 사실, 금강유역에는 백제의 웅진천도 전, 커다란 세력집단이 존재하였음을 보여주는 유적이 많다는 것은 이미 살펴본 바가 있으며,[2] 그 사례로 천안의 화성리와 용원리 유적, 아산의 탕정지역 유적, 청주 신봉동 유적, 공주 수촌리 유적, 세종의 송원리 유적과 나성리 유적, 그리고 논산 모촌리 유적을 비롯한 서산 부장리 유적, 서천 봉선리 유적 등을 꼽았다. 나아가 이들 유적은 두 번째 도읍지인 웅진을 에워 감싸듯이 위치하는데 넓은 분포권을 형성하고 있음을 지적한 바가 있기도 하다.

그리고 금강유역에 존재하는 백제 웅진천도 전의 유적들은 도읍지 웅진과는 일정한 거리를 두고 있기에, 유적의 입지환경이나 성격에 따라 권역구분도 가능하다. 예컨대 웅진의 서북쪽에 해당되는 천안과 청주를 하나의 권역으로 설정할 수 있으며, 이들을 관곽토광묘의 조성권역으로 구분할 수 있다. 웅진의 동남쪽에 위치하는 논산의 연산면 일대는 수혈식 석곽묘를 사용하는 권역으로, 그리고 웅진지역의 서쪽에 해당하는 당진과 서산 그리고 남쪽에 위치하는 보령과 서천지역은 각각 분구토광묘를 조성하는 권역으로 구분할 수 있음이 그것이다.

웅진주변에 자리한 이들 유적은 규모가 매우 클 뿐만 아니라 다양한 위세품이 출토된다는 공통점이 있다. 때문에 각 유적의 주인공들을 규모를 갖춘 지방세력으로 볼 수 있는데,[3] 이러한 세력들이 웅진의 주변에 넓게 퍼져 있는 것이다. 이들은 중앙에서 하사받은 위세품을 소유하고 있기에, 이를 통해 백제의 중앙정부와 특별한 관계를 유지하고 있었음도 알 수 있다. 이러한 금강유역의 유적정황은 백제가 웅진으로 천도하기 이전, 이미 주변에 다수의 큰

---

2) 李南奭, 1997, 앞의 글, 51쪽.

3) 이남석, 2008, 「百濟의 冠帽·冠飾과 地方統治體制」『韓國史學報』33, 高麗史學會.

세력집단들이 존재하였음을 보여주는 것이기도 하다.

　다음으로 금강유역에서 범위를 좁혀 도읍지인 웅진지역에 한정하여 유적의 잔존정황을 보면, 금강을 경계로 강남과 강북에 잔존된 유적들은 분포와 성격에 차이가 있다는 것은 이미 인지된 바이다.[4] 특히 시기상으로 웅진천도 이전으로 편년되는 유적들은 대체로 강북 지역에서 발견되고, 왕성이 위치한 강남지역에서는 거의 발견되지 않는 것도 확인하였다. 반면에 웅진으로 천도한 이후에 조성된 백제시대 유적은 강남지역에 매우 풍부하게 남아 있으나, 강북지역은 상대적으로 빈약상이 두드러진다는 점도 주목된 바가 있다.

　여기에서는 웅진지역의 백제시대 유적을 성격별로 구분하여 그 정황을 다시금 살펴보고자 한다. 유적은 무덤이나 산성, 그리고 생활유적을 비롯하여 각종의 종교 의례시설 등을 꼽을 수 있겠는데 나름의 존재 특성을 드러내기 때문이다. 그중에서 가장 돋보이는 자료가 무덤일 것이다.

　지금까지 웅진에서 확인된 분묘유적은 대체로 30여 지점이 알려져 있다. 이중에서 발굴조사로 성격이 분명하게 검증된 것은 약 20여 지점으로, 웅진의 중심부로 여겨지는 현재 공주시가의 가장자리에 있는 것과 외곽지역에 산개된 형태로 있는 것으로 구분할 수 있다. 이중에서 가장자리에 있는 것은 중심에서 2km 정도 범위에 위치하는 것이 대부분이고 강한 밀집도를 보인다. 반면에 외곽의 경우는 도읍지 중심권과 상당히 이격된 상태로 분포하며, 시기적 다양성과 함께 유형이나 형식도 대부분의 것들이 망라되어 있기도 하다.[5]

　더불어 웅진지역의 백제 무덤들은 잔존한 지역에 따라 묘제와 축조시기의 차이가 확인된다. 하봉리 고분군이나[6] 남산리 고분군처럼[7] 이른 시기의 토광

---

4)　李南奭, 1997, 앞의 글, 38쪽.
5)　李南奭, 1997, 앞의 글, 39쪽.
6)　徐五善·李浩炯, 1995, 『下鳳里I』, 國立公州博物館.
7)　安承周, 1980, 「公州 南山里 地域의 古代文化」 『百濟文化』 13, 公州師範大學 百濟文化硏究所.

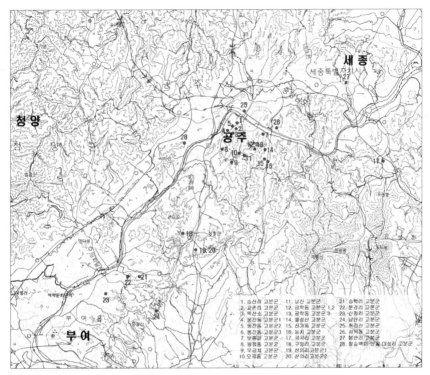

그림 4 공주의 백제고분 분포현황

묘 자료는 도읍의 중심부에서 거리를 둔 외곽에 자리하는 것이 보통이다. 물론 수촌리 유적처럼 웅진으로 천도하기 직전의 것으로 판단되는 토광묘 자료도 있으나,[8] 이들도 도읍의 중심과는 거리를 둔 강북지역에 자리하는 것이다. 더불어 봉정동 무덤처럼 석곽묘에 옹관을 안치한 특이형도 있지만[9] 집중성이 적은 것이다. 대체로 웅진천도 이전의 묘제는 도읍지 외곽에 산포하는 특징을

8)  忠淸南道歷史文化硏究院·公州市, 2007, 『公州 水村里 遺蹟』.
    충청남도역사문화연구원·공주시, 2014, 『公州 水村里古墳群Ⅱ』.
9)  安承周, 1975, 「百濟古墳의 硏究」 『百濟文化』 7·8, 公州師範大學 百濟文化硏究所.

보이며, 도읍지 중심권에 인접한 지역에서는 흔적은 확인되나 밀집도나 집중도가 떨어진다. 반면에 웅진천도 이후에 조성된 횡혈식 석실묘는 도읍지를 중심으로 밀집된 형태로 남아 있다. 이들 석실묘는 초기형인 궁륭식이 대부분이고, 형식적 통일성도 갖추었는데, 웅진으로 천도한 475년을 기점으로 갑자기 등장한 것이다.[10]

결국 도읍지역의 백제 무덤자료는 수량 면에서 손색이 없지만, 중심권에는 횡혈식 석실묘라는 새로운 묘제만이 자리하는 것을 알 수 있다. 반면에 외곽지역에는 횡혈식 석실묘보다는 선행의 묘제인 토광묘나 석곽묘와 같은 토착의 전통묘제가 남아 있어 시간에 따라 분포지역과 묘제상의 차이가 있음을 알 수 있다. 이들 무덤은 각각의 시간차를 가진 것으로 백제의 웅진천도를 기점으로 이전의 무덤은 대체로 금강의 북쪽 지역에 자리하고 있으며, 천도 이후의 것들은 도읍의 중심 지역인 금강 남쪽, 그것도 비교적 한정된 범위에 남아 있다는 특징을 지적할 수 있기도 하다.[11]

웅진지역의 백제시대 유적으로 관방유적인 성곽도 주목된다. 성곽은 고대국가의 군사시설로서 이해될 수 있는 유적이기에 웅진이 도읍으로서 자리매김 되는 정황을 이해하기에 매우 유익한 자료이기도 하다. 그러나 웅진지역에는 모두 21지점의 성곽이 확인되어 있는데, 백제의 웅진천도가 급박한 상황에서 이루어졌다는 점을 고려할 때 성곽의 숫자가 비교적 많은 것으로 볼 수 있기는 하다.[12] 나아가 성곽의 축조시기 판단은 발굴이나 정밀지표조사를 통해서만 가능한데, 현재 공주지역에서 확인된 21지점의 성곽 중에 백제시대의 것은 16지점인 것으로 파악되어 있는 점도[13] 유의할 필요가 있다. 다만 기왕

---

10) 李南奭, 1997, 앞의 글, 41쪽.

11) 李南奭, 1997, 앞의 글, 37쪽.

12) 兪元載, 1986, 「熊津都城의 防備體制에 對하여:周邊의 山城分布를 中心으로」『忠南史學』1, 忠南大學校 史學會.

13) 李南奭, 1997, 「熊津地域 百濟遺蹟의 存在意味」『百濟文化』26, 公州大學校 百濟文化研究所, 44쪽.

에 파악된 성곽은 행정구역상 공주 내에 포함된 것만 대상으로 한 것으로, 성곽이 광역으로 배치된다는 특성을 고려할 경우 인근의 부여와 논산, 청양과 세종, 그리고 대전지역에 남아 있는 성곽도 공주지역과 관련하여 이해될 필요도 있을 것이다.

우선, 웅진지역의 백제성곽 중에 가장 주목될 것은 공산성 즉 백제시대의 웅진성

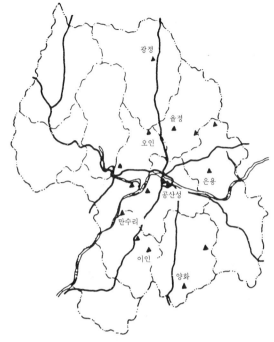

그림 5  웅진지역의 성곽 분포도

일 것이다. 웅진성은 산성으로 축조되었지만 백제의 웅진도읍기 중심 거성이었고, 왕성으로 기능하였던 것이다.[14] 따라서 웅진성의 축조시기나 조영환경의 이해는 웅진천도 정황 이해의 폭을 넓히는데 더없이 유용할 것이다. 그런데 공산성에 대한 기록은 백제의 성왕이 재위하던 무렵에 고쳐 쌓았다는 기사와,[15] 무왕과 의자왕이 재위하면서 여기에 머물렀다는[16] 일련의 내용만 전하고 있을 뿐이다. 공산성을 언제 처음 쌓았는가를 추정할 만한 내용은 전혀 확

---

14)  安承周, 1978, 「公山城에 對하여」『考古美術』138·139, 韓國美術史學會.
15) 『三國史記』卷26, 百濟本紀 第4, 聖王, "四年, 冬十月, 修葺熊津城, 立沙井柵."
16) 『三國史記』卷27, 百濟本紀 第5, 武王, "三十一年, 春二月, 重修泗沘之宮. 王幸熊津城."

인되지 않는다. 반면에 공산성에 대한 고고학적 조사는 성내시설 뿐만 아니라 성곽 일부에 대해서도 다양한 형태로 이루어져 있다. 그 결과 성내의 왕궁시설을 비롯하여 다양한 백제시대의 유적이 확인되었을 뿐만 아니라 통일신라시대는 물론이고 조선시대의 유적에 대한 내용도 갖추어져 있다.[17]

그동안 백제의 웅진성인 공산성을 언제 쌓았을까하는 문제는 대체로 백제시대에 축조된 것이 분명하다는 입장과 함께 통일신라시대나 조선시대에 이르면서 여러 번의 개축과 보축이 있었다는 판단도 있었다.[18] 다만 세부적으로 공산성이 웅진천도를 기점으로 그 전에 축조되어 있었는가 아니면 천도 후에 축조되었는가라는 의문은 여전히 남아 있다. 그런데 최근의 공산성 내 백제시대 유적조사와 성곽의 발굴조사 결과를 종합할 경우, 공산성은 웅진으로 천도하기 전에 성곽이 축조되어 있었다는 증거가 발견되지 않는다. 발굴로 드러난 백제시대의 시설들 대부분이 천도 후에 조성된 것이란 점과, 성곽의 조사결과도 천도 후의 정황만이 확인되기에,[19] 이를 근거로 공산성의 축조는 천도 후에 이루어진 것으로 볼 수밖에 없다.

공산성을 비롯하여 웅진지역의 백제 성곽은 대체로 산성이며, 평지성은 아직 발견되지 않는다. 산성은 흙으로 쌓은 토성과 돌로 쌓은 석성이 모두 발견되는데 대체로 50~150m의 야산에 입지하고 있음이 보통이다. 이들 산성은 공산성처럼 계곡을 가로 지르는 포곡식으로 조성한 것도 있지만 대체로 산 정상부만을 감싸는 테뫼식이 많으며, 각각이 입지한 지역에 따라 그 모습을 달리한다고 본다.[20]

공주지역에 있는 산성의 상당수는 백제시대의 것으로 보는데 문제가 없을 것이다. 다만 이들 산성이 백제가 웅진으로 천도하기 이전에 쌓은 것인지, 아

17) 이남석, 2012, 『공주 공산성』, 공주시·공주대학교 박물관.
18) 安承周, 1984, 「公州 公山城에 對하여」 『文化財』 17, 國立文化財硏究所.
19) 이남석, 2015, 『공산성 토성지 발굴조사보고서』, 公州大學校博物館.
20) 徐程錫, 2003, 『百濟의 城郭 : 熊津·泗沘를 中心으로』, 學硏文化社.

니면 천도한 이후에 쌓은 것인지는 발굴조사가 이루어지지 않아 판단에 어려움이 있기는 하다. 다만 이들 산성은 배치형상에서 나름의 특징을 보이는데, 공산성을 중심으로 좌우에 하나씩의 산성 즉 옥녀봉과 한산성을 두고 다시 나머지 산성들이 일정한 간격을 두며 방사선상으로 배치되어 있는 것이 그것이다. 뿐만 아니라 주로 교통로로 추정되는 선상에 1~2개씩 자리하는 특징도 있다.[21] 이러한 정황은 산성들 대부분이 웅진성인 공산성과 유기적 관련 속에 존재하였다는 것을 보여주는 것으로, 성의 축조도 웅진성인 공산성과의 관련 속에 이루어졌다고 볼 수 있을 것이다.

공산성이 도읍지의 중심거성으로 자리한 것은 백제의 웅진천도에서 비롯된 것이다. 또한 도읍의 방비체계는 거성인 웅진성을 중심으로 구축될 수밖에 없었을 것으로, 웅진성의 외곽 방어시설로 각각의 산성은 교통로 상에 배치되었다고 볼 수 있다. 따라서 웅진성 주변의 여러 산성들은 백제의 웅진 도읍시기 도성을 방비하기 위한 시설이었고, 축조도 웅진성과 동시에 혹은 보다 늦은 시기에 이루어졌다고 봄이 타당할 것이다. 결국 이들 산성들도 백제가 웅진으로 천도한 이후에 만든 것으로 볼 수밖에 없다.

무덤과 성곽, 이외에도 웅진지역에서 발견되는 백제시대 유적은 많다. 그러나 웅진으로 천도한 후에 만들어진 것이 대부분으로 그 사례로 불교유적인 절터와 정지산 유적, 취리산 회맹단지와 같은 특수 유적들을 꼽을 수 있을 것이다.

웅진인 공주에 있었을 것으로 추정되는 백제의 사찰은 『삼국유사』의 기록에 성왕 4년에 창건되었다는 대통사와 위덕왕 26년 즈음에 있었던 것으로 전하는 수원사가 있다.[22] 다만 현재 그 실체의 확인이 어렵다는 문제가 있기는 하다. 대통사의 위치는 공주시가 반죽동의 당간지주 등이 있는 범위로 추정하

---

21) 徐程錫, 2001, 앞의 글.
22) 『三國遺事』卷3, 興法第3, 原宗興法 厭髑滅身, "又於大通元年丁未, 爲梁帝創寺於熊川州名大通寺."
　　『三國遺事』卷3, 塔像 第4, 弥勒仙花未尸郎眞慈師, "汝徃熊川水源寺得見弥勒仙花也."

였는데, 관련 유물이 다른 곳에서 옮겨진 것으로 확인되어 본래의 사찰 위치는 아직 확인되지 않기 때문이다.[23]

　수원사의 위치도 아직은 구체화할 수 없다. 『삼국유사』의 기록을 토대로 웅천, 즉 지금의 공주에 수원사가 있다는 사실과 지명 등의 관련기록을 참고하여 공주시 옥룡동에서 그 존재를 추정한 바가 있다.[24] 그러나 발굴조사 결과, 백제시대보다는 통일신라 말에서 고려시대에 처음 창건한 사찰유구가 조선시대까지 유지되었던 흔적만 확인되었을 뿐이다.[25] 수원사가 미륵신앙과 관련된 사찰로서 그에 연계된 주변의 또 다른 사찰이 주목되었는데, 바로 주미사지로 알려진 사지가 그것이다. 사실, 주미사지는 수원사의 미륵설화에 따르면 백제시대의 사찰로 보아야 할 것인데 발굴조사결과 통일신라시대 후반 무렵의 모습만 간취될 뿐이다.[26]

　또한 백제가 웅진에 도읍하던 시절에 도읍지의 사방에 굴을 파서 만든 혈사가 있었다는 견해도 일찍부터 있었고, 공주의 사방에 위치한 동혈사지와 서혈사지 그리고 남혈사지가 백제시대의 해당 혈사로 인식된 바가 있다.[27] 그러나 서혈사지와 남혈사지는 발굴조사 결과 백제시대의 흔적은 전혀 발견되지 않았다. 서혈사지의 경우 석굴이 있고, 관련 부속건물도 있었다는 것이 확인되지만[28] 석굴에서 수습되었다는 금동불 이외에 백제시대의 유구나 유물은 전혀 발견되지 않는다. 남혈사지도 불교시설임을 입증하는 탑지나 건물지의 흔적은 확인되었지만 출토유물이나 유구에서 백제적 요소는 전혀 발견되지 않

23) 李南奭, 2000, 『大通寺址』, 公州大學校博物館.
24) 金永培, 1978, 「水源寺 塔址 調査」 『百濟文化』 11, 公州師範大學 百濟文化研究所, 38쪽.
25) 李南奭·李勳, 1999, 『水源寺址』, 公州大學校博物館.
26) 公州大學校博物館·公州市, 1997, 『舟尾寺址』.
27) 經部慈恩, 1972, 『百濟の遺蹟研究』, 吉川弘文館.
28) 安承周, 1970, 『公州 西穴寺址에 關한 調査研究 : 西穴寺址 第一次 發掘調査報告1』, 公州師範大學 百濟文化研究所.

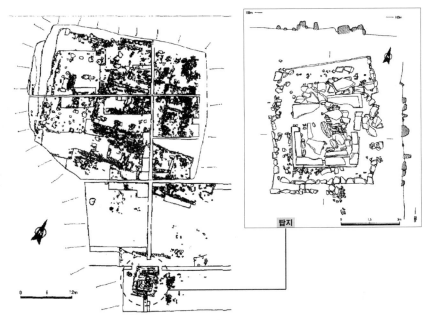

그림 6 傳 수원사지의 조사현황도(左)와 탑지(右) 公州大學校博物館, 1999 「水源寺址」 도면

았다.[29) 동혈사지도 마찬가지이다.[30)

이외에도 공주의 외곽에 있는 능암사지나 송암리사지에서 금동불상이 출토되었고 그것을 백제시대의 것으로 판단하여 이들도 백제시대의 불교 흔적으로 보기도 한다.[31) 또한 박물관에 소장된 불교 유물 중의 일부는 백제시대의 것으로 알려져 있기도 하다. 이러한 현황은 백제 웅진도읍기의 불교 흔적을 입증하는 근거가 될 수는 있겠지만, 웅진천도 이전의 불교 흔적을 보여주는 것은 확인되지 않는다. 따라서 웅진지역에서 확인되는 불교 관련 유적들은 웅진으로 천도한 이후에 남겨진 것이란 판단만이 가능할 뿐이다.

29) 國立公州博物館, 1993, 『南穴寺址』.
30) 忠淸埋藏文化財研究院, 2000, 『東穴寺址』.
31) 忠淸南道, 1990, 『文化遺蹟總覽 : 寺刹扁』.

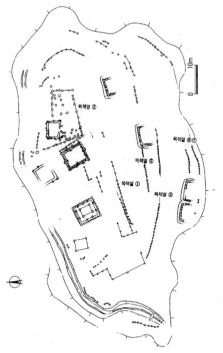

**그림 7  정지산유적 조사현황도**
國立公州博物館, 1999, 『艇止山』 도면

정지산 유적32)과 취리산 유적33)은 특수한 성격을 지닌 백제시대의 유적으로 널리 알려진 것이다. 정지산 유적은 발굴조사로 새롭게 확인된 것이고, 취리산 유적은 『삼국사기』 등의 문헌기록에 남겨진 유적이기도 하다. 그중에서 정지산 유적은 공산성 서쪽 대안의 금강 남안에 돌출된 구릉에 위치한다. 발굴조사 결과 구릉 정상을 에워싸는 토축시설과 그 내부에 여러 채의 건물지가 남아 있음이 확인되었다. 더불어 유적은 입지환경이나 유구의 구성상에 나름의 특이성을 갖추고 있어 제사시설이나 빈소와 같은 특수한 성격을 지닌 유적으로 인식한 바도 있다.34) 그러나 이후에 발굴된 백제시대 유적 중에 정지산 유적과 같은 성격의 건물들이 많이 확인되고35) 그 결과

---

32) 國立公州博物館, 1999, 『艇止山』.

33) 公州大學校博物館・公州市, 1998, 『濟・羅會盟址 就利山』.

34) 李漢祥, 1998, 「公州 艇止山遺蹟의 編年과 性格」『백제의 왕실제사유적, 공주 정지산 학술발표회』, 國立公州博物館.

35) 이와 관련된 유적은 부여의 청산성 유적(백제고도문화재재단, 2015, 「부여나성(청산성 구간) 6차 발굴조사 약보고서」)과 공주 공산성의 성안마을 건물지 유적(공주대학교박물관, 2011, 「사적 제12호 공산성 성안마을 내 발굴조사 약보고서」)을 사례로 볼 수 있다.

정지산 유적만의 특수성이 해소되면서 유적도 웅진도읍기의 보편적 건축물의 정황을 나타내는 것, 즉 백제의 웅진도읍기에 조성된 국가시설이란 사실이 인정되게 되었다.

취리산 유적은 회맹유적으로, 백제 멸망기에 신라 문무왕과 백제 왕자 융이 회맹한 장소로 알려진 곳이다.[36] 백제와 신라의 회맹은 당의 강요로 이루어진 것이나, 부흥운동 등 백제의 강인한 생명력을 보여주는 사건이기도 하다. 회맹의 장소가 웅진인 지금의 공주에 있음은 분명하나 정확한 위치를 단언하기는 어려운 상황이다. 다만 금강 북안의 쌍신평야에 돌출된 형태로 있는 취리산을 회맹의 장소로 보지만 구체적으로 확인된 것은 아니다.[37] 그러나 취리산 유적이 백제 멸망기에 활용된 유적이란 사실이 주목되기에, 이 유적도 백제의 웅진도읍시기부터 어떤 시설로 활용되었다는 가능성을 배제하기가 어려울 것이다.

요컨대, 웅진지역의 유적, 특히 서기 475년에 백제가 웅진으로 천도 즈음의 것으로 판단되는 유적현황을 종합하면 우선 지방의 세력집단을 대변하는 다양한 유적이 금강유역에 넓게 존재하고, 웅진지역도 이에 포함되는 것을 알 수 있다. 나아가 웅진지역으로 한정하여 유적의 존재현황을 보면, 금강을 경계삼아 본래 도읍지역인 금강의 남쪽 지역에는 천도이후에 조성된 유적들이 집중되어 있음을 알 수 있다. 특히 웅진성인 공산성도 천도이전에 조영되었다는 증거의 발견이 어렵고, 그 주변의 유적도 천도이후로 편년되는 것이 대부분이다. 이로 미루어 도읍지 웅진은 천도이전에 도읍에 적합한 기반시설이 갖추어져 있었다고 보기는 어렵다. 오히려 천도 후에 점차적으로 도읍의 면모를 갖추었던 것으로 판단되기에, 서기 475년 웅진천도 배경의 이해도 이러한 고고학적 정황이 고려되면서 진행되어야 할 것이다.

---

36) 한국고대학회, 2009, 『취리산회맹과 백제』, 혜안.
37) 公州大學校博物館·公州市, 1998, 앞의 보고서.

### 3) 고구려의 한성침공과 개로왕의 패사

  웅진지역의 고고학적 환경은 백제의 웅진천도가 갑작스럽게 이루어졌음을 대변한다. 그리고 백제의 웅진천도는 고구려의 한성침공에서 비롯된 것을 기록을 통해 알 수 있다. 따라서 고구려의 한성침공으로 말미암아 백제는 준비된 도읍지가 아닌 웅진으로 천도가 이루어진 것이다. 그런데 왜 고구려가 한성을 침공하였고, 이에 대한 백제의 대응은 어떠하였기에 왕의 패사와 한성의 함락에 이르렀는지에 대한 정황은 관련 기록을 통해 이해될 수밖에 없다. 다만 관련기록이 『삼국사기』라는 단일 사서에 한정되었을 뿐이라는 문제와, 내용이 지나치게 소략할 뿐만 아니라 서로 상충되는 내용도 없지 않다. 이를 유념하면서 기록의 검토를 통해 고구려의 한성침공 배경과 과정, 그리고 백제의 대응 모습을 살펴보고자 한다.

  고구려의 한성침공에 대한 사실은 서기 475년 고구려의 장수왕이 정예 기병 3만을 동원하여 백제 한성을 침공하고, 한성 함락과 함께 개로왕은 물론 왕족, 다수의 한성기반 귀족 등을 살해하고 포로 8천을 거느리고 평양으로 돌아가는 것으로 시작된다. 이러한 전역의 내용은 『삼국사기』를 비롯한 관련 사료에서 확인할 수 있는데, 3만의 기병을 동원하여 기습 공격한 사실과 이에 대한 백제 개로왕의 혼란스런 대처, 도림과 같은 승려의 간계에 대한 것이 남겨져 있는데 고구려의 것과 백제의 것으로 구분하여 살필 수 있다.

  먼저 고구려의 기록에는 서기 475년 9월에 장수왕이 군사 3만을 거느리고 백제를 침략하여 도읍 한성을 함락시키고 그 왕인 부여 경을 죽이고 남녀 8천 명을 사로잡아서 돌아왔다는 내용을[38] 적고 있다. 그리고 백제의 기록에는 이 것을 좀 더 자세하게 "475년 가을 9월에 고구려 장수왕 거련이 군사 3만명을

---

38) 『三國史記』 卷18, 高句麗本紀 第6, 長壽王 六十三年, "九月, 王帥兵三萬, 侵百濟, 陷 王所都漢城, 殺其王扶餘慶, 虜男女八千而歸."

거느리고 와서 왕도 한성을 포위하였다. 그러나 왕은 성문을 닫고 능히 나가 싸우지 못하였는데, 고구려 군대가 네 길로 나누어 양쪽에서 공격하고 또 바람을 이용하여 불을 놓아 성문을 불태우기도 하였다. 이에 인심이 대단히 불안해져서 혹은 나가서 항복하려는 자도 있었다. 왕은 곤궁하여 어찌할 바를 몰라 하다가 기병 수십을 거느리고 성문을 나가 서쪽으로 달아나지만 고구려인이 쫓아와 살해하였다"고[39] 적고 있다.

이와 같은 『삼국사기』의 기록은 서기 475년의 전쟁이 어마어마한 사실임에도 불구하고, 한쪽은 공격하고 한쪽은 방어에 실패한 사실만을 간결하게 적고 있을 뿐이다. 물론 이외에 한성침공에 대한 또 다른 사실로 고구려 장수왕이 몰래 백제를 도모하기 위하여 승려 도림을 백제에 잠입시켰고, 도림이 바둑과 장기를 좋아하는 개로왕에게 감언이설로 신임을 얻어 국가 차원의 토목공사를 진행케 하였고 이를 계기로 국력을 탕진한 백제를 상대로 고구려 장수왕이 전쟁을 전개하였다는 기록이[40] 남아 있기는 하다. 더불어 기록의 말미에는 고구려의 군사적 공격에 직면한 개로왕이 자신의 실수를 깨닫고 아들 문주에게 말하길, "내가 어리석고 밝지 못하여 간사한 사람의 말을 믿었다가 나라가 이 지경에 이르렀다. 지금 백성은 쇠잔하고 군사는 약하니 비록 위태로운 일이 있다 하더라도 누가 기꺼이 나를 위하여 힘써 싸우겠는가, 나는 마땅히 사직을 위하여 죽겠지만 네가 이곳에서 함께 죽는 것은 유익함이 없다. 너는 난

---

39) 『三國史記』 卷25, 百濟本紀 第3, 蓋鹵王 二十一年, "…王悅, 密使謀百濟. 於是, 道琳佯逃罪, 奔入百濟. 時百濟王近蓋婁, 好博弈." "…道琳曰, 大王之國, 四方皆山·丘·河·海, 是天設之險, 非人爲之形也…… 王曰, 諾. 吾將爲之. 於是, 盡發國人, 烝土築城, 卽於其內作宮·樓閣·臺榭, 無不壯麗. 又取大石於郁里河, 作槨以葬父骨, 緣河樹堰, 自蛇城之東, 至崇山之北. 是以倉庾虛竭, 人民窮困, 邦之陧杌, 甚於累卵. 於是, 道琳逃還以告之.…"

40) 『三國史記』 卷25, 百濟本紀 第3, 蓋鹵王 二十一年, "…於是, 道琳逃還以告之. 長壽王喜, 將伐之, 乃授兵於帥臣. 近蓋婁聞之, 謂子文周曰, 予愚而不明, 信用姦人之言, 以至於此. 民殘而兵弱, 雖有危事, 誰肯爲我力戰. 吾當死於社稷, 汝在此俱死無益也, 盡避難以續國系焉.…"

을 피하여 나라의 계통을 잇도록 하라"는 내용이 적혀있다. 이에 문주가 목협만치, 조미걸취와 더불어 남쪽으로 천도하게 되었다는 기록도[41] 함께 있다.

아무튼 기록상으로 볼 때 고구려의 백제 한성침공은 전광석화 같은 군사작전의 전개로 진행된 것임을 알 수 있다. 왕이 몸소 정예기병 3만이란 대규모 군대를 동원하는데, 그것도 기습적 공격이었기에 백제는 마땅히 대처할 방법을 강구하기 어려웠을 것이다. 따라서 백제가 성문을 걸어 잠그고 각지로 구원군이나 근왕병을 얻기 위해 동분서주하였던 것을 짐작하기 어렵지 않다. 고구려는 속전속결을 위해 화공을 실행하면서 전투를 독려한 것으로 보인다. 대로인 제우와 재증걸루, 고이만년 등이 군사를 거느리고 와서 북성을 공격하여 7일 만에 함락시킨다. 이후 남성으로 옮겨 공격함에 성안은 위태롭고 두려움에 떨었으며, 백제왕이 성을 나가 도망가자 고구려의 장수 걸루 등은 왕을 보고는 말에서 내려 절한 다음에 왕의 얼굴을 향하여 세 번 침을 뱉고 죄를 꾸짖으며 포박하여 아차성 아래로 보내 죽였다는 내용이 있어[42] 이를 추정할 수 있다.

결국 475년 9월 고구려군의 한성침공으로 10여 일의 전투가 있었고, 백제는 대규모 군대의 기습공격 앞에 방어에 치중하면서 각지로 원군을 요청하지만 그들이 도착하기 전에 왕이 살해되는가 하면 도읍의 주민 8천여 명이 포로로 잡혀가 한성이 폐허화되었음도 알 수 있다. 이러한 결과들은 고구려의 일방적 승리로 귀결되지만, 주목되는 것은 한성을 중심으로 오랫동안 성장하였던 중앙 지배세력과 국가의 기반이 함께 괴멸하였다는 점일 것이다.

그런데 고구려의 장수왕은 3만이란 대군을 동원하면서까지 왜 백제를 침공

---

41) 『三國史記』 卷25, 百濟本紀 第3, 蓋鹵王 二十一年, "…文周乃與木劦滿致·祖彌桀取隋書, 南行焉."

42) 『三國史記』 卷25, 百濟本紀 第3, 蓋鹵王, "至是, 高句麗對盧齊于·再曾桀婁·古爾萬年 等帥兵, 來攻北城, 七日而拔之, 移攻南城, 城中危恐, 王出逃. 麗將桀婁等見王, 下馬拜已, 向王面三唾之, 乃數其罪, 縛送於阿且城下, 戕之. 桀婁·萬年夲國人也, 獲罪逃竄高句麗."

하였을까. 과연 백제 개로왕의 패사가 승려 도림의 꾐에 넘어가 국정을 소홀히 한 까닭이었는가. 이에 대한 문제는 애매함이 많다. 한반도에 고대 삼국이 자리하던 5세기 무렵은 삼국간 치열한 항쟁이 전개되던 시기이다. 따라서 전쟁 자체에 대한 의문을 가질 필요는 없을 것이다. 그러나 왕이 몸소 대규모의 군대를 동원한 원정이고, 나아가 적국의 왕을 살해할 만큼 커다란 전과를 거둔 전쟁이기에 그 배경에 대한 의문을 갖는 것은 자연스러울 것이다. 개로왕과 승려 도림과의 관계도, 개로왕이 문주의 남행을 통해 자신의 실정을 토로하는 정황도 어딘가 어색하다. 그러나 고구려의 백제침공 사실은 전쟁사실 외에 왜 장수왕이 갑작스럽게 백제를 공격하였는가에 대한 배경을 알려주는 기록 자료는 확인되지 않는다.

먼저 고구려와 백제의 충돌이 단순한 군사적 충돌의 수준으로 볼 수 있는가의 문제이다. 그런데 양국의 충돌은 4세기 중후반 무렵부터 지속된 것으로 볼수 있지만, 전쟁이 일어난 서기 475년 어간의 백제와 고구려와의 직접적인 충돌은 469년 8월에 백제군이 남쪽의 변경을 쳐들어 왔다는[43] 기록만 전할 뿐이다. 그리고 468년의 일식기사를 시작으로 다음해에 고구려 남변의 공격기사, 쌍현성과 청목령의 성책 수리에 대한 기사, 북한산성의 수비기사가 전하고 있어[44] 백제와 고구려의 국경 지역에 긴장이 조성되었던 것은 아닌가 생각되기는 한다. 또한 468년에 고구려가 말갈 군사 1만명으로 하여금 신라의 실직주성을 쳐서 빼앗았다는 기록이 있는데,[45] 당시 신라와 백제와의 관계를 고려할 경우 이것도 고구려와 백제의 갈등으로 볼 수 있기는 하다. 그러나 변경 지역에서 일어나는 군사적 충돌은 당시로서는 매우 흔한 일로 볼 수 있기에 그

---

43) 『三國史記』卷18, 高句麗本紀 第6, 長壽王, "秋八月, 百濟兵侵入南鄙."
44) 『三國史記』卷25, 百濟本紀 第3, 蓋鹵王, "冬十月, 葺雙峴城, 設大柵於靑木嶺, 分北漢山城士卒戌之."
45) 『三國史記』卷18, 高句麗本紀 第6, 長壽王, "五十六年, 春二月, 王以靺鞨兵一萬, 攻取新羅悉直州城"

것을 475년의 고구려의 백제침공에 대한 실질적 배경이었다고 보기는 어렵지 않은가 생각된다.

오히려 고구려가 한성을 침공한 실제적 이유는 백제가 중국 북조의 북위와 결탁하여 고구려 견제를 도모한 행위에 대한 응징으로 보아야 한다는 일반적 인식을[46] 주목해야 할 것이다. 즉 백제는 서기 472년에 북위에 사신을 보내 조공하고 표를 올리는데, 표는 개로왕이 북위에 보낸 국서로서 거기에는 각종 수사를 동원하여 위와의 관계를 돈독히 할 것을 강조하고, 고구려를 승냥이와 이리 등의 추악한 무리들로 표현하고 비방하며 위로 하여금 고구려를 견제코 자 하는 내용이[47] 담겨져 있다. 이에 대해 위나라는 백제의 요청에 화답하는 척하지만, 실제로는 교묘한 외교 수사로 고구려 견제는 지양하는 것도 확인된 다. 오히려 백제의 의도를 고구려에 노출시키는 결과만 가져오게 되었는데, 이러한 정황은 백제의 외교 전략의 미숙을 그대로 드러내는 것이면서 고구려 로 하여금 백제를 침공하는 구실을 주었던 것으로 보는 것이 그것이다.

그러나 백제가 왜 북위와의 외교교섭을 통해 고구려 견제를 획책하였을까 에 대한 의문은 여전히 남는다. 백제는 전통적으로 남조의 동진이나 송과 교 류하고 있었는데, 고구려의 독점적 교류대상인 북위와 교섭을 시도한 배경이 과연 무엇일까라는 의문이 있다는 것이다. 얼핏 보면 4세기 후반 백제는 고구 려 광개토대왕의 남진으로 국력이 상당히 쇠퇴한 상황이었으며, 5세기 전반 무렵 상당한 혼란을 겪게 되었고, 이후 5세기 중반에 개로왕이 등장하였는데, 그는 혼란을 수습하며 국가의 새로운 도약을 도모하면서, 이를 위해서 고구려 의 압박을 극복할 필요성을 느꼈기에 새롭게 북위와 결탁하여 고구려를 견제 코자 한 것으로 보면 문제가 없을 것이다.

물론, 백제와 고구려의 원한 관계가 이미 4세기 중엽부터 비롯되는 것도 주

---

46) 김수태, 2007, 「백제 개로왕대의 대고구려전」 『백제의 전쟁』, 주류성, 227~236쪽.
47) 『三國史記』 卷25, 百濟本紀 第3, 蓋鹵王, "…豺狼隔路, 雖世承靈化, 莫由奉藩. 瞻望 雲闕, 馳情罔極, 涼風微應.…"

목될 필요는 있을 것이다. 즉 근초고왕의 등장을 기회로 백제는 새로운 도약을 이룩하는데, 그중에서 가장 눈부신 성과가 평양성에서 벌어진 고구려와의 전쟁 승리일 것으로 봄에 이견이 없을 것이다. 나아가 근초고왕의 아들 근구수가 거느린 3만 병력이 고구려의 고국원왕이 이끄는 군대를 격파하였고, 고국원왕을 살해하는 전과를 거둔 것은 결국 백제는 이를 토대로 진일보한 국가의 면모를 갖추게 되었다고 봄에 문제가 없을 것이다. 이에 고구려는 전쟁의 패배를 거울삼아 소수림왕의 국가개혁을 통해 국력을 재정비한 다음, 광개토대왕이 진행한 대외팽창의 과정 중에 그 주된 대상을 남쪽의 백제로 삼았던 것이 아닌가 여겨진다. 전쟁의 승리를 통해 고구려는 이전에 상실하였던 위세를 회복하였음은 물론이고 나아가 백제왕을 노객으로 삼아 동북아의 패권적 위상도 확립한 것이 아닌가 여겨지기 때문이다.

그 결과 이후의 백제는 대·내외적 혼란을 겪게 되는 것은 어쩌면 당연한 것이 아닌가 생각된다. 5세기 전반대의 국가적 위기와 함께 혼란의 연속이 그것인데, 아마도 가장 큰 시련은 앞서 언급된 것처럼 고구려 광개토대왕의 남진으로 북방에 구축되었던 국가역량이 하루아침에 붕괴되었다는 사실일 것이고, 그 결과 백제의 국가적 위상이 땅에 떨어졌다는 점일 것이다. 나아가 전쟁 패배에 따른 국력 낭비는 근초고왕 이후에 정립된 백제의 위상이 추락하였음은 물론일 것이다.

그런데 고구려의 백제 한성침공의 이면에는 백제에 불리하게 전개된 국제정세도 주목할 필요가 있지 않은가 여겨진다. 주지되듯이 3세기대의 중국사회는 전·후한의 통일정부가 위·오·촉의 삼국으로 분열되는가 하면, 흉노의 후예인 선비족 등 유목민의 남하로 점차 5호 16국의 분열기로 접어든 것으로 봄이 일반적이다. 이로 말미암아 주변의 여러 나라에 대한 직접적 교류 혹은 영향력 발휘의 수단으로 활용하였던 군현이 소멸된 것으로 볼 수 있을 것인데, 그렇지만 교류의 필요성은 여전하였기에 그 대체 수단이 필요하였을 것이고, 이로써 구체화된 것이 바로 조공책봉관계가[48] 아닌가 생각된다.

사실, 한반도의 경우 삼한시대에 온존하였던 군현이 소멸한 이후의 중국과의 교류는 한동안 혼란을 겪는다. 그러다가 점차 북쪽 지역은 고구려가 대중국 교류의 독점적 지위를 누렸던 것으로 여겨지며, 남쪽 지역은 여러 정치체 중에 오직 백제만이 중국 동진의 유일한 책봉국으로 자리하는 것으로 미루어, 군현소멸 이후의 백제도 대중국 문물교류 독점권을 확보하게 된 것이 아닌가 판단된다. 물론 백제는 이를 기회로 한반도는 물론 바다 건너 일본열도까지 그 영향력을 확대할 수 있게 된 것으로 보아진다. 그런데 5세기에 이르러 중국 남조의 정권이 동진에서 송나라로 교체되고 이어 송나라는 동진이 한반도 남부지역의 교류대상으로 백제만을 고집한 것과는 달리 그 대상을 다변화하기 시작한 것으로 생각된다. 이는 한반도 남쪽에 있던 신라는 물론이고, 왜의 세력에까지 직접적 외교관계를 설정하는 것으로 미루어 그러하다.

그런데 백제의 대중국 문물교류 독점권은 송나라의 외교 다변화 정책으로 말미암아 유명무실하게 되었고, 이는 기왕에 백제를 통한 선진문물의 수혜를 받았던 한반도 남쪽의 여러 정치세력은 물론이고 바다 건너 왜까지 백제의 영

---

48) 李春植, 1969, 「朝貢의 起源과 그 意味」『中國學報』10.

盧重國, 1985, 「高句麗 對外關係史 硏究의 現況과 課題」『東方學志』49, 延世大學校 國學硏究院.

金翰奎, 1982, 『古代中國的世界秩序硏究』, 一潮閣.

盧泰敦, 1984, 「5~6世紀 東아시아 國際情勢와 高句麗의 對外關係」『東方學志』44, 延世大學校 國學硏究院.

掘敏一, 1993, 『中國と古代東アツア世界 -中華的世界と諸民族』, 岩波書店.

金鍾完, 1997, 『中國南北朝史硏究 -朝貢·交聘關係를 중심으로』, 一潮閣.

徐榮洙, 1981, 「三國과 南北朝 交涉의 性格」『東洋學』11, 東洋學硏究院.

여호규, 2000, 「4세기 동아시아 국제질서와 고구려 대외정책의 변화 -對前燕關係를 중심으로-」『역사와 현실』36, 한국역사연구회.

林起換, 2004, 「漢城期 百濟의 對外交涉」『漢城期 百濟의 물류시스템과 對外交涉』, 학연문화사.

李賢惠, 1994, 「三韓의 對外交易體系」『李基白先生古稀紀念韓國史學論叢』.

향권에서 이탈한 것으로 보아야 할 것이다. 나아가 백제의 국제적 위상은 상당히 위축되었다고 볼 수 있을 것인데, 특히 왜가 송나라와 외교관계를 구축하면서 5왕 시대의 전성기를 구가하면서, 이를 기회로 일본 열도는 물론 한반도까지 주도권을 행사하겠다는 야욕을 노골적으로 드러내는 정세변화로[49] 미루어 짐작되는 것이다.

결국, 백제는 5세기 무렵에 이르러 대·내외적 여건이 불리하게 전개되면서 왕의 잦은 교체가 나타나는 등 국가적 위기를 맞이한 것으로 볼 수 있다. 그러다가 5세기 중반 무렵에 이르러 개로왕이 등장하였고 그는 국가적 위기를 타파하기 위하여 개혁에 나선 것이다. 개로왕의 왕위 등극 배경에 대해서는 구체적이지 않지만, 왕위에 오른 후 상당기간의 행적이 알려져 있지 않은 것은 그의 왕위 계승이 평범하지는 않았다는 것으로 인식하는 것에서[50] 당시의 정세를 가늠할 수 있기도 하다. 개로왕은 왕위에 오른 다음에 왕권의 안정과 강화에 많은 노력을 경주하는데, 그중에서도 대외적으로는 전통적 남조와의 교류 외에도 새롭게 북위와의 교섭을 추구한 것으로 판단된다. 이는 아마도 고구려의 견제라는 현실적 이유 외에도 남조 송에 대한 불만을 교류 대상의 다변화로 해소코자 하는 목적이 있었던 것이 아닌가 판단된다. 이러한 와중에 고구려의 한성침공이 일어난 사실로 미루어 북위가 전통적으로 고구려의 독점적 교섭 대상이었음을 감안하면 한성침공 배경의 또 다른 이유를 여기에서도 찾을 수 있지 않은가 생각된다.

요컨대, 고구려와 백제의 갈등은 오랜 뿌리가 있다는 것을 알 수 있다. 4세기 중엽 이후에 일어난 백제의 평양성 진격과 그 이후 장수왕의 남진은 양국의 일진일퇴의 대립 상을 직접적으로 드러내는 것이기도 하다. 이런 정황에서 4세기말에서 5세기 전반 무렵 중국 남조에 유송이 등장하면서 백제의 독점적

---

49) 盧重國, 2005, 「5세기 韓日關係史의 性格 槪觀」『倭五王 問題와 韓日關係』, 경인문화사.
50) 盧重國, 1988, 『百濟政治史硏究』, 一潮閣, 140~141쪽.

대중국 교섭권이 와해되는 국가적 위기를 가져오기도 한다. 이러한 대내외적 난국을 극복하기 위하여 백제는 외교 다변화의 일환으로 북위와 교섭을 시도하여 중국의 송나라는 물론이고 직접적 위협대상인 고구려의 견제를 도모하였으나, 오히려 한성의 함락과 왕의 패사, 오랫동안 구축되었던 한성 중심의 중앙지배세력이 완전히 괴멸·붕괴되는 결과를 초래한 것이 아닌가 여겨진다.

## 4) 백제의 웅진천도와 구원군

고구려 장수왕의 한성침략과 개로왕 살해 등은 고구려와 백제간의 커다란 군사적 접촉이었고, 그 결과 고구려의 대승 속에 백제는 왕마저 피살되는 국가 존망의 비운을 맞이하였음은 살펴본 바와 같다. 그로 말미암아 백제는 한성에 더 이상 머물 수 없었고, 부득이 웅진으로 천도하게 되었다는 전제도 가능하다. 즉 백제의 웅진천도는 고구려의 기습적 침략에 한성이 함락되고 왕이 살해되는 위기 속에 이루어졌기에 천도의 배경이나 과정의 이해도 그러한 범위에서 이루어질 수 있을 것인데 대강의 정황은 기록을 통해 짐작될 수 있다.

우선 기록정황을 토대로 백제의 웅진천도가 어떻게 이루어졌는가를 검토할 필요가 있다. 그런데 백제의 웅진천도 정황도 『삼국사기』 내용이 전부인데, 475년 9월 고구려의 한성침략이 이루어진 후,[51] 다음 달인 10월에 이루어진다는 사실로 요약된다. 즉 기록상에서 고구려의 한성 침략이 일방적 우위에서 진행되었다는 사실만 전하고 있을 뿐, 전쟁이 진행되는 과정에서 웅진천도의 동기라던가 천도의 직접적 원인은 찾아지지 않는다. 그런데 웅진천도의 정황 중에 앞의 고구려의 침입에 개로왕이 문주를 남쪽으로 내려 보내는 정황, 즉

---

51) 『三國史記』 卷18, 高句麗本紀 第6, 長壽王 六十三年, "九月, 王帥兵三萬, 侵百濟, 陷王所都漢城, 殺其王扶餘慶, 虜男女八千而歸."

문주왕의 남행 사실을 적은 것이 있다. 즉, 고구려의 침략에 직면한 개로왕이 불가항력적 정세를 판단하고 자신의 실정을 후회하면서 문주를 피난케 하였는데, 훗날 나라의 명맥을 잇게 하는 조처를 취하면서 목협만치, 조미걸취와 함께 남쪽으로 보냈다는 사실이 그것이다.[52]

문주의 남행사실만을 근거할 경우 백제의 웅진천도는 고구려의 침략에 직면한 백제는 개로왕의 명에 따라 문주가 웅진으로 피난한 결과로 볼 수도 있다. 그러나 이러한 전제는 천도전야의 정황으로 미루어 사실로 보기는 어려울 것이다. 문주의 남행 사실과 관련하여, 문주와 관련된 앞의 내용 즉 구원군을 얻어 한성에 돌아와 보니 고구려 병사는 이미 물러났으나 한성은 파괴되고, 왕이 전사함에 드디어 왕위에 올랐다는 기록이 보다 사실적인 것으로 보아야 하기 때문이다. 고구려군의 퇴각과 더불어 문주의 왕위 계승은 모두 9월에 일어난 사실이고, 나아가 천도는 다음달인 10월에 단행되고 있는 것이 분명한 역사적 사실이기[53] 때문이다.

소략한 기록이지만 문주에 대한 기록도[54] 그러한 정황을 구체적으로 반증하고 있다. 즉, 문주는 개로왕의 아들인데, 비유왕이 죽고 개로가 왕위를 잇자 문주는 그를 보필하여 지위가 상좌평에 이르렀으며, 개로가 재위한지 21년에 고구려가 쳐들어와서 한성을 에워쌓자 개로는 성문을 닫고 스스로 굳게 지키면서 그로 하여금 신라에 구원을 요청하게 하였다는 기록이 있다. 이에 문주는 군사 1만명을 얻어 돌아오니 고구려 군사는 비록 물러갔지만 성은 파

---

52) 『三國史記』卷25, 百濟本紀 第3, 蓋鹵王, "…謂子文周曰, 予愚而不明, 信用姦人之言, 以至於此. 民殘而兵弱, 雖有危事, 誰肯爲我力戰. 吾當死於社稷, 汝在此俱死無益也, 盍避難以續國系焉.…"

53) 『三國史記』卷26, 百濟本紀 第4, 文周王 一年, "冬十月, 移都於熊津."

54) 『三國史記』卷26, 百濟本紀 第4, 文周王 一年, "秋九月, 文周王 或作汶洲, 蓋鹵王之子也. 初毗有王薨, 蓋鹵嗣位, 文周輔之, 位至上佐平. 蓋鹵在位二十一年, 高句麗來侵, 圍漢城. 蓋鹵嬰城自固, 使文周求救於新羅. 得兵一萬迴. 麗兵雖退, 城破王死, 遂卽位. 性柔不斷, 而亦愛民, 百姓愛之."

괴되고 왕은 죽었으므로 드디어 왕위에 올랐다는 기록도 앞에 언급된 정황과 크게 다르지 않은 것이다.

결국 이러한 정황은 백제의 웅진천도가 고구려와의 전쟁이 종결된 다음에 일어난 사실이란 점을 분명하게 알려준다. 또한 전쟁이 종결되고 전후처리로 왕의 즉위와 함께 천도가 준비되고 실행된 현장이 한성이란 점도 주목된다. 이는 한성은 여전히 백제의 수중에 있었음을 보여주기 때문이다. 이때의 한성은 고구려의 수중으로 전락된 것으로 보기도 하지만55) 오히려 한성은 여전히 백제의 수중에 있었다는 사실은 도처에서 발견된다. 예컨대 웅진천도 직후인 문주왕 2년에 한북 민호를 두곡성으로 옮겼다는 기록이 있는데,56) 여기에서 한북이 지금의 한강 북쪽을 의미하는 것이라면 천도 이후에도 한강 북쪽지역을 여전히 백제의 관할지역으로 볼 수 있는 것이기도 하다. 물론 두곡성으로 옮긴 주민의 실체와 구체적 규모, 두곡성의 위치 등에 대한 해석의 문제가 없지 않지만, 한북 민호를 옮기는 점으로 미루어 웅진으로 천도한 후에 한강 북쪽지역을 백제의 관할권에서 제외한 조치가 아닌가 여겨지기도 한다. 그렇다고 한북 민호의 사민과 같은 행위가 곧바로 한강 남쪽에 위치한 이전 도읍지역인 한산이나 한산성까지 포기한 것이 아니라는 것은 분명하다. 나아가 동성왕 4년에 말갈이 한산성을 공격하였다는 기록이라든가57) 동성왕 5년에 왕이 한산성에 전렵하면서 군민을 위무하였다는 기록들도58) 한성이 여전히 백제의 수중에 있었음을 나타내는 적극적인 증거로 삼을 수 있지 않은가 생각된다.

---

55) 李炳燾, 1959, 『韓國史(古代篇)』, 震檀學會.
  盧重國, 1978, 「熊津時代 百濟의 貴族勢力」 『百濟研究』 9, 忠南大學校 百濟研究所, 19~26쪽.
56) 『三國史記』 卷26, 百濟本紀 第4, 文周王 二年, "春二月, 修葺大豆山城, 移漢北民戶."
57) 『三國史記』 卷26, 百濟本紀 第4, 東城王 四年, "秋九月, 靺鞨襲破漢山城, 虜三百餘戶以歸."
58) 『三國史記』 卷26, 百濟本紀 第4, 東城王 五年, "春, 王以獵出, 至漢山城, 撫問軍民, 浹旬乃還."

따라서 『삼국사기』의 기록만으로 백제의 웅진천도는 고구려군의 침략에 의한 피난이 천도의 직접적 원인은 아닌 것을 알 수 있다. 따라서 백제의 웅진천도의 과정을 단순하게 고구려의 침략에 따른 피난을 전제한 것은 지양되어야 하지 않은가 여겨진다. 물론 웅진천도가 면밀한 사전계획 하에 이루어졌다고 보기는 어렵다. 고구려의 침략이라는 급박한 정세에서 비롯된 것으로, 한성이 함락되고 개로왕이 패사함으로써 백제는 부득이 남쪽으로 피난할 수밖에 없었지만, 천도가 이루어지는 실제적 정황에서 보면 천도가 비단 고구려의 침략에 따른 피난의 결과라는 일반적 인식에는 문제가 있다는 것이다. 천도자체가 고구려의 군사력에 밀려 불가항력적으로 이루어진, 즉 고구려의 한성 점령과 그에 따른 피난 결과만은 아니라는 것이다.

　이와 관련하여 천도가 피난으로 야기되었다는 전제하에 웅진의 도읍선정 배경을 지리적 조건을 고려, 대 고구려의 방어에 유리한 지역을 선정하였다는 인식에도 문제가 있지 않은가 생각된다. 나아가 그러한 인식의 바탕에는 필연적으로 이전의 도읍지였던 한성이 고구려에 장악되어 더 이상 백제의 영토가 아닌 것으로 보고, 웅진도읍기 백제의 북쪽 국경을 아산만 이남이나 차령산맥으로 비정하며 이전보다 훨씬 남쪽으로 위축시켜 보는 역사상도 성립하기 어렵지 않은가 추론할 수 있기 때문이다.

　백제의 웅진천도는 한성을 침공하였던 고구려군의 철수 후에 폐허화된 한성에서 문주가 왕위에 올랐고, 이어서 다시금 천도가 이루어졌다는 것은 분명한 역사적 사실이다. 때문에 웅진으로의 천도는 피난이 아닌, 한성지역에서 백제자체의 정치적 판단이 이루어진 결과라는 것이다. 다만 왜 웅진으로 천도하였는가라는 의문과 함께 어떤 과정 속에 누가 주도하여 천도가 이루어졌는가에 대한 의문도 있다.

　그와 관련하여 우선 사료상에 웅진이 나타나는 것은 475년 문주왕의 천도사실이 처음이란 사실은 주목되어야 한다. 사실, 천도 이전까지 웅진이란 지역이 백제사에서 어떠한 위치를 차지하였는가는 알기가 어렵다. 관련 기록에 남겨진 온조왕 무렵 사방의 강역획정과 관련한 것이라던가, 마한과의 경계로 웅천이 등장하는 사실, 웅천이 금강이란 견해 등이 있어 참고 될 수는 있겠지만 시기의 차와 구체성의 결여, 그리고 웅천이 안성천이란 이견 등을 고려하면 적극적 활용도 어렵다는 점은 이미 지적한 바가 있다.[59] 그보다는 백제의 세력성장과 함께 웅진천도 전 금강유역은 백제의 통치범위에 있었다고 볼 수 있으며, 웅진이 백제의 지방사회로 존재했었다고 추정은 가능할 것이다.

그리고 앞서 도읍지 웅진지역의 유적을 검토하였는데, 그 결과 유적의 존재시기가 천도 전의 것과 천도 후의 것으로 구분되긴 하나, 천도 이전의 유적은 숫자상으로 그리 많지 않다는 것도 보았다. 그리고 적게나마 잔존하는 유적도 대부분 도읍의 중심권에서 일정한 거리를 둔 채 산포되어 있을 뿐이다. 반면에 천도 이후의 유적은 이전의 것과 중복되지 않으면서, 도읍지 중심권에 집중 분포하는 특징이 있음도 보았다. 특히 집중적으로 밀집된 현상을 보이며, 갑자기 등장한다는 특징도 지적하였다. 이러한 정황은 백제의 웅진천도 전야의 도읍지역 인문환경을 대변하는 것으로, 웅진지역에는 백제가 도읍을 옮기기 이전에는 왕실의 어떠한 기반시설도 마련되지 않았다는 사실을 분명하게 보여주는 것이기도 하다. 나아가 웅진천도가 주변에 산재된 유적과 관련하여 이루어졌더라도 실제 도읍지 웅진의 경영은 천도 후에 본격적으로 진행되었음을 알 수 있기도 하다.

따라서 웅진천도는 전쟁 후의 긴박한 정황에서 정치적 판단아래 새로운 지역을 선정하여 이루어진 것으로 보아야 한다. 그리고 준비된 도읍지가 아님에도 어떻게 웅진으로 천도가 이루어졌는가의 배경에 대한 이해도 필요한데 이는 고구려의 한성 침공으로 왕족을 비롯한 중앙 지배세력이 거의 붕괴된 상황에서 천도가 이루어졌다는 점을 우선적으로 고려할 필요가 있다. 즉 8천 포로와 함께한 고구려군의 퇴각은 한성세력의 완전한 괴멸을 의미하는 것이다. 그럼에도 문주가 왕위에 즉위하는 것이라든가, 웅진천도와 같은 정치적 행위가

---

59) 李南奭, 2002, 『熊津時代의 百濟考古學』, 서경문화사, 47쪽.

누구에 의해 어떻게 주도되었는가의 문제가 남는다.

그런데 이 과정에서 주목될 것은 한성에 기반한 세력이 아닌 지방에서 동원된 구원군 즉 지방세력이 건재하다는 사실일 것이다. 사료상에 구원군의 존재는 문주와 함께 한성에 당도한 신라군 1만명이 알려져 있는데, 당시의 정세로 미루어 구원군은 보다 다양한 성격의 집단이 포함되었을 것으로 보아야 할 것이다.[60] 이는 웅진으로 도읍을 옮긴 이후에 대거 등장하는 신흥세력이 이들 구원군이란 사실을 고려할 때 납득에 어려움이 없을 것이다.[61] 이들을 천도를 주도한 세력으로 볼 수 있지 않은가 추정된다.

서기 475년 고구려 장수왕이 거느린 3만 기병이 백제의 수도 한성을 기습적으로 공격함에 백제 개로왕은 군사적 방어 조치를 마련하면서, 다른 한편으로 각지에 구원군 모집에 나섰다는 것은 주지된 사실이다. 그리고 구원군이 결집하기도 전에 도성의 함락과 개로왕의 패사 그리고 왕족을 비롯한 도성민 8천이 포로로 잡혀 가면서 전쟁이 종결되었다는 사실도 이미 언급된 대로이다. 이후에 각지에서 동원된 구원군이 문주와 함께 한성에 집결한 것이다. 구원군이 도착한 후의 한성은 이미 폐허로 변해 있었고, 도성민의 일부는 피난하였겠지만 8천 포로의 존재로 미루어 대부분 잡히거나 죽었을 것이다. 이는 한성이 도읍으로서 더 이상 기능할 수 없음을 보여주는 것이기도 하다.

그런데 구원군은 전쟁을 위해 각지에서 동원된 지방세력들이다. 다수의 군사력이 한성에 집결하였지만 고구려군은 이미 퇴각한 다음이었다. 이에 구원군들은 백제 왕실의 명맥을 잇기 위하여 함께 온 문주를 왕위에 추대하였을 것이고, 나아가 이후 정국의 대책을 마련하였을 것이다. 그러나 지방에서 동원된 구원군들은 아무런 기반이 없는 한성에 오래 머물 수 없었을 것이며, 고향으로의 철수가 필요하였을 것이다. 폐허화된 한성, 특히 인적기반이 전혀 없

---

60) 李南奭, 2002, 『熊津時代의 百濟考古學』, 서경문화사, 48쪽.

61) 후술되겠지만 왜에서 동원된 구원군이나 웅진의 수촌리 유적의 주인공의 집단도 구원군이기에 단지 신라군 1만명만을 구원군으로 간주하는 것은 문제가 있다.

는 한성을 다시금 도읍으로 삼기는 어려운 상황이었기에 합당한 지역으로 천도가 필요하였을 것이다. 물론 당시의 상황을 고려할 때 천도는 왕실이 아닌 구원군에 의해 주도되었다는 것은 분명할 것이고 따라서 천도지도 그들의 이해관계에 따라 결정되었다고 볼 수 있을 것이다.

그리고 천도지가 왜 웅진이었는가의 문제도 구원군의 존재 형태에서 짐작될 수 있을 것이다. 한 나라에서 도읍이 갖는 특권은 무궁무진하다.[62] 바로 사회·문화의 중심지가 될 뿐만 아니라 국가권력의 중심지로 기능하기 때문이다. 따라서 각각의 정치세력들은 도읍지와 어떤 관계를 갖는가에 따라 그 이해관계가 천양지차를 나타낼 수밖에 없는데, 이는 전근대 사회도 크게 다르지 않을 것이다. 고구려가 도읍을 국내성에서 평양으로 옮길 즈음의 정황이라든가 고려시대의 서경천도 운동의 정황, 조선이 한양으로 도읍을 정한 과정에서도 짐작된다.

비록 백제의 웅진천도가 고구려의 군사적 공격에 의한 한성의 함락, 왕의 패사, 도읍의 폐허화 등과 같이 긴박한 상황에서 이루어진 것일지라도 천도지의 선정과 관련한 이해관계는 앞서 언급한 도읍지 선정 과정과 크게 다르지 않다고 보아야 한다.[63] 따라서 천도지의 선정은 당시에 새롭게 등장한 정치세력들, 즉 구원군들 간의 이해관계에 따라 결정될 수밖에 없었을 것이고, 그 중에서도 구원군 중 가장 강력한 세력에 의해 결정되었다고 보아야 할 것이다.

요컨대 고대국가에서 도읍은 정치와 사회, 문화의 중심일 뿐만 아니라 국가권력의 핵심이다. 때문에 쉽게 옮길 수 있는 것이 아니다. 만약 도읍을 옮길 경우 국가권력의 핵심이 움직이는 것이기에 그 향방이 모든 정치 주체에 영향을 줄 수 있어 민감한 반응은 불가피하게 일어난다. 백제는 고구려의 기습 침공에 대비하지 못하여 오랜 도읍이었던 한성이 함락되고 왕이 패사하여 중앙

---

62) 金瑛河, 2004, 「古代 遷都의 歷史的 意味」『韓國古代史硏究』36, 韓國古代史學會.
63) 李南奭, 2014, 「考古資料로 본 百濟의 泗沘遷都」『泗沘時代의 百濟考古學』, 서경문화사.

세력의 와해를 가져왔을 것이다. 때문에 천도의 주도가 왕실을 비롯한 한성에 기반을 두었던 기왕의 세력이 아닌 새롭게 등장한 구원군에 의해 주도되었다고 보아야 할 것이다. 폐허화된 한성에 집결한 구원군은 문주로 하여금 왕위를 잇게 하고 웅진으로 천도를 단행한 것이다. 웅진천도는 한성이 도읍지로서 기능한 인적기반의 상실하였을 뿐만 아니라 구원군의 속성상 도읍지 한성을 더 이상 지탱할 수 없다는 환경에서 이루어진 것이다. 이에 구원군의 이해 속에 금강변의 웅진으로 천도한 것으로 결론할 수 있다.

## 5) 맺음말

자연 환경의 부적합에도 불구하고 백제는 왜 웅진으로 천도하였을까의 의문은 당연할 것이다. 그러한 의문은 천도가 왕실의 주도하에 이루어졌는가의 문제와 환경의 제약에도 도읍지로 활용될 시설이 사전에 준비되어 있었는가에 대한 의문 해소가 선행되어야 한다. 그러나 정황상 천도가 왕실의 주도로 이루어진 것으로 보기는 어려우며, 웅진이 이미 준비된 도읍지였다고 단언할 증거도 거의 없다는 사실은 웅진 지역의 고고학적 환경에서 확인된다.

웅진에 남겨진 유적과 유물은 분포 상에서 시공간적 차이를 보이는데, 이를 통해 오히려 천도가 갑작스럽게 이루어졌음을 알 수 있다. 웅진 지역에 잔존된 유적과 유물은 웅진천도와 더불어 갑작스럽게 등장한 것들이 대부분으로, 이미 기반시설이 마련된 지역으로 천도가 이루어진 것이 아니라 정치적 판단에 의해 갑작스럽게 이루어진 것을 방증한다.

천도 전야의 배경은 서기 475년 9월에 고구려의 장수왕이 3만의 정예군을 친히 이끌고 한성을 공격하였다는 사실과, 그에 대한 백제 개로왕의 대응, 그리고 한성의 함락과 개로왕이 패사하였다는 사실을 우선적으로 고려할 필요가 있다. 나아가 장수왕은 포로 8천을 거느리고 평양으로 돌아가지만 신라 구원군 1만과 함께 한성에 당도한 문주가 왕의 궐위에 따라 등극한 사실, 연이어 웅진으로 천도하는 시간적 과정도 면밀히 살펴볼 필요가 있다. 이에 따르면 웅진천도는 준비된 것이 아니라 황급한 상황 속에서 구원군의 이해관계에 따라 진행되었다고 볼 수 있다.

# 3. 웅진천도의 주도세력
# 수촌리 고분군의 주인공

．
．

## 1) 머리말

백제의 웅진천도는 왕실이 아닌 구원군의 주도하에 이루어진 것이다. 도읍의 정치·사회적 중요성에 비추어 천도지의 결정은 주도세력인 구원군의 이해관계에서 이루어졌을 것이고, 그 중심에 당시 지방사회의 가장 강력한 세력집단인 공주 수촌리 고분군의 조영집단을 주목한다. 이는 2003년도에 발굴조사 된 수촌리 유적의 백제 고분군을 근거하는 것으로,[1] 수촌리 유적의 백제시대 무덤은 지금까지 백제의 지방사회에서 발견된 무덤 중에 가장 품격이 높은 것이기 때문이다.

주지되었듯이 백제의 웅진천도는 왕실이 아닌 구원군의 주도로 이루어진 것으로, 그들의 이해관계에 따라 도읍지가 결정되었고, 그 중심에 수촌리 유적의 주인공이 있었기에, 백제가 도읍을 웅진으로 옮기게 되었다고 볼 수가

---

[1]  수촌리 유적의 발굴결과에 대한 보고서는 다음과 같다.
忠淸南道歷史文化硏究院·公州市, 2007, 『公州 水村里遺蹟』, 遺蹟調査報告 40冊.
충청남도역사문화연구원·공주시, 2014, 『公州 水村里古墳群II』, 遺蹟調査報告 107冊.

있다. 백제가 웅진을 도읍으로 선택한 배경은 아무래도 도읍을 이끌만한 강력한 세력이 주목될 수밖에 없을 것이란 전제와 웅진으로 천도하였다는 점을 기회로 수촌리 유적의 조영주체가 그들이란 인식에2) 더 이상 의문이 없는 상황이다.

물론 수촌리 유적에 대해서는 발굴된 이래 다양한 관심이 주어졌다. 유적 자체는 물론이고 금동관모 등의 다양한 출토유물에 대한 관심이 그것인데,3) 특히 수촌리 고분군의 주인공이 백제의 웅진천도 주도세력으로 지목하면서 그 주인공이 누구인가의 문제에 대한 천착도 있었는데,4) 아무튼 이 유적의 출현을 기회로 백제 지방사회의 정황을 다양하게 가늠할 수 있게 되었다는 점에 큰 의미를 부여할 수 있을 것이다.

수촌리 고분군은 백제묘제의 변화과정을 적나라하게 보여주고, 풍부하고 다양한 고품격의 출토유물은 백제문화의 우수성을 그대로 보여준다. 특히 묘

---

2) 이훈, 2004, 「묘제를 통해 본 수촌리유적의 연대와 성격」『百濟文化』33, 公州大學校 百濟文化研究所.
   강종원, 2005, 「수촌리 백제고분군 조영세력 검토」『百濟研究』42, 忠南大學校 百濟研究所.
   이남석, 2006, 「수촌리 고분군과 백제의 웅진천도」『역사와 역사교육』11, 웅진사학회.
   이훈, 2012, 「공주 수촌리고분군 제2차 발굴조사의 성과와 의의」『금강유역권 신출토자료와 그 해석』, 제11회 백제학회 정기발표회.
3) 이남석, 2007, 「백제 금동관모출토 무덤의 검토」『先史와 古代』26, 韓國古代學會.
   박순발, 2005, 「공주 수촌리고분군 출토 중국자기와 교차연대문제」『충청학과 충청문화』4, 충청남도역사문화원.
   이훈, 2006, 「공주 수촌리 백제 금동관의 고고학적 성격」『한성에서 웅진으로』, 충청남도역사문화원·국립공주박물관.
   신희권, 2014, 「공주 수촌리토기의 계통연구」『百濟文化』50, 公州大學校 百濟文化研究所.
   이한상, 2015, 「水村里古墳群에서 본 百濟 金工樣式의 發現과 展開」『百濟文化』52, 公州大學校 百濟文化研究所.
4) 강종원, 2005, 「수촌리 백제고분군 조영세력의 검토」『백제연구』42, 충남대학교 백제연구소

제를 달리하여 출토된 금동관모는 중앙과의 상관성을 암시하고, 무덤군 내 남겨진 의례시설은 백제 상장례의 또 다른 측면을 보여주기도 한다. 나아가 무덤의 조영주체는 당시 백제 지방사회에 군림한 세력집단을 대표하는 존재로 봄에 문제가 없을 것이다.

수촌리 유적의 현황을 다시 한번 정리하여 고고학 자료로서의 위상을 정립한 다음에 그것이 가진 역사적 의미를 탐색하고 나아가 조영주체인 수촌리 고분군의 주인공이 지방 세력으로 어떻게 존재하는가와 함께 웅진천도의 주도세력으로서 위상을 확립하여 보고자 한다. 이를 위해 먼저 수촌리 유적의 발굴조사 결과보고를 요약하고, 유적의 갖춤새와 위세품 중심의 유물의 존재가 보여주는 역사적 의미를 지적하여 보겠다. 나아가 수촌리 유적이 백제의 한성시대 지방사회의 세력집단을 대표하는 유적이란 점에서 당시 중앙과 지방과의 관계 특히 지방통제책에 대한 나름의 지견을 마련한 후, 웅진천도의 주도세력으로서 수촌리 고분군 주인공의 위상을 정립하여 보고자 한다.


## 2) 수촌리 유적의 현황

수촌리 유적의 입지환경을 보면, 먼저 유적은 공주시 의당면 수촌리에 자리한다. 입지는 천태산이란 높은 산에서 서쪽으로 늘어진 작은 가지능선의 말단 구릉상에 해당된다. 유적은 무덤과 관련된 것이기에 입지한 세부 지형도 주목할 필요가 있다. 무덤이 위치한 곳은 표고 50m 내외이고, 정서 방향에서 약간 남으로 치우쳐 흘러내리는 구릉상의 평평한 대지에 자리하고 있다. 다만 무덤이 있는 구역에서 약 300여 평의 범위는 비교적 평탄한 대지로 남아 있지만, 서남쪽으로는 큰 경사를 이루면서 마치 절개지로 있어 경사에 의해 지면의 유실이 있었고, 그에 따른 지형변화도 감지할 수 있게 한다. 현재 잔존된 지형과 등고선은 고분군이 조성될 당시와는 차이가 있었을 것으로 추정된다.

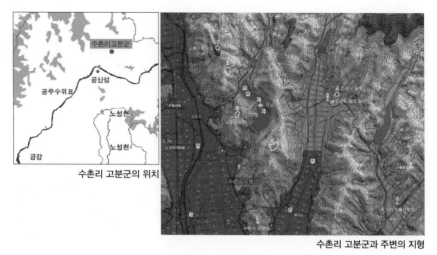

수촌리 고분군의 위치

수촌리 고분군과 주변의 지형

그림 1　수촌리 고분군의 위치와 주변지형 충청남도역사문화연구원, 2014, 『公州 水村里古墳群Ⅱ』와
　　　　嘉耕考古學硏究所, 2011, 『公州 水村里 土城 地表調査報告書』 재편집

　　수촌리 유적이 처음 발굴된 것은 2003년도의 일이다. 당시 발굴된 전체 유
적은 청동기시대부터 백제시대의 생활유구와 무덤유구가 포함된 복합 유적이
다. 그러나 특유의 백제 금동관모가 출토된 무덤이 존재함으로써 백제 분묘유
적으로 널리 알려지게 되었다. 이 유적은 국가사적으로 지정되었는데, 이후
사적지역 내의 유적발굴이 지속되어 다량의 백제시대 무덤이 잔존된 것이 확
인되었다. 수촌리 유적 중에 단연 관심을 끄는 것은 아마도 2003년에 확인된
백제 고분군일 것이다. 당시 발굴조사는 개발범위 약 6만여 평에 대한 시굴조
사와 유적 노출범위에서 이루어졌다.

　　2003년도에 발굴조사된 백제시대 유적은 청동기시대 유적에 포함되어 있
는 일부의 무덤 외에 약 300평의 범위에 있는 6기의 무덤이었다. 6기의 무덤
은 묘제적으로 서로 간 차이가 있을 뿐만 아니라 드물게도 풍부한 유물이 출
토된 것이다. 이들 무덤은 4세기 말에서 5세기 전반 혹은 중반 무렵에 위치시
킬 수 있는 것으로 백제가 웅진으로 천도하기 이전의 것들이다. 나아가 금동
관모 등의 위세품이 다량으로 포함되어 있을 뿐만 아니라 고품격의 부장품이

다량으로 출토되어 큰 관심을 불러 일으킨 것이다.

유적은 알려진 후 곧바로 사적으로 지정되었고, 주변지역에 대한 발굴조사도 계속되었다. 2007년에 새롭게 진행된 정밀 지표조사를

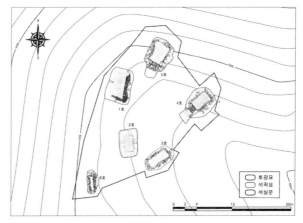

그림 2  수촌리 고분군 <2003년 조사-백제고분 6기>
忠清南道歷史文化研究院, 2007, 『公州 水村里遺蹟』 도면

바탕으로 유적이 존재할 것으로 여겨지는 범위에 대한 발굴조사가 2010년 시작된다. 사적지역 전체에 대한 시굴조사가 이루어졌고 그 결과 청동기시대의 집자리와 관련 유구 그리고 백제시대의 집자리와 수혈유구 외에 석축의 무덤 및 토광묘 등이 다양하게 남아 있음이 확인되었다. 본격적 발굴조사는 2011년에도 이어졌는데 2003년에 노출된 백제 무덤의 남쪽 구역을 대상으로 실시되었다. 결과 백제시대 석곽묘 2기와 석실묘 1기 그리고 토광묘 1기 외에 청동기시대 집자리나 원삼국기로 판단하는 수혈 유구 등이 확인되었다.

더불어 2012년에는 2011년 발굴구역의 서쪽 부근에서 발굴조사가 진행된 결과 백제시대의 토광묘 8기와 석곽묘 1기를 포함한 다양한 유구가 확인되었다. 특히 지름 20m 정도 규모의 적석유구도 확인되었는데, 이는 주변에 넓게 산포되어 있는 무덤과 연계된 의례시설로 판단한다. 수촌리 유적의 발굴조사는 2013년에도 계속된다. 그 결과 규모가 있는 백제시대의 토광묘 2기를 포함하여 통일신라시대의 석곽묘가 발굴되었을 뿐만 아니라 수촌리 유적의 무덤이 시대를 거듭하여 중층으로 남아 있음도 확인되었다. 이후 2014년과 2015년의 유적발굴은 2003년 발굴유적보다 동남쪽으로 거리를 둔 지역에서 이루어졌는데, 대체로 원삼국기에서 백제시대의 것으로 편년되는 무덤이

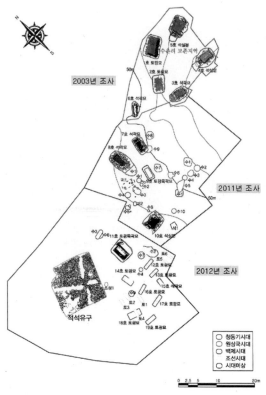

나 집자리 그리고 성격을 분명하게 알 수 없는 수혈유구 등이 확인되었다.

수촌리 유적은 오랫동안 발굴조사가 진행되어 사적으로 지정된 범위의 대부분에서 유적이 확인된 상태이다.[5] 그런데 조사된 유적 중에서 아무래도 가장 주목되는 것은 2003년에 확인된 6기의 무덤이고, 그중에서도 금동관모가 출토된 1호 토광묘와 4호 석실묘일 것이다. 본래 2003년도 조사된 6기의 무덤은 하나의 단위 무덤군

**그림 3  수촌리 고분군의 조사현황도** 충청남도역사문화연구원. 2014, 『公州 水村里古墳群Ⅱ』 도면 재작성

을 이루지만 묘제는 토광묘와 석곽묘 그리고 석실묘로 구분된다. 나아가 묘제를 시대적으로 배열할 경우 토광묘 → 석곽묘 → 석실묘의 순서로 시간차를 두고 조성되었음도 알 수 있다. 이들 무덤과 관련된 의례시설인 대형 적석유구라든가 부수시설로 판단되는 각종의 수혈 유구 등도 인근에서 추가로 발굴되어 유적의 복합성이 크다는 것을 알 수 있다.

---

5)  수촌리 유적의 개별 유구내용은 앞의 보고서에서 발췌 정리한 것이다.

수촌리 백제 무덤 중에서 가장 다수를 차지하는 것은 토광묘이다. 대부분의 토광묘들은 지하로 묘광을 굴착한 다음에 그 안에 목곽을 시설하고 다시 목관을 넣은 것으로 관곽토광묘로 분류될 수 있다. 1호와 2호 토광묘처럼 바닥이나 외변에 강자갈을 부석한 특이한 형상도 있는데, 규모 차이는 있으나 대체로 묘광이나 내부에 관과 곽을 시설한다거나 꺾쇠와 관못을 사용하여 목관을 결구하였다는 사실 등

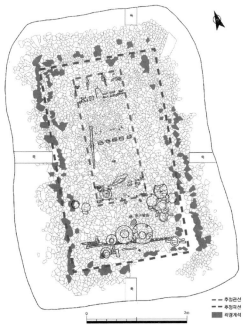

그림 4  1호 토광묘 <2003년 조사>
忠淸南道歷史文化硏究院, 2007, 『公州 水村里遺蹟』 도면

은 공통적이다. 다만 목곽은 묘광의 중앙에 시설하지만 목관의 경우는 목곽의 중앙에 위치한 것 외에 약간 치우친 것도 있다. 이것은 부장품을 넣기 위한 배려로 추정된다.

금동관모가 출토된 1호 토광묘를 대표 사례로 볼 수 있다. 1호 토광묘는 노출당시 상부에 잡석을 이용하여 적석한 시설이 확인된 것이다. 목곽은 묘광의 중앙에 시설하고 동북쪽에 치우쳐 목관이 놓여 있다. 특히 목곽은 곽의 형상을 구체적으로 남긴 것은 없으나 자갈돌로 부석된 범위에서 10cm 내외의 폭으로 2열의 석열을 일정하게 마련한 것이 확인되어 목곽의 존재를 추정하는 것이다. 목곽 규모는 길이 400cm, 너비 240cm이다. 목관은 길이 95cm, 너비 15cm 내외의 세장한 목판을 상하 꺾쇠로 연결하여 제작한 것이다. 관정도 사용하였는데, 목관의 규모는 길이 240cm, 너비 95cm 정도이다. 묘광의

바닥 전체는 잡석을 부석하였다. 출토유물은 목관 안에서 금동관모와 금동신발 그리고 금제이식을 비롯하여 금동과대와 환두대도 그리고 중국제 청자유개사이호 등이 확인되어 있다. 또한 목곽 안에 직구호와 대호 그리고 호형토기와 광구호를 비롯하여 발형토기 등 각종 토기류와 함께 등자와 재갈, 교구, 살포라든가 삼지장 등의 철기류가 남아 있었다.

　토광묘 다음으로 많은 숫자를 차지하는 것이 석곽묘이다. 그중에서 2003년도에 발굴조사된 3호분은 횡구식 석곽묘이고 나머지는 수혈식 석곽묘이다. 모두 백제 수혈식 석곽묘의 일반적 구조양식을 지니고 있다. 즉 지하로 묘광을 파고 그 안에 석축으로 장방형의 묘실을 조성한 것이다. 규모 차이가 있지만 2011년도에 조사된 8호 석곽묘가 가장 규모가 크다. 그리고 앞서 언급된 2003년의 석곽묘 중에 3호분은 좁은 벽체에 입구로 사용한 흔적이 있어 횡구식 석곽묘로 구분한다. 3호분은 묘실의 상단부가 대부분 훼손되어 정확한 구조양식의 파악이 어렵다. 그러나 다듬지 않은 돌을 사용하였다는 점, 부위별로 사용된 석재의 크기가 일정하지 않은 점 등으로 보아 형식적으로 발전된

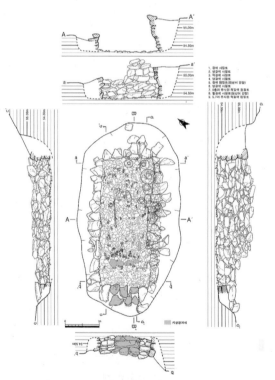

그림 5　3호 석곽묘 <2003년 조사>
　　　忠淸南道歷史文化硏究院, 2007, 『公州 水村里遺蹟』 도면

것으로 보기는 어렵다. 나아가 묘실 평면이 크게 세장되지 않은 장방형이고, 벽체가 상단에서 약간 안으로 좁혀져 있는 점으로 미루어 초기형으로 간주된다.

이 3호분은 바닥 전면에 강자갈이 부석되었다든가, 내부에 금속제 결구를 사용한 목관을 안치하는 등의 묘제적 특징도 있다. 특히 한쪽의 좁은 벽체에 입구가 있는데, 벽체 전부를 개구하여 사용한 것이 아니라 바닥보다 한단 높여 벽체 중간에 입구를 시설한 것이다. 나아가 폐쇄도 일렬 축석으로 실행한 특징이 있다. 묘실 내에 남겨진 유물의 갖춤새는 토광묘와 별반 차이가 없다. 목관 내에 장착품으로 환두대도를 비롯하여 금동제신발 등이 있다. 그리고 목관 바깥에는 발치쪽에 토기라든가 마구 등의 여타 유물이 안치되어 있는데 토광묘의 유물 잔존정황과 흡사하다.

석실묘는 2003년에 발굴된 4호와 5호가 전부인데 이들은 횡혈식 석실묘제의 본래 속성을 그대로 갖추고 있는 것이다. 이들은 동·서간으로 자리하는데 4호분이 보다 경사의 위쪽에 있다. 모두 지반을 굴광하여 묘광을 조성하고 할석형 석재를 대강 다듬어 구축한 것이다. 묘실의 평면은 방형에 가까운 장방형, 입구 및 연도는 중앙에 개구식으로 시설하였고, 바닥은 강자갈이 부석되었는데 금동관모와 금동제 신발 등의 화려한 유물이 출토되었다.

다량의 유물이 남겨져 있던 4호 석실묘의 경우 자연할석을 사용하여 단벽은 거의 수직에 가깝게 쌓아 올렸으나 장벽은 바닥부터 위로 갈수록 안으로 들여쌓았다. 묘광의 평면은 장방형인데 길이 540cm, 너비 440cm 정도의 규모이다. 남쪽에 연도와 묘도를 위해 길이 120cm, 너비 190cm 크기의 묘광이 덧붙여져 있다. 전체 묘광의 길이는 664cm이다. 묘실 평면은 길이 300cm, 너비 200cm, 높이 150cm 정도의 규모이다. 바닥은 생토면을 수평으로 정지한 후, 크기 10cm 내외의 잡석을 전면에 부석하였다. 북쪽의 장벽과 동쪽의 단벽에 연접하여 길이 264cm, 너비 116cm의 규모의 관대가 시설되어 있다. 4호 석실묘의 출토유물은 철기류와 토기류로 구분할 수 있는데, 관대위에 있는 것 외에 묘실의 북벽과 서벽에 밀집되어 남겨져 있었다. 관대에는 금동관모와 금동신발 그리고 환두대도와 요대 장식이 있었고, 금동제 신발

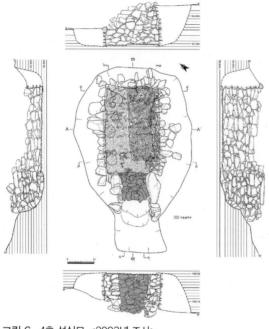

의 주변으로 소형 청
자잔과 토기 뚜껑이
있었다. 이 외에도 유
리구슬을 비롯하여 중
국제 자기인 흑갈유
양이부병과 광구장경
호 등이 출토되었고,
관대와 벽면의 사이에
마찬가지 중국제 자기
인 계수호나 흑갈유도
기 그리고 살포라든가
등자와 재갈 그리고
교구와 기대를 비롯하
여 꺾쇠와 관정 등이
있었다. 관옥이 반 조
각만 출토되었는데,

그림 6  4호 석실묘 <2003년 조사>
忠淸南道歷史文化硏究院, 2007, 『公州 水村里遺蹟』 도면

나머지 반 조각은 곁에 있는 5호 석실묘에서 발견되어 두 무덤의 피장자가 밀
접한 관계가 있음을 알려주기도 한다.

수촌리 백제 무덤의 배치는 일정한 원칙이 있었던 것으로 보여진다. 특히
2003년에 발굴된 6기는 중앙에 반경 약 15m의 공터가 있고 남북을 기준으로
경사의 아래쪽에 1호 토광묘, 이에서 약 3m의 거리를 두고 좌우로 5호 석실
분, 2호 토광묘가 있으며, 다시 경사의 위쪽인 공터의 상단에 4호 석실분과 3
호 석곽묘가 간격을 두고 있다. 반면에 6호로 구분된 석곽묘는 이들과는 거리
를 두고 있다. 6기의 무덤은 가운데 공터를 두고 그 공터를 감싸듯이 규칙적
으로 배치되어 있다. 그러나 무덤의 장축이 각각 다른 방향으로 있으면서 간
격도 정확하게 일치하는 것은 아니다. 다만 가운데 공터의 성격이 분명하지
않지만 무덤들과 관련하여 조성된 것이라면 적어도 6기의 무덤은 서로 간에

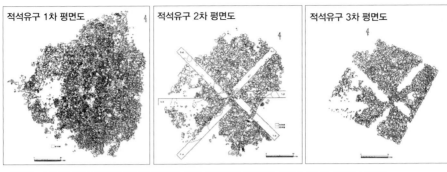

**그림 7   수촌리 고분군의 적석유구 현황도** 충청남도역사문화연구원, 2014, 『公州 水村里古墳群Ⅱ』

친연적 관계에 있는 자들의 것이 아닌가의 추정도 가능할 것이다.

수촌리 백제 분묘유적에서 주목할 수 있는 또 다른 시설은 적석유구이다.[6] 이는 무덤들과 관련한 의례가 실행되었던 시설로 판단되기 때문이다. 적석유구는 2012년도 발굴조사에서 확인되었고, 지름 20m 정도 이상의 규모로 돌을 무질서하게 쌓은 형태이다. 그런데 적석유구의 내부에는 적어도 10m 이상의 길이로 계측되는 석축 열이 확인되어 특정한 시설, 혹은 반복하여 축대를 조성한 것이 아닌가 판단할 수 있다. 아울러 내부에서 백제시대의 유물조각이 적지 않게 수습되었는데, 대체로 의례와 관련된 것으로 여겨지는 것들이다.

### 3) 수촌리 유적의 의미

수촌리 유적은 백제의 두 번째 도읍지인 웅진의 인근에서 확인된 것으로 백제시대의 유적은 무덤이 중심을 이루고 있다. 이들 무덤은 백제가 한성에 도읍하던 시기인 4세기 말에서 5세기 말까지 만든 것으로, 당시 지방사회에서

---

6)   충청남도역사문화연구원·공주시, 2014, 앞의 보고서.

유행한 관곽 토광묘를 비롯하여 석곽묘가 다수이고 석실묘도 포함되어 있다. 더불어 각각의 무덤에서는 다양한 유물이 출토되었는데 그중에서도 금동관모와 같은 위세품이 풍부하다는 점이 두드러진 특징이다. 때문에 수촌리 고분군은 지방사회의 다양한 묘제가 시기차를 두고 존재한다는 사실과 함께 최고, 최상의 위세품의 존재를 주목할 수 있을 것인데, 이들은 축조주체의 위상이 범상치 않았음을 단적으로 보여주는 물적자료들이다.

수촌리 유적의 무덤 중에 2003년에 발굴된 토광묘 2기와 석곽묘 1기, 그리고 석실묘 2기의 부장품, 그리고 2011년도에 발굴된 석곽묘 2기에는 각종 위세품을 포함한 다양한 유물이 남겨져 있다. 금동관모를 비롯하여 금동제 신발이나 금동제 귀걸이, 각종 구슬 등의 장식류와 환두대도 등의 무기류, 각종 마구를 포함하여 살포 외에 중국제 자기도 여러 점이 출토된 사실은 매우 주목된다. 이들 유물은 백제의 한성도읍시기 지방사회에서 발견된 무덤 출토품으로는 최상·최고의 것들이 다량으로 매납된 특유의 사례라고 볼 수 있는 것이기 때문이다. 그중에서도 가장 주목되는 것은 아마도 금동관모일 것이다.

수촌리 백제 무덤은 시기를 달리한 무덤, 즉 토광묘와 석실묘에서 각각 금동관모가 출토되는 특이성이 있다.[7] 1호 토광묘에서 출토된 금동관모는 청동에 금도금을 한 것이다. 관모의 중심인 내관과 전면 그리고 후면의 입식으로 구성되어 있다. 내관은 반원형 금동판 2장을 맞대어 만든 것인데 외연에 윤곽선이 돌려져 있고, 후면에 긴 대롱이 부착되어 있다. 또한 테두리의 상단에 수발을 세웠던 흔적이 남아 있다. 내관에는 용문과 화염문과 운문 그리고 당초문으로 표현된 문양을 투조로 시문하였고, 타출 점선문 등을 사용하여 세부적

---

7) 수촌리 백제 고분출토 관모에 대한 검토는 다음과 같은 글이 있다.
이남석, 2007, 앞의 글.
李漢祥, 2008, 「百濟 金銅冠帽의 製作과 所有方式」『韓國古代史研究』 51, 韓國古代史學會.
이귀영, 2012, 「百濟 冠 象徵體系의 變遷樣相」『百濟文化』 46, 公州大學校 百濟文化研究所.

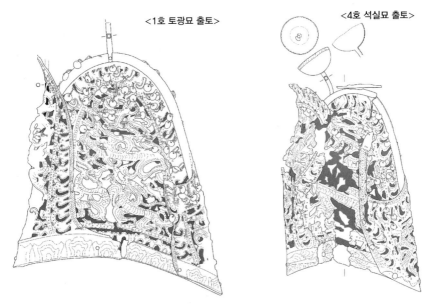

**그림 8  수촌리 고분군 출토 <금동관모>** 忠淸南道歷史文化硏究院, 2007, 「公州 水村里遺蹟」 도면

문양을 내었다. 전·후의 입식도 용문과 당초문 등이 투조로 시문되어 내관에
사용한 기법과 동일하고 영락도 상당정도 남아 있는 상태이다. 4호 석실묘에
서 출토된 금동관모도 1호 토광묘 출토의 금동관모와 크게 다르지 않은 것이
다. 상단부가 둥근 고깔모양의 관모를 중심으로 전면과 후면에 입식을 갖추고
있으며, 후면에 수발을 세운 형식이다. 문양도 1호 토광묘 출토 금동관모와
유사한 것인데 보다 정교하고 화려한 감이 없지 않다.

　금동관모란 유물의 중요성은 그 소유자의 사회나 정치적 위계를 가늠할 수
있다는 점에 있고, 따라서 그 역사적 의미도 상당하다. 최근 백제의 고지에
서 유적 발굴조사가 폭발적으로 증가하면서 기왕의 백제사 인식을 뒤바꿀 만
큼의 다양한 자료가 산출되어 있다. 그중에서도 주목될 수 있는 것은 금동관
모의 출토가 풍부하게 이루어진 것인데, 수촌리 유적 이외에 나주 신촌리 9호

분,[8] 익산 입점리 1호분,[9] 서산 부장리 5호분,[10] 고흥 길두리 안동고분과[11] 더불어 화성의 요리[12] 외에 신라지역인 의성 대리리에서 출토되어[13] 그 사례가 적지 않음을 알 수 있다. 물론 유물은 모두 관모인데, 관장식만 출토된 무령왕릉이 6세기대의 유적인데 반해서 금동관모가 출토된 유적은 대체로 5세기 무렵을 벗어나지 않는다는 점도 주목된다.

백제 금동관모는 도읍지인 중앙보다 대부분 지방사회에서 출토된 것이다. 특히 금동관모 출토유적이 백제의 전 지역에 광역으로 분포되어 있는데, 이는 금동관모의 기능이 도읍인 중앙보다는 지방사회의 정치적 환경과 관련 있는 것으로 볼 수 있게 한다. 금동관모가 출토된 무덤들이 지방 고유전통을 간직한 토착묘제가 대부분이란 점도 주목할 수 있을 것이다.[14] 이들은 지방사회에서 널리 사용된 토착의 전통묘제로서 지방 고유의 색깔을 갖추고 있는 것이다. 비록 중앙묘제인 석실묘가 사용되었다 할지라도 토착묘제의 전통 속에 새로운 묘제를 모방축조로 수용한 것에 불과하다. 이는 금동관모가 출토된 무덤을 토대로 금동관모의 소유자들이 대부분 지방사회에 뿌리한 지방의 토착세력이란 사실을 대변하는 것으로 볼 수 있다.

따라서 수촌리에서 출토된 금동관모의 소유자도 이 지역에 뿌리를 둔 토착

---

8) 朝鮮總督府, 1920, 『大正六年朝鮮古蹟調査報告』.
   國立文化財硏究所, 2001, 『羅州 新村里 9號墳』.
9) 國立文化財硏究所, 1989, 『益山 笠店里 古墳 發掘調査報告書』.
10) 忠淸南道歷史文化硏究院·孝昌綜合建設(株), 2008, 『瑞山 富長里遺蹟』, 遺蹟調査報告55冊.
11) 전남대학교박물관, 2011, 『고흥 길두리 안동고분의 역사적 성격』, 고흥 길두리 안동고분 특별전 기념 학술대회.
12) 한국문화유산연구원, 2014, 「화성 향남 2지구 동서간선도로(H지점) 문화유적 발굴조사 제3차 학술자문회의 자료」.
13) 성림문화재연구원, 2014, 「의성 신라본역사지움조성(조문지구)사업부지내 유적 1·2차 약식보고서」.
14) 이남석, 2007, 앞의 글, 237쪽.

집단의 우두머리로 볼 수 있다. 그런데 부장품 수준이 당대 최고급이란 사실은 소유자의 위세가 최고급 즉 최고의 실력자라는 것을 알려주는 것이기도 하다. 특히 수촌리 백제 무덤의 금동관모는 대를 이어 소유하였던 것으로 확인되는데, 이는 수촌리 고분군의 조영집단이 그만큼 오랫동안 세력을 키워 유지하였던 집단으로 봄에 문제가 없을 것이다.

한편, 수촌리 백제 고분군은 가족묘적 성격을 갖추고 있는 점도 주목된다. 특히 2003년도에 발굴 조사된 6기의 무덤 중에 1, 2호 토광묘와 4, 5호 석실묘는 부부의 무덤으로 볼 수 있는데 유물의 갖춤새에서 남녀의 구분이 분명하게 드러나기 때문이다.[15] 토광묘의 경우 유물은 관내에 장착품이, 관의 바깥 발치 쪽의 목곽 안에 여타의 부장품이 있는데 2호분보다 1호분의 위세품이 풍부하면서 환두대도 등의 무기와 마구류 등이 존재하는 반면에 2호분은 무기나 마구는 없고 장식품인 구슬이 다량으로 남겨져 있다. 따라서 유물에 나타난 이러한 차이, 즉 1호분은 남성의 것이고 2호분의 여성의 것으로 보아 각각의 피장자를 부부관계로 설정하는 것이다.

석실묘도 마찬가지이다. 4호분의 경우 금동관을 비롯하여 중국제 자기라든가 환두대도 등의 다양한 위세품이 있고 토기도 풍부하게 남아 있다. 반면에 5호분은 대체로 토기가 집중적으로 남아 있을 뿐이다. 물론 토기의 종류가 다양하고 마구도 확인되지만 금동관 등의 장식품, 그리고 무기류가 없다는 특징이 있다. 그러면서 각각의 석실묘에서는 곡옥 반 조각이 남겨져 있었고, 그것이 서로 결합된다는 점에서 밀접한 관계 즉 부부관계로 인정하는 것이다.

더불어 묘제상으로 토광묘 → 석곽묘 → 석실묘의 발전 순을 고려하면 가족 간의 관계는 적어도 3대의 가계구성을 복원할 수 있으며, 모두 금동관모와 같은 위세품을 소유하고 있었다는 점에서 누대에 걸쳐 세력을 향유하였던 가계집단이었음을 알 수 있다.

---

15) 忠淸南道歷史文化硏究院·公州市, 2007, 앞의 보고서.

마지막으로 백제의 웅진천도 정황과 관련하여 수촌리 유적과 어떤 관련이 있는가를 유적의 입지환경을 통해 살펴 볼 필요도 있다. 앞서 살핀 것처럼 웅진인 지금의 공주지역 지리적 특성은 금강이 동에서 서로 중심부를 가로질러 남북으로 나뉘며 전체 지역이 평지보다는 산지가 우세하다는 점을 살펴보았다. 특히 남단부는 계룡산과 그에 연결되어 서쪽으로 전개된 산릉이, 북단은 동에서 차령산맥에 포함되는 높은 산지들이 공주 혹은 웅진의 경계를 이룬다는 것도 인지하였다. 그리고 금강을 기준으로 북쪽 지역은 북에서 정안천이 좌우의 작은 지류를 포괄하며 금강과 합류하며, 주변에 하천분지가 비교적 넓게 형성되어 있는데 수촌리 유적은 금강 북쪽 정안천변의 구릉지대에 위치한다.[16)]

따라서 수촌리 유적은 행정구역 상으로 충남 공주시 의당면 수촌리에 위치하고, 나아가 백제시대의 웅진이 지금의 공주를 포괄하는 것이기에 수촌리도 백제의 웅진지역으로 볼 수 있는 것이기도 하다. 다만 이러한 정황은 일반적 범주에서 본 것으로, 웅진천도 전야의 정황을 고려하면 수촌리를 웅진에 포함시키시는 어려울 것으로 여겨진다. 즉 공주=웅진이란 등식 속에서 보면 수촌리는 웅진 속의 유적이고, 따라서 백제의 도읍지 내 유적으로 인식될 수도 있을 것이다. 그러나 이러한 인식은 보다 광의적인 것으로 천도이후 안정을 토대로 도읍의 범위가 확대된 이후의 사실일 뿐이고, 협의적 즉 백제의 웅진천도 직후의 환경에서 보면 직접적으로 도읍에 포함되었다고 보기는 어렵다는 것이다.

수촌리 고분군은 금강의 북쪽에 자리한다. 금강을 기점으로 보면 정확하게 직선거리로 약 5.5km로 십리가 넘는 거리이다. 나아가 금강 남쪽에 있는 웅진성 그리고 시가지를 기점으로 할 경우 그 거리는 보다 크겠지만, 보다 중요한 것은 대하천인 금강을 경계로 두면서 다시 일정한 거리를 두고 있다는 점

---

16) 忠淸南道歷史文化硏究院·公州市, 2007, 앞의 보고서.

이다. 이는 수촌리 유적이 자연 지리적 환경이나 인문환경의 측면에서 백제의 웅진천도 직후에 도읍지에 포함되지 않는 범위로 보아도 문제가 없을 것이다.

요컨대 수촌리 유적중에 백제 고분군은 4~5세기 무렵의 지방사회 고분유적으로는 최고, 최상의 것으로 판단함에 문제가 없고, 고분군의 갖춤새나 거기에 포함된 유물 특히 위세품으로 미루어 고분군의 주인공은 지방사회 최고의 권력자로 봄에 문제가 없을 것이다. 특히 수촌리 고분군은 서기 475년 백제가 새로운 도읍지로 선정한 직후의 웅진 범위에 포함되지 않는 것으로 볼 수 있기에 유적의 주인공들은 나름의 독립적이고 풍부한 입지환경을 갖춘 지역에 기반한 커다란 세력집단의 우두머리로 간주될 수 있을 것이다.

## 4) 수촌리 고분군의 주인공은 웅진천도의 주도세력

5세기 무렵으로 편년되는 수촌리 고분군의 축조집단은 금강유역의 강력한 세력집단으로 인정함에 문제가 없을 것이다. 다만 백제의 중앙과의 관계가 무엇인가의 의문이 남는데 이는 무덤에서 출토된 유물, 특히 위세품을 통해 가늠할 수밖에 없다. 수촌리 백제 무덤출토의 부장품 중에 금동관모나 금동식리 등의 각종 위세품은 수촌리 무덤 주인공의 위상을 대변하는 것으로 볼 수 있으면서 그것은 백제의 중앙 즉 백제 왕실로부터 사여받은 것으로 볼 수밖에 없기 때문이다.

주지되었듯이 수촌리 무덤의 부장품 중에는 금동관모나 금동제 신발과 같은 금은세공품 외에 중국제 자기도 다량이 포함되어 있는데,[17] 이러한 유물들은 현지 생산품보다는 백제의 중앙인 왕실로부터 사여된 것으로 보아야 할 것이다. 각종 금은 세공품의 경우 현지 생산이 가능한가의 의문과 함께 위세품

---

17) 忠淸南道歷史文化硏究院·公州市, 2007, 앞의 보고서.

그림 9  수촌리 유적 출토 <주요유물>  忠淸南道歷史文化硏究院, 2007, 『公州 水村里遺蹟』 사진 재편집

적 성격의 물품이
자가 생산을 통
한 소유가 전제될
수 있을까의 의
문도 있기 때문이
다. 특히 도자기
는 중국에서 이미
후한 무렵에 생산
되어 그것이 주변
지역에 사여품으
로 확산된다. 백
제의 경우 지방사
회에서 중국 도자
기가 많이 발견되
는데 이들 도자기

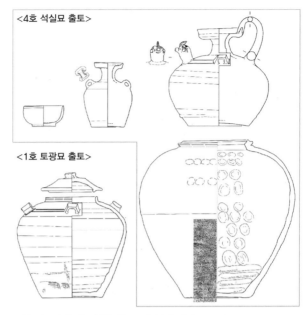

그림 10  수촌리 고분군 출토 <중국제 자기>
忠淸南道歷史文化硏究院, 2007, 「公州 水村里遺蹟」 도면 재편집

를 지방의 유력자가 직접 중국에서 받았다고 보기는 어려울 것이다. 4세기 무렵의 백제는 중국과 외교교섭을 활발하게 전개하였고 그 과정에서 청자나 흑유자기가 다량으로 수입한다.[18] 그것이 지방사회의 유력자에게 다시 사여된 것으로 보아야 한다. 이런 연유로 백제의 지방사회에서 출토되는 위세품 즉 권위의 상징물들은 백제의 왕실로부터 사여된 것으로 보는데 문제가 없을 것이다.

위세품의 수수에 따르는 중앙과 지방의 교류 모습은 묘제의 잔존현황에서 추론할 수 있다. 살펴보았듯이 수촌리 무덤의 묘제는 토광묘와 석곽묘가 중심을 이룬다. 이들은 당시 백제의 지방사회에서 성행한 토착적 고유의 전통묘

---

18) 李南奭, 1994, 「古墳出土 黑釉鷄首壺의 編年的 位置」 『湖西考古學』 創刊號, 湖西考古
學會, 131쪽.

제로서 횡혈식 석실묘로 대표되는 백제의 중앙묘제와 차이를 지닌 것이다.[19] 그런데 수촌리 고분군의 백제 무덤 중에 2기의 석실묘가 있지만 이들은 중앙 묘제를 모방 축조한 것, 즉 지방사회에서 중앙묘제를 수용한 결과 남겨진 것에 불과하다. 전통적으로 토광묘나 석곽묘를 사용하던 수촌리 집단들이 중앙에서 성행하던 횡혈식 석실묘를 모방하여 축조한 것이다.[20] 이를 통해 수촌리 지역의 집단이 중앙과 긴밀한 교류가 있었음을 알 수 있게 한다.

그리고 수촌리 유적의 백제 무덤은 백제의 한성시대 무덤, 특히 동시기의 지방사회의 것으로 인정할 수 있는 무덤으로는 가장 고품격인 것으로 볼 수 있다. 지금까지 발견된 백제 무덤 중에서 가장 높은 품격의 유물이 다량으로 출토되었기 때문이다. 또한 수촌리 고분군은 하나의 가계집단이 적어도 3대에 걸쳐 조성한 무덤군임이라는 사실을 보았다. 그럼에도 중앙에서 사여된 위세품이 대부분의 무덤에 남겨져 있어 반복하여 위세품이 사여된 것을 알려준다.

그런데 이처럼 위세품이 반복하여 사여된 사례는 수촌리 유적 이외에는 발견되지 않는다. 따라서 수촌리 고분군의 축조세력은 당시 백제 지방사회에서 최고의 세력집단으로 봄에 문제가 없을 것이다. 즉 수촌리 고분군의 주인공들은 4세기말부터 5세기 무렵까지 백제 지방사회에서 가장 강력한 세력으로 봄에 문제가 없다는 것이다.

문제는 백제의 지방사회에 존재하는 수촌리 고분군의 축조세력과 같은 집단과 백제의 중앙과의 관계를 어떻게 설정할 것인가이다. 주지되듯이 4세기 말에서 5세기 후반 무렵, 즉 백제의 한성도읍 후반의 지방사회 정황을 구체적으로 살필 수 있는 자료는 많지 않다. 때문에 중앙에서 지방을 어떻게 편제하고 통제하였는가의 지방통제 방식에 대해서는 다양한 의견이 제기되어 있지만[21] 대부분 추론적 논지라는 점은 아쉬움으로 남는다. 오히려 당시의 지방사

19) 이남석, 2007, 앞의 글.
20) 李南奭, 2007, 「漢城期 百濟石室墳의 再認識」『震壇學報』103, 震檀學會.
21) 金英心, 1990, 「5~6세기 百濟의 地方統治體制」『韓國史論』22, 서울大學校 人文大

회 존재양상을 고고학적 측면에서 추구할 필요가 있다고 여겨지는데 이는 앞서 수촌리 백제 무덤 출토품에서 볼 수 있는 금동관모의 존재나 금동관모 출토 유적의 성격을 통해 중앙과 지방과의 관계, 혹은 지방사회 자체의 정황을 이해할 수 있을 것이다.[22]

우선, 금동관모는 중앙이 아닌 지방사회에 위세품으로 존재하고, 출토유적도 각각 지방의 고유한 전통에 입각한 환경을 그대로 유지하고 있음을 보았다. 금동관모는 백제의 지방사회 거의 전역에 망라된 형태로 출토되고, 나아가 나름의 형태와 성격에 공통성을 갖추고 있기도 하다. 여기에 환두대도라든가 금동제 신발 같은 또 다른 위세품이 동반 출토된다. 그러나 이러한 동질성이나 공통성은 위세품적 성격의 유물에 국한될 뿐이다. 유적인 무덤이나 여타의 유물은 각 유적이 자리한 지역의 고유 전통의 것이라는 사실은 수촌리 백제

學 國史學科.

김영심, 2000, 「百濟史에서의 部와 部體制」『韓國古代史研究』17, 韓國古代史學會.

俞元載, 1997, 「百濟 熊津時代의 地方統治와 貴族勢力」『百濟文化』26, 公州大學校 百濟文化研究所.

李鎔彬, 2004, 「百濟 地方統治制度 研究 現況과 課題」『明知史學論』14, 明知史學會.

朴淳發, 2007, 「墓制의 變遷으로 본 漢城期 百濟의 地方 編制 過程」『韓國古代史研究』48, 韓國古代史學會.

정동준, 2009, 「백제 22부사체제의 성립과정과 그 기반」『韓國古代史研究』54, 韓國古代史學會.

서현주, 2011, 「영산강유역 토기문화의 변천 양상과 백제화과정」『百濟學報』6, 百濟學會.

姜鍾元, 2012, 「百濟 國家權力의 擴散과 地方」『百濟研究』55, 忠南大學校 百濟研究所.

노중국, 2013, 「백제의 왕·후호제와 금동관 부장자의 실체 –歸葬을 중심으로–」『韓國古代史研究』70, 韓國古代史學會.

최희수, 2014, 「百濟 초기 部의 성립·운영과 地方統治」『韓國古代史探究』18, 韓國古代史探究學會.

김영심, 2015, 「백제의 지방 통치기구와 지배의 양상 –<陳法子墓誌銘>과 나주 복암리 목간을 통한 접근」『韓國古代史探究』19, 韓國古代史探究學會.

22) 이남석, 2008, 「百濟의 冠帽·冠飾과 地方統治體制」『韓國史學報』33, 高麗史學會.

무덤뿐만 아니라 금동관모 등의 위세품 출토 유적에서 공통적으로 확인된다.

따라서 이러한 환경은 금동관모를 비롯한 위세품을 주는 자가 백제의 중앙 정부이고, 받는 자가 지방사회의 우두머리들이라면 그들의 관계는 적어도 지방사회의 우두머리들이 그들의 고유한 전통을 유지할 수 있는 정도의 독자성이 담보된 환경에서 상호간의 관계가 유지되었음을 보여주는 것이다.

그리고 위세품의 등장과 소멸시기가 특정 시기, 즉 백제가 한성에 도읍하던 시기의 후반 무렵, 빨라야 4세기 후반을 시작으로 5세기까지의 어간에 국한된다는 특징도 있다. 특히 6세기 무렵에 이르면 지방사회 고유문화의 소멸과 더불어 금동관모는 사라지고 새로운 은제관식이 통용된다.[23] 즉 금동관모는 시기적으로 한성도읍기 후반 무렵에만 널리 유포되었을 뿐이다.

그럼에도 금동관모와 같은 위세품이 동시다발적으로 많은 사례가 존재한다면, 이를 매개로 이루어지는 행위는 단순한 의례적 차원의 것으로 보기는 어려울 것이다. 중앙과 지방의 상관관계 속에서 위세품을 주고받는 관계가 이루어졌기에, 그러한 행위 이면에는 일정한 정치적 상관관계가 매개되어 있다고 보아야 한다. 즉 금동관모의 수수관계는 항상적이고 규범적인 틀 속에서 이루어진 정치 행위로 보아야 한다는 것이다.

결국, 금동관모가 중앙에서 제작하여 지방에 사여된 것이며, 위세품으로 중앙과 지방 혹은 지방간의 위계를 상징한 것이라면, 고대국가 백제의 통치질서체제를 확립하는 도구로 사용되었다고 봄에 문제가 없다. 다만 백제의 경우 관료제의 범주에서 의관제가 3세기 말인 고이왕 무렵에 제정되었다는 기록이[24] 있다. 특히 관모에 대한 규정도 있는데 왕은 오라관에 금제 관식을 착용

---

23) 이남석, 2008, 위의 글.
24) 『三國史記』卷24, 百濟本紀 第2, 沙伴王·古尒王 二十七年, "二月, 下令六品已上服紫, 以銀花飾冠, 十一品已上服緋, 十六品已上服靑."
    김영심, 2009, 「6~7세기 삼국의 관료제 운영과 신분제 -衣冠制에 대한 검토를 기반으로」『韓國古代史硏究』54, 韓國古代史學會.

하고 이외의 귀족관료는 은제관식을 착용한다는 규정이 그것이다. 이러한 기록을 신빙할 경우 금동관모는 제도로 시행된 의관제와 어떤 관련이 있는가의 문제는 제기될 수 있다.

그러나 금동관모는 출토위치나 유적내용, 그리고 형상이나 성격으로 미루어 제도로서 전하는 백제의 의관제 규정에는 전혀 부합되지 않는다. 반면에 앞서 잠시 언급된 6세기 이후에 출현하는 은제관식은 출토정황이나 유물의 속성상 의관제 기록과 완전 일치한다. 따라서 기록의 의관제 규정은 금동관모가 사라진 이후에 제정되거나 혹은 실행된 것으로 보아야 할 것이다.[25]

사실, 금동관모가 백제의 중앙에서 지방에 하사된 것이 분명하기에, 그 정치적 의미는 중앙과 지방의 관련 속에서 추구될 수 있을 것이다. 실체는 백제 중앙의 지방지배 형태로 이루어진 것으로 봄에 문제가 없을 것이나 구체적 모습은 의문으로 남는다. 다만, 동시기의 백제의 중앙과 지방의 관계 즉 지방지배 방식에 대해서 담로제[26] 혹은 왕후제가[27] 논급된다. 그런데 왕·후는 관작적 의미로 담로란 의미에 용해시킬 수 있기에 일단 금동관모는 담로와 관련된 물질자료로 봄에 문제가 없을 것이다.

이에 따르면 백제의 지방통제 방식으로 담로를 인정하고 금동관모의 수수 관계를 통하여 이해를 진전 시킬 수 있을 것이다. 이 경우 담로제의 실시 시기에 대한 이견이 많다는 점은 문제로 남는데, 이견은 사료의 해석방식이나 백제사 인식의 차이에서 비롯된 것으로 볼 수도 있기에, 금동관모의 존재로 미루어 볼 때 지방지배 방식으로 담로체제는 적어도 530년대 이전까지만 존재하였다고 볼 수 있을 것이다.[28]

---

25) 이남석, 2008, 앞의 글.
26) 노중국, 2013, 앞의 글.
27) 鄭載潤, 1992,「熊津·泗沘時代 百濟의 地方統治制度」『韓國上古史學報』10, 韓國上古史學會.
28) 서기 520년에서 530년 사이에 작성된 梁 職貢圖에 담로에 자제종족의 분거 사실을 기

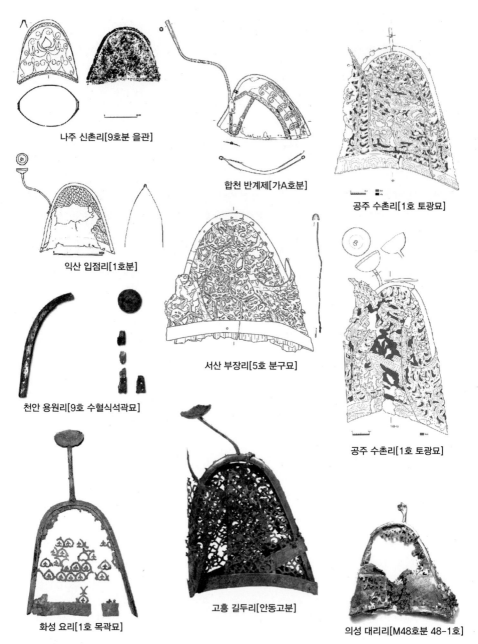

나주 신촌리[9호분 을관]

합천 반계제[가A호분]

공주 수촌리[1호 토광묘]

익산 입점리[1호분]

서산 부장리[5호 분구묘]

공주 수촌리[1호 토광묘]

천안 용원리[9호 수혈식석곽묘]

화성 요리[1호 목곽묘]

고흥 길두리[안동고분]

의성 대리리[M48호분 48-1호]

그림 11   백제의 금동관모  금동관모 출토 유적 보고서(Ⅱ장 1절 각주 34) 도면 및 사진 재편집

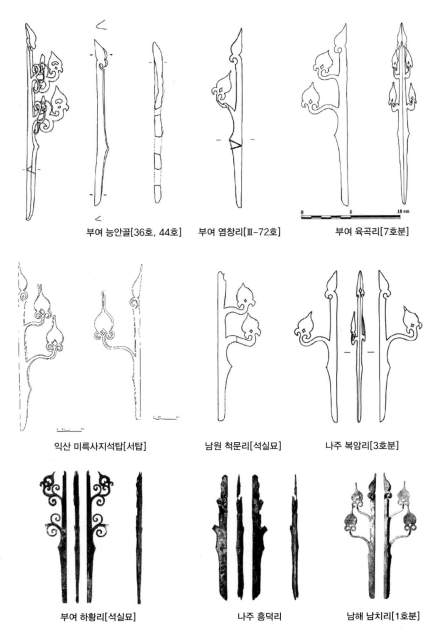

부여 능안골[36호, 44호]    부여 염창리[Ⅲ-72호]    부여 육곡리[7호분]

익산 미륵사지석탑[서탑]    남원 척문리[석실묘]    나주 복암리[3호분]

부여 하황리[석실묘]    나주 흥덕리    남해 남치리[1호분]

그림 12    백제의 은제관식

물론 이후는 금동관모가 사라지고 은제관식이 출현하기에 새로운 지배체제가 구축되었다고 볼 수 있기도 하다. 즉 금동관모의 존재현황으로 미루어 담로제는 4세기 후반 무렵에서 5세기까지의 백제의 지방 편제 및 통제방식이었고, 담로의 우두머리들은 중앙에서 금동관모 등의 위세품을 사여 받아 위세를 떨치지만 여전히 고유전통에 입각한 환경에 머물면서 강인한 독자성을 유지하였다는 결론도 가능할 것이다.[29]

이러한 현황을 종합하면 수촌리 고분군의 주인공은 백제 지방사회인 담로의 우두머리로 봄에 문제가 없을 것이다. 뿐만 아니라 백제의 지방사회에 군림하는 담로들 중에서 수촌리 고분군의 주인공들이 가장 강력한 세력으로 봄에도 문제가 없다. 세대를 거듭하여 가장 화려하고 풍부한 위세품을 사여받고 있기 때문이다. 이들은 위세품을 매개로 백제 중앙과 일정한 관계를 유지하였을 것이다. 다만 구체적 실상을 알기는 어렵다. 그러나 무덤의 잔존 환경에서 알 수 있듯이 문화의 전통성을 유지하는 정도에서 나름의 독자성도 가졌을 것으로 보인다. 그러한 관계는 중앙과 지방의 상생적 상호관계 속에 머물렀을 것이란 추정도 가능할 것이다.

요컨대 수촌리 고분군의 주인공은 서기 475년 9월, 고구려 장수왕이 이끈 3만 기병의 기습공격에 따른 구원군으로 동원되었을 것인데, 당시 동원된 군대의 규모는 세력의 우열에 따라 차이가 있었을 것이고, 가장 강력한 존재였던 수촌리 세력이 동원한 구원군의 규모가 가장 컸을 것이다. 구원군으로 한성에 당도하였을 때에는 이미 한성의 함락, 개로왕의 패사와 함께 고구려군은 돌아간 후였고, 구원군의 후일을 설계하면서 천도가 도모되는데 그 중심에 가장 강력한 집단이었던 수촌리 세력이 있었을 것이다. 물론 도읍의 후보지도 그의 영향 하에 둘 수 있는 지역인 웅진을 선택한 것으로 여겨진다.

---

록하고 있음에 근거하는 것이다.

29) 이남석, 2008, 앞의 글.

## 5) 맺음말

웅진으로 천도를 유도할 만한 정치 주체는 웅진지역의 고고학적 환경에 따라 웅진 인근에 기반한 세력으로 보아야 할 것이고 그 주인공으로 공주 수촌리 유적의 축조주체를 주목한 것이다. 수촌리 유적은 2003년도에 발굴조사되었고, 백제시대 무덤이 일부 포함되어 있는데 지금까지 백제 지방사회에서 발견된 무덤 중에서 가장 품격이 높은 것으로 봄에 문제가 없는 것이다. 4세기 후반 무렵부터 백제가 웅진으로 천도할 즈음까지로 편년되는 이 유적은 백제 지방사회에서 가장 강력한 세력집단이 웅진지역에 있었음을 보여주는 가장 적극적인 자료이기도 하다.

물론 수촌리 유적은 백제의 웅진천도 주도세력이란 측면 이외에도 백제문화의 우수성과 다양성에서 주목할 부분이 많다. 백제 묘제의 변화과정은 물론이거니와 세대 간의 변화과정, 부장품의 다양성과 풍부함에 있어 그러하다. 특히 묘제를 달리하여 금동관모가 출토되는가 하면 백제 상장례의 또 다른 측면을 알려주는 석축기단의 제례시설도 있어 크게 주목되는 유적이기도 하다.

그런데 수촌리 백제 고분군의 역사적 의미는 자못 굉대하다. 그것이 지방사회 최고 수준의 물질자료라는 점에서 이를 향유한 수촌리 고분군의 축조집단은 당시 백제 지방사회 여러 세력집단 중에서 최고 세력집단으로 봄에도 문제가 없다. 그리고 유적의 갖춤새나 위세품의 존재로 미루어 백제의 중앙과 상생적 관계에 있을 것으로 여겨지는데, 지방에서 나름의 독자성도 어느정도 향유하는 집단으로 여겨진다. 물론 백제 지방사회에 이러한 세력집단의 존재는 금동관모 등의 위세품이 잔존하는 4세기 후반에서 5세기대까지라는 점과 6세기 이후에 등장하는 은제관식으로 상징되는 의관제의 실현으로 미루어 동시기 백제 지방통제 방식으로 담로체제를 설정할 수 있기도 하다.

따라서 백제의 웅진천도는 왕실이 아닌 구원군의 주도로 이루어진 것으로 그들의 이해관계에 따라 도읍지가 결정되었고 그 중심에 수촌리 유적의 주인공이 있다는 결론에 문제가 없을 것이다.

　추론하는 것이지만, 두 번째 도읍지 웅진은 수촌리 고분군의 주인공들의 기반지역과 일정한 거리를 두고 있을 뿐만 아니라 금강이란 대하천이 커다란 경계를 이루고 있다. 더불어 웅진은 중심권에 공산이란 천혜의 요충지가 있어 일단 비상 도읍으로 최적의 환경을 갖추고 있음에도 금강으로 말미암아 수촌리 세력권이 침해되지 않는다. 때문에 그들은 웅진을 도읍으로 선정한 것이 아닌가 추정할 수 있을 것이다.

유적과 유물로 본
웅진시대의 백제

II

# 백제 웅진에서의
# 도약

# 1. 웅진도읍 초기의 정치세력들

∴

## 1) 머리말

고구려의 침략으로 한성인 도읍에 기반한 중앙 지배세력이 붕괴된 상황에서 구원군이 중심이 되어 백제는 웅진으로 천도를 단행한다. 그런데 천도 후의 백제의 정치적 환경은 연이은 정변으로 말미암은 혼란이 계속되는데, 배경은 아마도 정국을 주도할 수 있는 중심세력의 부재를 원인으로 볼 수 있을 것이다.[1] 물론 천도과정에 등장한 신흥세력을 비롯하여 다양한 정치세력 존재하고 그들 간의 정치적 갈등에 따른 충돌이 혼란의 원인이었을 것이다. 더불어 이즈음에 등장하는 정치세력으로 한성에서 남하한 구세력으로 불리는 정치세력과 새롭게 등장한 신흥세력의 존재를 지목하는데 이견이 없다.[2]

---

1) 최욱진, 2012, 「백제의 웅진천도 배경과 천도지 선정과정 검토」『白山學報』94, 白山學會.

2) 盧重國, 1978, 「百濟王室의 南遷과 支配勢力의 變遷」『韓國史論』4, 서울大學校 人文大學 國史學科.
   盧重國, 1988, 『百濟 政治史 硏究』, 一潮閣.
   鄭載潤, 2000, 「東城王의 卽位와 政局 運營」『韓國古代史硏究』20, 韓國古代史學會.

사실, 백제의 웅진천도가 불가항력적 외세 침입의 결과로 구원군에 의해 주도된 것이라 하더라도 한성도읍기의 중앙에서 권력을 향유하였던 세력집단의 남하를 추정하는데 주저할 필요는 없다. 웅진도읍초기 혼란된 정국에 등장하는 인물들의 면모에서 남하한 다양한 세력의 존재를 유추할 수 있기 때문이다. 다만 그들이 누구인가에 대한 질문은 미흡한 편이다.

이에 웅진천도 직후의 다양한 정치세력은 구 귀족으로 분류되는 한성도읍기의 중앙세력과 함께 새롭게 등장한 신흥세력인 구원군 집단을 주목하면서 이들의 존재 현황과 함께 천도 직후의 동향을 살펴보고자 한다. 이를 위해 먼저 웅진지역에 잔존된 분묘, 특히 새롭게 등장한 횡혈식 석실묘의 존재현황을 살펴보겠다. 앞서 살펴본 바가 있듯이 475년의 백제 웅진천도를 기점으로 한성 지역에서 사용되던 횡혈식 석실묘제가 금강유역에 다양하게 등장하는 특징을 보인다.[3] 새로운 묘제가 갑자기 등장한 것은 그것을 사용하는 새로운 집단의 등장을 의미하는 것으로 배경은 웅진천도란 사건을 기회로 한성에 있었던 세력이 웅진으로 이주한 것을 보여주는 것이기도 하다. 즉 횡혈식 석실묘의 존재양상을 통해 한성에 기반을 두었던 기왕의 세력이 웅진천도와 더불어 이 지역에 정착하였음을 살필 수 있을 것이다.

횡혈식 석실묘는 4세기 중후반 무렵 백제의 한성지역에 등장하여 지배세력의 묘제로 사용된 무덤 유형이다. 지방사회의 모방축조로 간헐적 확산을 거치지만 사용주체나 지역적 성격이 분명한 묘제였다. 본래 백제 횡혈식 석실묘는 서북한 지역에 연원을 둔 것으로 4세기 중후반 무렵에 백제의 한성 지배세력들이 채용한 묘제이다.[4] 따라서 이 묘제의 확산이나 변천은 한성기 백제 지배세력의 동향과 연계하여 이해될 수 있다.

이용빈, 2007, 「동성왕의 왕권강화 추진과 신진세력」 『熊津都邑期의 百濟』, 百濟文化史大系研究叢書 4, 忠淸南道歷史文化硏究院.

3) 李南奭, 1992, 「百濟初期 橫穴式石室墳과 그 淵源」 『先史와 古代』 3, 韓國古代學會.

4) 李南奭, 2009, 「橫穴式 墓制의 淵源과 展開」 『先史와 古代』 30, 韓國古代學會.

다음으로 웅진천도 직후에 등장하는 다양한 정치세력의 성격 탐색을 위해 한성기 지배세력의 존재현황을 살펴보고자 한다. 이는 백제의 국가성장과 더불어 등장하는 정치의 주체가 주목될 수 있을 것인데 중앙세력으로 왕족 외에 해씨나 진씨가 주목될 것이고 아울러 지방사회의 담로의 주체도 언급되어야 할 것이다. 다만 이들의 존재현황이나 성격은 아무래도 고대국가 백제와 관련될 수밖에 없기에 백제의 고대국가 성장과정에 대해 나름의 기준을 정립하고 그 속에서 각각의 존재에 대한 이해를 추구하겠다. 마지막으로 웅진천도 직후에 이들 정치세력이 동향을 토대로 각 세력의 성격에 대한 구체적 이해를 도모하면서 초기 정국혼란의 배경에 대한 이해를 추구하여 보고자 한다.


## 2) 금강유역 횡혈식 석실묘의 존재양상


불모지에 가깝던 웅진이 도읍으로 전환되는 사건은 고고학적 환경에서도 그대로 드러난다. 바로 웅진천도를 기점으로 도읍지역 웅진에 새로운 문화양상이 폭넓게 나타나는 것이 그것이다.[5] 웅진지역의 고고학 자료가 대체로 5세기 후반, 즉 천도 이후에 조성된 것이 대부분이란 점에서 변화의 단초가 마련되었다는 것을 알 수 있다. 이러한 정황을 가장 극명하게 보여주는 것이 무덤자료이다. 무덤과 같은 고고학 자료는 전통성이 강하기 때문에 사회·문화적 환경의 차이에 따라 서로 내용을 달리함이 보통이다. 동일한 사회·문화의 환경에서는 같은 묘제가 사용되는데, 그렇지 않을 경우 묘제와 같은 전통성이 강한 자료는 대체로 차이를 드러낸다.

웅진지역의 백제 무덤자료는 우선 분포양상에 있어 지역 간 차이가 있음을

---

5)  李南奭, 1997, 「熊津地域 百濟遺蹟의 存在意味」『百濟文化』26, 公州大學校 百濟文化研究所.

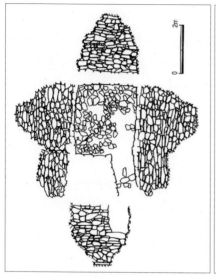
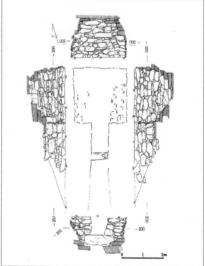

**익산 입점리 1호분**

**보령 명천동 1호분**

그림 1 금강유역권의 횡혈식 석실묘1 <익산 입점리 및 보령 명천동>

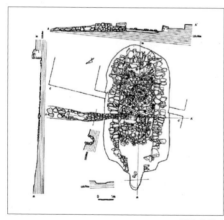

**천안 용원리**

**청주 신봉동**

그림 2 금강유역권의 횡혈식 석실묘2 <천안 용원리 및 청주 신봉동>

앞서 언급하였다. 웅진은 금강을 경계로 남과 북으로 구분되는데, 남천 후 백제 도읍의 중심권은 남쪽 지역으로 볼 수 있다. 여기에는 서기 475년 즉 한성에서 이곳으로 천도한 이후의 유적이 주로 남아 있다. 반면에 금강의 북쪽에는 천도 이전의 유적이 남아 있어 분포의 차이를 보인다. 각 지역에 남겨진 분묘유적은 나름의 묘제적 특성도 갖추고 있다. 남쪽은 중앙 묘제로 분류할 수 있는 횡혈식 석실묘가 분포하며, 북쪽에는 그와 더불어 이전에 사용되던 전통 묘제가 중심을 이루고 있음이 그것이다. 특히 북쪽은 토착적 전통의 고유 묘제인 토광묘나 석곽묘가 집중적으로 남아 있으면서 한성 도읍시기에 지방사회에서 중앙묘제로 사용되던 석실묘를 모방 축조한 아류형의 석실묘가 부분적으로 남아 있다. 반면에 남쪽은 횡혈식 석실묘의 경우 아류형이 아닌 정형화된 구조형식의 석실묘가 폭넓게 자리하고 있다.

5세기 중후반 무렵으로 편년되는 횡혈식 석실묘 유적은 웅진만이 아니라, 금강유역에서 넓게 발견되고 있다. 금강유역권의 횡혈식 석실묘 유적으로는 익산 입점리 유적과 서천의 봉선리 유적, 보령의 명천동 유적을 비롯한 청주의 신봉동 유적, 청원의 부강리와 갈산리 유적, 천안의 용원리 유적 등을 사례로 꼽을 수 있다.[6] 그런데 금강유역권에 넓게 산포된 이들 석실묘는 지방사회가 중앙묘제인 석실묘를 모방·축조한 것으로 아류형의 묘제적 특징을 지니고 있다. 이러한 아류형의 횡혈식 석실묘는 공주의 수촌리 유적이나[7] 분강·저석

---

6) 이들 고분군의 보고서는 다음과 같다.
國立文化財研究所, 1989, 『益山 笠店里古墳 發掘調査報告書』.
忠淸南道歷史文化研究院, 2005, 『舒川 鳳仙里遺蹟』.
忠淸文化財研究院, 2010, 『舒川 鳳仙里遺蹟』.
百濟文化開發研究院, 1996, 『保寧 鳴川洞 百濟 古墳群』.
忠淸文化財研究院, 2008, 『保寧 鳴川洞·花山洞 오야골 遺蹟』.
忠北大學校博物館, 1983, 『淸州 新鳳洞 百濟古墳 發掘調査 報告書』.
忠北大學校博物館, 1992, 『淸州 新鳳洞 百濟古墳群 發掘調査 報告書 : 1990年度 調査』.
公州大學校博物館, 2000, 『天安 龍院里 古墳群』.
7) 忠淸南道歷史文化研究院·公州市, 2007, 『公州 水村里遺蹟』.

리 유적에서[8] 확인되는 것이기도 하다.

　반면에 도읍지 웅진지역에는 5세기 후반 무렵에 아류형이 아닌 구조형식상 정형화된 횡혈식 석실묘가 갑자기 등장한다. 공주의 송산리 고분군을[9] 비롯하여 웅진동과[10] 금학동[11] 그리고 보통골,[12] 신기동[13] 등의 고분군에 잔존된 횡혈식 석실묘가 그 사례이다. 여기에 거리를 두고 있긴 하지만 세종시의 송원리 유적도[14] 이 범주에 속하는 것이다. 따라서 도읍지 웅진지역에는 중심권에서 비교적 가까운 지역에 아류형으로 수촌리 유적의 횡혈식 석실묘가 잔존하는가 하면, 중심권에는 정형화된 횡혈식 석실묘가 존재하는 것을 알 수 있다.

　웅진천도와 더불어 도읍지역에 나타난 석실묘는 나름의 묘제 구분이 이루어진다. 송산리와 웅진동 그리고 보통골 유적에서 산견되는 궁륭식 유형의 것, 그리고 금학동 등지에서 산견되는 아치형의 것, 송원리 유적에서 확인된 중앙 연도의 정형화된 석실묘 등이 그것이다. 여기에 웅진천도 이전에 지방사회에서 모방 축조된 아류형으로는 수촌리 유적을 대표 사례로 들 수 있는데 이를 종합하여 5세기 후반 무렵의 금강유역 횡혈식 석실묘는 편의상 웅진동 유

---

忠淸南道歷史文化硏究院·公州市, 2014, 『公州 水村里古墳群Ⅱ』.

8)　公州大學校博物館, 1997, 『汾江·楮石里 古墳群』.

9)　文化財管理局, 1973, 『武寧王陵』, 三和出版社.
　　野守建 外, 1935, 「公州宋山里古墳調査報告」 『昭和二年度古蹟調査報告』 第二冊, 朝鮮總督府.

10)　安承周, 1981, 「公州熊津洞古墳群」 『百濟文化』 14, 公州師範大學 百濟文化硏究所.
　　李南奭·李賢淑, 1997, 『公州 熊津洞古墳 -1996年度 發掘調査-』, 公州大學校博物館.

11)　安承周·李南奭, 1993, 『公州 新基洞·金鶴洞 百濟·高麗古墳群發掘調査報告書』, 百濟文化開發硏究院·公州大學校博物館.

12)　安承周·李南奭, 1992, 『公州 보통골 百濟古墳群 發掘調査 報告書』, 百濟文化開發硏究院·公州大學校博物館.

13)　安承周·李南奭, 1993, 앞의 보고서.

14)　韓國考古環境硏究所, 2010, 『燕岐 松潭里·松院里 遺蹟』.

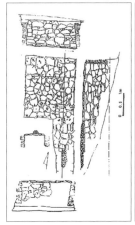
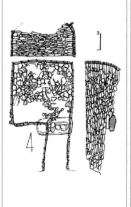
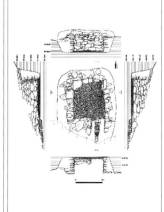

| 공주 웅진동 8호분(79년) | 서울 가락동 3호분 | 성남 창곡동 1호분 |

그림 3 백제의 횡혈식 석실묘1 <궁릉식-웅진동 유형>

형, 금학동 유형, 송원리 유형, 그리고 수촌리 유형으로 구분할 수 있다.

웅진동 유형의 석실묘는 횡혈식 석실묘의 형식 중에서 궁릉식으로 볼 수 있을 것이다. 반지하식으로 묘광을 파고, 그 안에 석축으로 묘실을 갖추며 입구는 경사의 아래쪽으로 긴 연도를 한쪽으로 치우쳐 시설한다. 대체로 벽돌 형태의 할석을 사용하는데 묘실은 비교적 규모가 있으면서 거의 방형에 가깝다. 바닥에는 배수시설을 갖추거나 대체로 강자갈을 깐다는 특징을 보인다. 이 형식의 대표유적은 송산리 고분군의 1~5호분으로 구분된 것들이다.

잘 알려져 있듯이 송산리 고분군은 백제 왕릉군으로 유명한 유적이다. 무령왕릉과 6호분이 벽돌로 조성한 것이지만, 이외에는 횡혈식 석실묘로 모두 궁릉식이란 통일된 형식을 갖추고 있다. 동형의 무덤은 도읍지 내에 넓게 산포하고 있는데, 동쪽의 보통골 고분군을 비롯하여 서쪽의 웅진동 고분군까지 주로 웅진 도읍지역 내에 위치하고 있다. 이 형식의 석실묘는 백제 한성도읍기

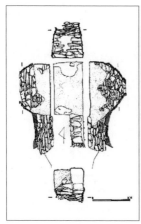 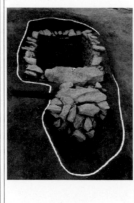 

| 공주 금학동 2호분 | 성남 판교동 가-7호분 | 하남 광암동 2호분 |

그림 4  백제의 횡혈식 석실묘2 <아치식-금학동 유형>

의 도읍지역에서 확인된 가락동 3호 석실묘와[15] 우면산 유적의 석실묘를[16] 사례로 꼽을 수 있다.

금학동 유형의 석실묘로 구분한 것은 앞의 웅진동 유형과는 달리 무덤의 천장 구성이 궁륭식이 아닌 아치식의 구조를 갖추고 있는 것이다. 웅진지역에서는 남쪽인 현재 공주 금학동·신기동 일원의 한정된 범위에서 발견된다. 반지하식으로 묘광을 파고 그 안에 석축으로 묘실을 조성하며, 묘실의 전면에는 비교적 긴 연도를 한쪽으로 치우쳐 시설하여 입구로 사용한다. 이 유형의 무덤은 할석을 재료로 사용하는 점, 배수로를 갖추는 등의 일정한 형식적 통일성을 보인다. 특히 묘실의 평면이 궁륭식보다 장방형의 모습을 갖추고 있으며, 좌·우 벽체는 수직으로 그리고 전·후의 벽체를 안으로 좁혀 아치형 구조의 천정을 갖추고 있음이 가장 큰 특징이다. 나아가 이 무덤은 궁륭식 석실묘와 섞이지 않는 분포특성도 있는데 특정지역, 특정시기에만 사용되는 모습도

---

15) 蠶室地區遺蹟發掘調查團, 1976, 『蠶室地區 遺蹟 發掘調査 報告』.

16) 한얼문화유산연구원, 2012, 『서울 우면동유적』.

확인된다. 이 형
식과 같은 유형의
석실묘는 백제가
한성에 머물던 5
세기 전·중반 무
렵에 널리 사용되
었던 서울의 판교
유적이나[17] 광암
동 유적을[18] 사례
로 들 수 있다.

송원리 유형의
석실묘로 구분한
것은 횡혈식 구조
를 갖춘 석실묘로

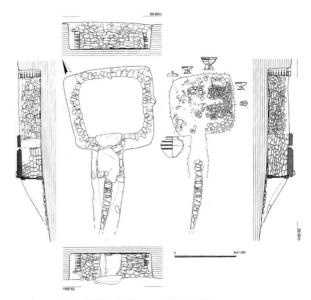

그림 5  백제의 횡혈식 석실묘3 <송원리 유형>

세종시 송원리 유적에서 확인된 것이다. 유적 내 다수의 석실묘가 형식적 통
일성을 갖추고 있어, 정형화된 석실묘의 형식으로 볼 수 있다. 송원리 유적에
서 발견된 석실묘는 약 20여 기에 이르는데 모두가 형식적 통일성을 갖추고
있다. 즉 지하로 묘광을 조성한다거나 묘광 내에 입구를 갖춘 묘실을 조성하
는데, 모두 벽돌 형태의 할석을 사용하였다는 점, 그리고 묘실의 한쪽에 입구
로서 긴 연도를 시설하는데 그것이 모두 중앙식이라는 사실, 입구 시설로 문
틀 형태의 문주석을 세웠다는 점 등이 그것이다. 물론 규모의 차이라던가 벽
체의 축조에서 무덤 간의 차이가 있기도 하다. 또한 천정의 형태를 구체적으
로 확인할 수 있는 자료도 거의 없다. 송원리 유적의 석실묘는 유적 내 확인된

---

17) 한국문화재보호재단, 2008, 「성남 판교지구 문화유적 2차 발굴조사 -6차 지도위원
회의 자료-」.
18) 세종대학교박물관, 2006, 『하남 광암동 유적』.

석실묘의 전체가 형식적 통일성을 갖추고 있다는 점에서 동형의 석실묘를 사용하던 집단의 존재를 추정함에 문제가 없을 것이다.

금강유역에 산견되는 횡혈식 석실묘 중, 형식적 통일성을 갖춘 유형 외에도 아류형으로 볼 수 있는 것들도 많음을 살펴보았다. 이들은 수촌리 유형으로 구분할 수 있는 것으로, 고유의 토착적 묘제 속에서 석실묘가 간헐적으로 포함된 것인데 구조형식에서 통일성은 확인되지 않는다. 예로 수촌리 유적의 4·5호 석실묘의 경우, 무덤의 장축을 모두 등고선 방향으로 두면서 입구를 형식적으로 개설하고 있는데, 이는 앞의 전형적 석실묘와 차이가 있는 것이다. 뿐만 아니라 4호와 5호의 평면이나 축조 방식에 있어서도 서로 차이가 있다. 더불어 횡혈식 석실묘는 부부를 합장하거나 가족 여럿이 함께 하는 다장이 기본임에도 4호 석실묘의 경우 1개의 관대만 마련하여 한사람만 매장한 단장으로 사용되었으며, 또 다른 5호분을 만들어 합장이 아닌 부부가 서로 다른 무덤을 사용하고 있어[19] 횡혈식 석실묘의 본래적 환경과는 차이를 드러낸다. 이러한 정황은 모방 축조로 지방사회에 유입된 석실묘에서 공통적으로 발견되는 특징이다.

이 아류형 횡혈식 석실묘는 나름의 존재의미가 적지 않은 것이다. 4세기대 후반부터 5세기 후반 무렵까지의 백제사회 토착 묘제는 토광묘제인 주구토광묘와 분구토광묘 그리고 관곽토광묘, 다양한 옹관묘제를 비롯한 석축묘제 등이 지역 간 차별적으로 존재한다. 그러한 와중에 서북한 지역에서 유입된 횡혈식 석실묘제가 도읍지에 유입되고, 이후에 점진적으로 지방에 확산된 것이다. 물론 지방사회는 그들의 고유한 문화전통을 유지하면서 나름의 독자적 묘제를 사용하지만, 중앙과 교류하는 과정에서 신식묘제인 횡혈식 석실묘를 모방하여 축조하여 아류형을 남기게 된 것이다.[20]

---

19) 忠淸南道歷史文化硏究院·公州市, 2007, 앞의 보고서.
20) 李南奭, 2007,「漢城期 百濟 石室墳의 再認識」『震壇學報』103, 震壇學會.

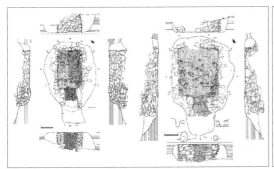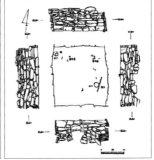

공주 수촌리 4호분(左), 5호분(右)　　　　공주 분강·저석리 13호분

그림 6　백제의 횡혈식 석실묘4 <아류형-수촌리 유형>

　　요컨대 무덤은 시·공간적 분포와 존재의 특성을 적나라하게 드러낸다. 백
제의 지방사회는 토광묘와 석곽묘, 옹관묘 등의 다양한 고유묘제가 유지되다
가 새롭게 횡혈식 석실묘가 유입된다. 그것이 6세기 전반 무렵에 이르면 백제
유일 묘제로 자리매김 되는데, 이러한 양상은 백제묘제의 변화·변천상에서
커다란 특징으로 볼 수 있다. 특히 묘제의 변화는 사회변화가 전제된 것이기
에, 당시의 정치적 의미도 크게 부각될 수 있다. 그 중에서도 횡혈식 석실묘의
등장과 전개과정이 더욱 그러하다. 이로 보면 백제 웅진천도와 더불어 정형화
되고 발전된 형식의 횡혈식 석실묘가 갑자기 등장하는 것은 묘제 사용주체의
갑작스런 등장과 정착을 보여주는 것에 다름 아닐 것이다.


## 3) 한성도읍기 백제 지배세력의 동향

　　웅진지역에 새롭게 등장한 횡혈식 석실묘는 한성도읍기에 이 묘제를 사용
하던 세력집단이 이주하였음을 보여주는 것이다. 고구려의 갑작스런 공격으
로 왕의 패사와 한성의 함락되었다는 사실에서 알 수 있듯이, 한성도읍기의

중심 지배세력이었던 중앙세력은 거의 괴멸에 가깝게 붕괴되었다고 볼 수 있다. 이를 통해 웅진으로의 천도가 기왕에 중앙세력으로 군림하던 특정집단이 아닌 구원군의 주도로 이루어질 수밖에 없었음을 알 수 있다. 그런데 천도 이후 웅진지역에 한성 도읍시기의 도읍지역에 성행하였던 횡혈식 석실묘가 새롭게 등장한 것이다. 그리고 기록상에 웅진천도 초반 무렵에 등장하는 한성도읍기의 지배세력들이 석실묘의 주인공이었다고 봄에 문제가 없을 것이다. 다만 이들이 구체적으로 누구이고 어떤 성격의 집단인가의 의문이 남는다.

사실, 한성도읍기 백제의 사회구성은 고대국가에 합당한 모습을 갖추었을 것으로 생각되나 그 실상이 명쾌하지가 않다. 다만 관련기록과 고고학적 자료에서 백제사회의 구성원 간 다양한 위계차가 있었을 것이란 추정은 가능하다. 지역적으로는 중앙인 한성은 물론이고 지방사회까지 나름의 세력집단이 존재할 것이란 추정도 가능할 것이다.

그런데 백제의 고대국가 정립은 북에서 남하한 지배집단이 한강유역에 정착하여 토착 선주민을 아우르며 이루어진 것으로 봄이 일반적이다.[21] 고대국가 백제를 건국이라는 관점에서 바라볼 경우, 백제라는 정치체가 한강유역에 갑자기 등장하였기에 그 사회구성도 북에서 남하한 지배 집단과 한강유역의 선주민인 피지배 집단으로 선명하게 구분될 수 있을 것이다. 그러나 고대국가의 정립이 그처럼 드라마틱하게 연출될 수 있을까하는 의문이 있다. 백제는 갑자기 건국된 것이 아니라 삼한사회의 마한 소국에서 출발하여 점진적 성장을 거쳐 그 결과 고대국가로 발전하였다고 보는 것이 타당하기 때문이다. 이에 따라 백제사회의 구성도 소국에서 고대국가로 발전하는 과정에 대응되면

---

21) 李鍾旭, 1976,「百濟의 國家形成-三國史記 百濟本紀를 中心으로」『大邱史學』11, 大邱史學會.
李基東, 1987,「馬韓領域에서의 百濟의 成長」『馬韓·百濟文化』10, 圓光大學校 馬韓·百濟文化研究所.
兪元載, 1999,「百濟의 馬韓征服과 支配方法」『榮山江流域의 古代社會』, 학연문화사.

서 나름의 특징적 면모를 갖추었다고 보아야 할 것이다.

한성도읍기의 고대국가 백제의 체제가 어떠한가에 따라 사회구성도 특성이 있겠지만 그 실상을 구체적으로 설명하기는 어렵다. 물론 백제의 사회상 모두를 고대국가라는 포괄적 개념으로 설명할 수는 있겠으나, 실상 고대국가란 개념은 물론이고 그에 따른 통치체제나 운용원리마저 아직은 분명하지 않기 때문이다. 다만 중앙과 지방의 관계라든가 사회실상에 대한 언급을 통해[22] 백제가 4세기 즈음에 왕조국가로서 위치를 확립하고, 나름의 체제를 갖추어 지방사회를 통제한다는 정도의 인식은[23] 이루어져 있음을 알 수 있다.

따라서 백제가 4세기 중후반인 근초고왕 무렵에 고대국가로 정립되었다는 결론에 이견은 없다. 다만 어떻게 고대국가로 정립이 이루어졌는가의 배경 검토는 필요할 것이다. 이에 대해서는 백제가 대중국 교류 독점권을 바탕으로 마한 전역의 군소세력은 물론, 멀리 가야나 왜까지 영향 하에 둘 수 있게 되었고, 이를 기회로 정치적 통제를 실시함으로써 고대국가 체제가 정립된 것이 아닌가라는 전제를 마련하고자 한다.

사실, 백제가 고대국가로 정립되기 이전의 시기는 마한의 소국으로 오랫동안 머물렀다고 볼 수밖에 없다. 소국 단계의 백제는 그 사회체제가 삼한 소국에 걸맞은 형태였을 것이다. 그러다가 4세기대 무렵인 근초고왕대에 명실상부한 고대국가 체제가 갖추어졌는데, 당시의 사회체제는 고대국가에 상응된

---

22) 金英心, 1997, 『百濟 地方統治體制 研究 : 5~7세기를 중심으로』, 서울大學校大學院 博士學位論文.
　　金起燮, 1997, 『百濟 漢城時代 統治體制 : 近肖古王代를 중심으로』, 韓國精神文化硏究院 韓國學大學院 博士學位論文.
　　朴賢淑, 1996, 『百濟 地方統治體制 研究』, 高麗大學校大學院 博士學位論文.
23) 강종원, 2002, 『4세기 백제사 연구』, 서경문화사.
　　金起燮, 2002, 「4세기 무렵 백제의 지방지배」 『白山學報』 63, 白山學會.
　　노중국, 2005, 「4~5세기 백제의 성장발전과 삼국의 각축」 『향토서울』 66, 서울특별시사편찬위원회.

보다 발전된 체제였을 것임은 물론이다. 특히 고대국가로의 성장은 삼한 소국 시절의 범위를 넘어 광범하게 확보된 지방사회를 통제할 체제가 마련되었을 것이고, 그 주축은 아무래도 이전의 소국 구성원이 중심이 되어 지방사회를 통제하였을 것이다.

『삼국사기』 등의 기록에는 백제의 초기 환경, 즉 소국시절의 국가 운영 시스템으로 볼 수 있는 동·서·남·북부의 명칭이 남아 있다.[24] 따라서 소국단계의 백제는 그 자체를 부체제로 운영하였다고 보아야 할 것이다.[25] 이후 4세기 무렵에 이르러 고대국가로의 정립이 이루어진 다음의 국가체제는 이전의 부체제를 넘어 새롭게 확보된 지방사회를 통제할 새로운 체제를 갖추게 된 것이 아닌가 여겨진다.

물론 부체제 시기는 백제가 아직은 삼한의 소국체제에 머물던 시기로 보아야 한다. 그리고 부체제는 소국인 백제를 동·서·남·북·중의 5부로 구분하여 통치하는 방식이기도 하다. 따라서 이 방식은 소국의 범위 안에서 이루어진 것으로서, 내부를 사방으로 분할하여 다스렸던 것으로 보아야 한다. 반면에 고대국가로 성장한 백제는 이전과는 다른 통치방식을 마련하였을 것인데, 마한이나 가야, 왜 지역까지 새로이 장악한 범위의 통치를 위하여 새로운 통제방식이 필요하였을 것으로, 그것을 바로 담로체제로[26] 보는 것이다.

담로체제는 소국시절의 부체제 구성원이 중앙세력이 되고, 새롭게 확보된

---

24) 『三國史記』券二十三 百濟本紀 溫祚王 三十一年條 春正月 分國內民戶 爲南北部.
　　『三國史記』券二十三 百濟本紀 溫祚王 三十三年條 秋八月 加置東西二部.
25) 李宇泰, 1992, 「百濟와 新羅의 地方制度 比較硏究 -部體制를 中心으로-」 『百濟史의 比較硏究』, 忠南大學校 百濟硏究所.
　　金起燮, 1998, 「백제전기의 부에 관한 시론」 『百濟의 地方統治』, 學硏文化社.
　　양기석, 2000, 「백제초기의 部」 『韓國古代史硏究』 17, 韓國古代史學會.
26) 李南奭, 1990, 「百濟 冠帝와 冠飾 -冠制·冠飾의 政治史的 意味考察」 『百濟文化』 20, 公州大學校 百濟文化硏究所.
　　李南奭, 2008, 「百濟의 冠帽·冠飾과 地方統治體制」 『韓國史學報』, 高麗史學會.

다른 소국을 지방세력인 담로로 편제하여 통제하는 방식으로 보는 것이다. 이
는 앞서 언급된 것처럼 지방사회의 유력자를 통한 간접지배 방식으로 위세품
을 매개로 하는 것이다. 이러한 통치체제는 웅진천도 즈음까지 유지된 것으로
보는데, 웅진천도를 기회로 국가체제의 완전한 변화 속에서 한층 강화된 방군
성제라는 통제책이 마련되는 것으로 미루어 백제의 통치체제를 부체제 → 담
로체제 → 방군성체제로 단계화하는 것도 가능할 것이다.

　결국, 부체제이든 방군성 체제이든 백제사회의 최정상에 있는 지배세력은
왕족인 부여씨라는 것에 의문을 둘 필요는 없다. 물론 이들도 왕과의 원근에
따라 어느 정도 위계 차이가 있었을 것이다. 나아가 오랜 역사를 거치면서 그
들 자체에서도 혈연 분기를 통해 위계상의 차별이 심하게 이루어졌을 것이다.
여기에 권력 응집의 수단으로 성씨의 사여가 이루어졌다고 여겨지는데, 그에
따른 부여 씨족단의 확대와 함께 차별화도 예상된다. 그러나 백제사회의 핵심
주체세력으로 부여씨가 권력의 정점에 있었다고 봄에 문제가 없을 것이다.

　한편, 백제의 지배세력은 부여씨와의 이해관계에 따라, 또는 국가체제의
변화에 상응하여 나름의 부침이 있었을 것인데, 그중에서 주목되는 것은 아마
도 해씨와 진씨일 것이다. 이들은 소국시절인 부체제기부터 담로체제기까지
오랫동안 백제의 지배세력으로 자리매김하였다. 여기에 해씨나 진씨처럼 성
씨가 분명하게 전하지 않는 세력의 존재도 전혀 부정하기는 어렵다. 또한 백
제의 또 다른 지배세력으로 담로체제기에 이르러 새롭게 등장한 지방세력 즉
담로인 지방의 수장층도 꼽아야 할 것이다.

　우선 주목될 것은 해씨와 진씨 집단이다.[27] 해씨는 『삼국사기』의 기록에서
이미 온조왕대에 그 존재를 드러낸다. 온조왕 41년 해수가 우보라는 중요 직
책에 임명되어 국가 중대사를 담당하였음을 알려주는데, 이후 비류왕 9년에
는 해구가 병관좌평에 임명되기도 한다. 그리고 진씨도 일찍부터 중요 관등에

---

27) 노중국은 부로 편제되기 이전 한강유역의 각 처에 성립되어 있던 부족국가세력을 이
　　끌던 유력한 성씨족 집단으로 파악하였다(盧重國, 1978, 앞의 글, 15~19쪽.)

임명되어 백제의 지배층으로 군림하였던 것을 알 수 있다. 특히 고이왕 무렵에 두각을 나타내는데, 근초고왕 무렵에는 왕비족으로써 그 위치를 강화하기도 한다. 진씨와 해씨는 한성도읍기에 부여씨의 동반세력으로 등장한다. 이들은 교대로 왕비를 배출하며 왕비족의 지위까지 갖추어 명실상부한 백제 중앙 지배세력으로 자리한다.

앞서 한성도읍기 고대국가 백제의 국가체제는 이전의 부체제와는 달리 확대된 영역을 통제하기 위하여 담로체제를 갖추었고, 그 즈음에 왕족인 부여씨와 함께 해씨와 진씨가 핵심세력으로 존재한다는 것을 살펴보았다. 그렇다면 이들 해씨와 진씨는 어떤 성격의 집단인가의 문제가 남는다. 이는 백제의 국가체제가 어떻게 발전하였는가에 대한 이해방식에 따라 다를 수밖에 없는데, 지배세력으로 해씨와 진씨의 등장 배경을 어떻게 볼 것인가의 문제와 관련된 것이기도 하다. 두 집단의 등장배경에 대해서는 소국시절 한성의 외곽지역, 특히 북부 쪽에 자리한 변방의 지방세력으로 존재하였고 백제가 국가체제를 갖추면서 중앙에 진출, 국정에 참여한 것으로 보는 경우도 있다.[28] 다만 이러한 이해에는 소국시절 백제의 위상을 구체화할 수 없다는 점과 그들이 백제가 소국에서 고대국가로 전환되는 4세기 무렵, 이후의 5세기 무렵까지의 파란만장한 격동의 역사 속에서 어떻게 온존할 수 있었을까하는 점에서 동의하기가 어렵다.

3세기의 어느 무렵까지 백제는 여전히 삼한의 소국의 범주에 머물렀고 국가체제도 소국체제였다는 점을 유념하여야 한다. 따라서 백제의 중앙 지배세력인 왕족 부여씨와 함께 해씨와 진씨 또한 소국 내에 기반을 두었던 세력으로 보아야 할 것이다. 특히 해씨와 진씨는 백제가 고대국가로 성장하면서 왕족인 부여씨와 함께 중앙의 지배세력으로 군림하게 되며, 이후 백제의 국가체제가 일신되어 방군성제란 지방통제책이 마련되는 웅진도읍기 초반 무렵까지 지배

---

28) 양기석, 2000, 앞의 글.

세력으로 온존한 것이 아닌가 생각된다.

그런데 백제의 사회구성 세력중에 중앙 지배세력의 상대세력, 즉 지방사회에 존재하는 집단들을 어떻게 이해할 것인가라는 문제가 있다. 앞서 언급한 것처럼 백제의 지방사회에는 담로체제의 범주에서 이해될 수 있는 세력집단의 존재를 상정할 수 있는데 문제는 이들의 존재 양태가 어떠한가이다.

사실, 백제가 4세기 무렵에 고대국가체제를 갖추었다고 해서 중앙정부가 지방을 직접적으로 통치하였다고 볼 만한 근거는 거의 확인되지 않는다. 다만 4세기 후반 무렵인 근초고왕대에 고대국가체제를 갖춘 백제가 지방관을 파견하여 지방을 통치하였다는 이해가 있기는 하다.[29] 그러나 관련 기록의 비판적 검토 여하는 차치하더라도 고고학 자료로 보면 4세기대는 물론이고 5세기 후반까지 지방사회를 중앙에서 직접 통제하였다고 볼 만한 적극적 증거는 발견되지 않는다.

백제 지방사회는 5세기 후반 혹은 6세기 초반 무렵까지 각 지역마다 중앙과 전혀 다른 독자성이 강한 고유의 문화를 보유하고 있는데, 이러한 정황이 정치·사회 환경으로 갈음될 수 있기 때문이다.[30] 아무튼 백제의 지방사회가 6세기 초반 무렵까지 고유의 독자문화를 영위하고 있다는 것은 정치와 사회적인 측면에서도 나름의 독자성을 유지하고 있었다고 보아야 한다. 이는 백제가 웅진천도 이후 이룩된 통치력의 강화로 지방을 직접 통제하자, 그처럼 강인하게 독자성을 유지하던 지방문화가 위축되어 중앙문화로 일원화된 사실에서[31] 참고 될 수 있다.

지방사회에서 독자적 문화를 향유하던 집단들은 지방세력으로 분류될 수 있으며, 이들을 담로의 주체로 볼 수 있을 것이다. 그리고 그 수장은 지방사회의 지배세력으로 존재했을 것이다. 중국의 양직공도에 따르면 백제는 담로라

---

29) 盧重國, 1988, 앞의 글.
30) 이남석, 2004, 「백제의 고분」 『백제문화의 특성 연구』, 서경문화사.
31) 李南奭, 2014, 「百濟 古墳文化의 展開」 『漢城時代 百濟의 古墳文化』, 서경문화사.

불리는 지방 체제를 갖추고 있다가 6세기 전반 무렵에 자제종족을 분거하여 지방을 통합토록 하였다는 사실이 전한다.[32] 이는 백제가 지방 통제방식으로 담로제를 시행하였고, 6세기 전반 무렵 담로에 자제종족을 분거함으로써 기왕의 통제방식이 변화되었음을 알 수 있다.[33]

이로써 백제의 지방사회는 4세기 후반부터 6세기 전반까지 어느 정도 독자성이 인정되었던 담로제가 유지되었다는 사실과 520년대 즈음인 웅진도읍기 후반 무렵에 담로에 자제종족을 분거함으로써 지방을 직접 통제하는 방군성제로 재편되었다고 이해를 확대할 수 있다. 이러한 사실은 한성도읍 후반 무렵의 백제 지방사회가 담로제로 편제되면서 지방의 수장층, 담로의 우두머리가 지배세력으로 존재하였다는 결론도 가능할 것이다.

중국의 양직공도에 남겨진 기록 외에 백제 담로제의 실상을 구체적으로 알려주는 자료는 전혀 없다. 특히 사료의 정황상 백제의 지방 통치체제로 담로제가 시행된 것이 분명함에도 그 구체적 사안을 알기가 어렵다. 때문에 담로제가 지방의 통제방식이라면 그 성격의 이해를 위해 고고학적 물질자료 중에 중앙과 지방과의 관계를 보여주는 자료들에 대해 주목할 필요가 있을 것이다. 이와 같은 자료로는 백제의 지방사회에서 발굴된 4세기 무렵부터 6세기 전반으로 편년되는 무덤과 그 중에서도 특이하게 위세품을 다량으로 부장하고 있는 것들이 있다.

주지되듯이 4~5세기 무렵의 백제묘제 전개양상은 다양한 묘제가 시간이나 공간 차이를 보이면서 발전을 거듭한다는 것을 주목할 수 있다. 특히 지역마다 나름의 고유 묘제가 존재하는데 거기에는 중앙에서 사여된 금동관모나 금동신발, 환두대도와 같은 위세품적 성격의 부장품이 존재하는 것도 하나의 특징이기도 하다. 이들 위세품은 백제 중앙정부로부터 지방의 수장들에게 사여

---

32) 『梁職貢圖』 '所治城曰固麻謂邑檐魯於中國郡縣有二十二檐魯分子弟宗族爲之'
33) 이남석, 2008, 앞의 글.

된 것인데, 이를 통해 중앙정부와 지방 수장 사이에 상생관계가 형성되었던 것을 알 수 있다. 즉 중앙정부는 지방 수장층을 통해 지방통제를 실시하였을 것이며, 지방사회의 수장들은 위세품이 상징하는 중앙의 권위를 빌어 지방사회를 통제하며 지방사회의 지배세력으로 군림하였던 것이다.

금동관모나 금동제 신발 등과 같은 중앙에서 하사된 위세품은 도읍지와 매우 가까운 거리인 경기도의 화성지역과 가장 남쪽에 위치하는 전남 고흥에서도 출토되었다.[34] 이로 미루어 백제의 지방사회 전역에 금동관모 등과 같은 위세품이 분포된 것으로 봄에 문제가 없으며, 나아가 이는 담로체제가 백제 지방사회 전체를 아우르는 지방통제 방식이었다는 것을 알려주는 것이기도 하다.

요컨대 한성도읍기 백제의 지배세력은 중앙세력과 지방세력으로 구분이 가능하다. 중앙세력은 삼한 소국시절의 백제가 한성에 기반 할 즈음부터 성장하였던 집단이고, 그 핵심세력은 왕족인 부여씨 집단이다. 이들은 국왕을 정점으로 국가 운영의 중심적 역할을 담당하였을 것인데 5~6세기대 기록에 나타

---

34) 금동관모 출토유적에 대한 내용은 다음과 같다.

| no | 유적명 [유구명] | 묘제 | 보고서명 |
|----|----------------|------|----------|
| 1 | 나주 신촌리유적 [9호분—을관] | 분구묘內 옹관묘 | 국립문화재연구소, 『나주 신촌리 9호분』 |
| 2 | 합천 반계제고분군 [가A호분] | 수혈식 석곽묘 | 국립진주박물관, 『합천 반계제 고분군』 |
| 3 | 익산 입점리고분군 [1호분] | 횡혈식 석실묘 | 국립문화재연구소, 『익산 입점리 고분』 |
| 4 | 천안 용원리고분군 [9호 수혈식] | 수혈식 석곽묘 | 공주대학교박물관, 『용원리 고분군』 |
| 5 | 공주 수촌리유적 [1호 토광묘] | 토광 목곽묘 | 충청남도역사문화원, 『공주 수촌리유적』 |
| 6 | 공주 수촌리유적 [4호 석실묘] | 횡혈식 석실묘 | 충청남도역사문화원, 『공주 수촌리유적』 |
| 7 | 서산 부장리유적 [5호 분구묘] | 분구묘內 목곽묘 | 충청남도역사문화원, 『서산 부장리유적』 |
| 8 | 고흥 길두리 안동고분 | 수혈식 석곽묘 | 전남대학교박물관, 『고흥길두리 안동고분의 역사적 성격』 |
| 9 | 화성 향남2지구 발굴조사 | 토광 목곽묘 | 한국문화유산연구원, 『화성향남요리 제3차 학술자문회의』 |
| 10 | 의성 조문국지구 발굴조사 | 봉토분內 목곽묘 | 성림문화재연구원, 『의성조문국지구 유적1·2차 약식보고서』 |

난 백제의 중요인물 대부분이 부여씨라는 점에서 알 수 있다. 한편 해씨와 진씨의 경우도 정도 차이는 있겠지만 왕비족으로 기능하는 것으로 미루어 부여씨에 비견될 정도의 위세를 떨쳤음을 알 수 있다. 이들도 부여씨처럼 소국시절의 백제 즉 한성지역에 기반한 세력으로 백제의 고대국가 성장에 따라 중앙의 귀족 특히 관료적 성격의 세력집단으로 성장한 것이 아닌가 추정된다. 지방사회에는 수장층 즉 담로로 편제될 수 있는 세력집단도 존재하였다. 담로의 주체들은 중앙의 정치적 통제 하에 있지만 일정한 부분에서는 상당한 독자성을 향유하던 세력이었을 것으로 추정된다.

## 4) 웅진도읍기 남래 지배세력의 동향

고구려의 군사적 침략으로 인한 한성 함락과 왕의 패사란 결과는 비단 도읍지 한성의 폐허만이 아니라 한성도읍기간에 구축된 백제의 사회질서 붕괴를 의미한다. 4세기 무렵부터 한성에 자리한 중앙 지배세력은 국왕의 권위와 대외 교류의 독점권을 바탕으로 지방의 담로사회를 장악하며 백제 특유의 통치체제를 구축하였으나, 고구려의 한성침공은 그러한 통치체제의 붕괴를 가져온 것으로 보아야 할 것이다. 더불어 웅진천도 직후, 백제의 정치와 사회 환경은 신흥세력의 등장과 잦은 왕의 피살, 귀족의 전횡 등으로 설명된다. 이후 동성왕대 혹은 무령왕대 즈음에 이르러서는 신·구세력의 균형이나 어느 세력의 견제, 중용을 통해서 왕권의 안정이 이룩되었다는 설명이 이루어지기도 한다. 천도 직후에 나타난 백제의 정치 환경에 대한 이러한 이해는 산발적으로 남겨진 기록에 근거한 것으로 이를 통해 웅진천도 직후의 정치세력의 동향을 가늠할 수밖에 없다.

천도 직후 정세에 대한 기록으로 『삼국사기』의 문주의 왕위 등극과 천도가 이루어진 다음부터 동성왕이 등극하기 이전까지인 4년 여의 기간의 내용이다. 행위 언급이 매우 소략한 편인데 천도 다음해인 476년에 대두성 주민의 이주 정책, 송에 사신을 보내지만 고구려의 방해로 실패하였다는 사실, 탐라국의 조공 사실, 그리고 해구의 병관좌평 임명 기사가 있다. 477년은 궁실 수리와 함께 왕의 동생인 곤지를 내신좌평에 임명하였다는 사실과 함께 삼근을 태자에 임명한 내용, 이어서 곤지의 사망 기사가 전한다. 478년은 해구의 횡포와 왕의 시해 기록도 남아 있다. 이후 삼근왕이 왕위에 올랐는데 해구가 정사를 좌지우지하였다는 것과 이어 해구가 연신과 대두성에서 반란을 일으킴에 진남과 진로로 하여금 진압토록 하였다는 사실이 적혀 있다. 그리고 다음 해는 대두성을 두곡을 옮긴 후에 왕이 죽었다는 기록이 전부이다.[35]

　기록만을 보면, 웅진을 도읍으로 정한 후에 무엇보다 필요하였을 국가체제의 정비라던가 조직의 재건과 같은 새로운 지배체제 구축을 위한 시도나 실행을 적극적으로 추정할 만한 언급은 거의 발견되지 않는다. 특히 웅진천도 직후의 정황을 적은 소략한 기사는 전체 맥락을 종합할 경우 의미의 연결이 매끄럽지 않다는 사실도 발견된다. 예컨대 해구의 문주왕 살해와 연이어 나타나는 삼근의 왕위 계승, 이후 해구가 연신과 더불어 대두성에서 반란을 일으켰다는 내용의 전개는 어딘가 어색함이 많다. 문주왕 시해 후에 삼근왕을 등극시키고 정국을 좌우하던 해구가 곧바로 반란을 일으키는 정황을 어떻게 이해할 수 있을까, 반란의 원인과 그 객체는 누구일까 하는 점 등은 의문으로 남는 것이다.

　물론 백제의 웅진천도 직후의 정세를 전하는 것이 『삼국사기』라는 단일 사서뿐이라는 한계가 있고, 이와 함께 『삼국사기』의 역사인식 문제도 고려할 필요는 있다. 즉 『삼국사기』의 역사인식은 삼국이 고려왕조와 같이 왕조적 국가체제였다는 전제하에 기록되었을 뿐만 아니라, 삼국의 체제가 국왕 중심의 통치체제라는 인식이 전제되어 있는 것이 아닌가 의심된다. 이를 고려할 경우 기록의 소략함이나 내용에 나타나는 한계를 인정하기 어렵지 않을 것이다. 이

---

35) 이상의 내용은 『三國史記』 卷二十六, 百濟本紀 第四, 文周王 條에 실린 관련 기사의 전부이다.

는 웅진천도 직후의 백제 정국의 운영주체를 국왕인 문주왕으로 본 것이라든 가, 웅진천도라는 특수상황을 고려하지 않고 단순히 왕실의 주도하에 모든 것이 이루어졌다고 보는 것도 그러한 역사인식과 무관치 않다고 여겨지기도 한다.

아무튼 이상의 내용만으로 웅진천도 전야의 긴박한 정국을 충분히 설명할 수 있을까하는 나름의 의문이 있다. 물론 단편적으로 남겨진 기사지만 전체 맥락보다는 행간의 의미를 재음미하면 당시의 정국 실상을 살필 수 있는 것도 없지 않다. 예컨대 한북의 민호를 대두성으로 이주시킨 것은 한북지역의 포기 에 따른 주민을 재배치하는 조치가 이루어진 것으로 볼 수 있을 것이다. 또한 국가적 위기 속에서 중국에 사신을 파견하는 것도 급박한 필요성을 인지할 수 있게 하는 것이며, 이외의 좌평 임명이나 궁실 수리 등도 나름의 체제 정비를 위한 긴요한 사실로 볼 수는 있을 것이다. 그리고 짧고 단편적 기사지만 단기 간에 등장하는 인물들도 주목할 필요가 있다.

문헌기록의 진위 판단은 어렵지만, 초기 정국을 주도한 인물로 문주왕 이외 의 왕족인 곤지 그리고 태자 삼근 외에는 해씨인 해구와 진씨인 진남 등이 등 장하며 해씨의 조력자로 연씨가 언급되어 있다. 해구는 출자를 구체화하기는 어려우나 한성도읍기부터 해씨가 전통적 중앙 지배세력으로 존재하였기에 이 와 관련된 인물로 봄에 문제가 없을 것이다. 이러한 인물들의 존재는 웅진천 도 직후에 필연적일 수밖에 없는 국가재건 작업이 왕실과 더불어 구 귀족 즉 남래한 세력집단을 중심으로 이루어진 것으로 볼 수 있게 하는 것이다.

사실, 한성 함락과 왕의 패사에 이은 웅진천도는 비상정국의 연속이었을 것 이다. 왕의 패사와 더불어 고구려가 왕족과 한성민을 포로로 잡아 평양으로 돌아갔다는 것은 백제 국가운영의 중추에 있던 지배집단의 위축을 의미하는 것으로 볼 수 있다. 구원군을 얻으러 남행한 문주가 왕위에 올랐다는 사실로 미루어 볼 때, 웅진천도 직후의 지배세력도 문주왕처럼 요행히 전란을 피할 수 있었던 왕족과 해씨·진씨의 일부 지배세력에 불과하였을 것이다. 그들은 웅진천도 후 급박한 정국의 수습과정에 참여한 것으로 보여진다. 따라서 웅진천도 직후에 정치 전면에 등장하는 이들 해씨나 진씨 등을 구세력으로 분류하듯이, 해구도 한성도읍기부터 왕족과 더불어 중앙 지배세력이었던 인물로 봄에 문제가 없을 것이다.

해씨와 진씨는 백제의 가장 전통적 귀족세력이었고, 삼한 소국시절의 백제시대부터 한성지역에 기반을 둔 집단이었다. 또한 백제가 고대국가로 성장함과 함께 자연스럽게 중앙 귀족, 즉 중앙의 지배세력으로 자리하였던 집단이기도 하다. 그런데 한성의 함락은 이들 세력기반의 상실을 가져왔을 것인데 그럼에도 해씨나 진씨 등의 백제의 전통적 중앙 지배세력은 웅진천도 후에 나름의 두각을 드러낸다고 볼 수 있다. 앞서 본 바와 같이 좌평 등의 요직에 임명되어 정사를 돌보면서 때로는 반란을 일으키고, 때로는 반란을 진압하는 주체가 그들이기 때문이다.

그러나 웅진천도 후 등장한 다양한 세력집단의 존재를 고려하면 이들 진씨나 해씨 등 전통적 중앙지배세력의 활약상에 나름의 의문도 없지 않은 것이 사실이다. 빈약한 세력기반에도 불구하고 어떻게 중요 정치세력으로 정사의 전면에 부각될 수 있는가인데, 이는 아무래도 웅진천도라는 특수한 정황에서 비롯된 것으로 보아야 할 것 같다. 웅진천도 후의 백제는 한성함락에서 비롯된 지배체제의 붕괴를 새롭게 구축할 필요가 있었을 것이고, 이를 위해서는 한성지역의 전통적 관료 귀족이었던 그들의 경험이 필요하였던 것과 관련 있지 않은가 생각된다.

그와 관련하여 주목되는 것이 동성왕이 등극한 이후에 전통적으로 해씨나 진씨가 차지하던 관등과 관직이 신흥세력으로 교체되어 임명되는 모습이다. 물론 동성왕대의 신흥세력에 대한 관등 임명 사실을 신·구세력의 조화를 통한 정국의 안정을 도모하기 위한 수단이었다고 보지만,[36] 이후에 해씨나 진씨

---

36) 盧重國, 1988, 앞의 책.
  鄭載潤, 2000, 앞의 글.
  이용빈, 2007, 「동성왕의 왕권강화 추진과 신진세력」『熊津都邑期의 百濟』, 百濟文

가 이유 없이 자취를 감추는 것은 그들이 국정의 전면에서 배제되었음을 의미하는 것으로 볼 수 있을 것이다. 또한 천도 후, 정국의 주도권이 동성왕을 비롯한 새로운 신흥세력에 의해 장악된 결과로 볼 수 있기도 하다. 이는 상대적으로 세력기반을 갖추지 못하였던 구세력 즉 해씨나 진씨와 같은 남래 귀족의 몰락을 의미하는 것으로 볼 수 있기 때문이다.

백제의 웅진천도 후 초기 정국은 그야말로 혼란의 연속이었다. 천도 후 무엇보다 국가질서의 회복이 절실하였을 것인데, 문주왕은 기왕의 지배세력이었던 해씨·진씨와 같은 남래 귀족을 중심으로 국가재건을 도모한 것으로 보아진다. 그러나 한성의 함락과 더불어 세력기반을 상실한 남래 귀족을 통한 정국 전환의 뜻은 이루지 못하였고, 결국 문주왕은 내분으로 살해되는 비운을 맞게 되는데 그 배경은 미약한 왕권에서 비롯되었다고 볼 수도 있으나 근본적으로 세력기반을 상실한 남래 귀족을 중심으로 한 국가운영의 한계에서 비롯된 것으로 볼 수 있을 것이다. 물론 배경에 새로이 등장한 신흥세력이 버티고 있는 환경과 무관치 않을 것이다.

기실, 웅진으로 천도한 직후 백제사회의 정치환경은 그야말로 투쟁과 혼란의 연속이라고 봄에 문제가 없다. 이처럼 혼란된 정국 전개는 한성도읍기에 정립되었던 지배체제가 와해되고 새로운 체제의 정립을 위한 진통의 과정으로 볼 수 있다. 천도 후 백제사회의 주체는 왕실세력은 물론이고 기왕의 중앙 지배세력이었던 해씨나 진씨, 더불어 남천 후에 대거 등장한 연씨 등의 새로운 신흥세력이라 할 수 있다. 이들 신·구 귀족세력간의 다툼으로 나타나는 웅진천도 직후의 혼란된 정국은 『삼국사기』 등의 기록에서 어느 정도 간취할 수 있는데, 국왕의 살해를 비롯하여 연이은 반란과 진압이 짧은 시간에 반복되고 있음이 그것이다.

그리고 한성함락과 폐허화는 신성성에 기반한 왕족과는 달리 이전부터 한

---

化史大系研究叢書 4, 忠淸南道歷史文化研究院.

성지역을 기반으로 성장하였던 지배세력에게는 큰 위축을 가져왔을 것이다. 반면에 긴급한 군사적 환경에서 동원된 구원군은 웅진천도를 주도하였고, 이후 새로운 신흥세력으로 부상하여 정치의 전면에 나서게 된다. 이러한 과정을 통해 백제의 지배체제는 새로운 국면을 맞이하게 되는데, 전통적 중앙 지배세력의 와해 속에서 지방세력이었던 신흥세력이 새로운 지배세력으로 부상한 것이 그것이다.

요컨대 웅진천도 후에 나타나는 정치적 혼란 즉 전통적 중앙의 지배세력과 새롭게 등장한 신흥세력들 간의 정치적 항쟁은 나름의 특징적 모습을 엿보인다. 가장 주목되는 것은 웅진천도 직후에 해씨와 진씨와 같은 한성도읍기 중앙 지배세력이 정치의 전면에 그것도 새로운 신흥세력과 결탁하여 존재감을 드러낸다는 것이다. 예컨대 웅진천도 직후 발생한 해구의 반란사건에는 그 배후에 구원군이 있었는데, 그것이 바로 여전히 지방에 단단한 세력기반을 보유하고 있던 연씨라는 사실이다. 연씨의 존재에서 알 수 있듯이 초기 정국의 배후에는 막강한 신흥세력 즉 지방사회에 거점을 둔 세력들이 포진하고 있었고, 그들의 이해관계 속에 정국이 운영된 것이 아닌가라는 추정도 가능케 한다.


## 5) 맺음말

웅진천도와 더불어 이전에 한성에 기반을 두고 성장하였던 정치세력의 남하도 추정된다. 사실 고대국가의 사회체제를 구체화할 수는 없지만, 왕실을 중심한 지배세력의 존재는 인식될 수 있을 뿐더러 국가 운영에 동참한 또 다른 지배세력도 있었음을 추정할 수 있다. 백제의 경우 한성도읍기에 전통적 왕실세력인 부여씨 외에 해씨나 진씨등의 이성 지배세력이 있었으며, 이들은 횡혈식 석실묘의 사용 주체들이었다. 그런데 백제의 웅진천도와 더불어 도읍지 웅진에 한성지역에서 성행한 횡혈식 석실묘가 갑자기 등장하는 것을 알 수 있다. 이는 한성도읍기의 주요 세력들이 남하하였음을 보여주는 사례이다.

횡혈식 석실묘는 4세기 중후반 무렵 백제의 한성 지역에 등장, 지배세력의 묘제로 사용된 무덤 유형이다. 지방사회의 모방 축조로 간헐적 확산을 거치지만 사용 주체나 지역적 한계가 분명한 묘제였다. 본래 백제 횡혈식 석실묘는 서북한 지역에 연원을 둔 것으로 4세기 중후반 무렵에 백제의 한성 지배세력들이 채용한 묘제이다. 따라서 이 묘제의 확산이나 변천은 한성기 백제 지배세력의 동향과 연계하여 이해될 수 있다. 그런데 서기 475년의 백제 웅진천도를 기점으로 한성지역에서 사용되던 이 묘제가 금강유역에 갑자기 다양하게 등장한다.

새로운 묘제가 갑자기 등장한 것은 그것을 사용하는 새로운 집단의 등장을 의미하는 것이다. 따라서 금강유역에 나타난 횡혈식 석실묘는 웅진천도란 사건을 기회로 한성에 있었던 세력이 웅진으로 이주하였음을 보여준다. 즉 횡혈식 석실묘의 존재양상을 통해 한성에 기반을 두었던 세력이 웅진천도와 더불어 이 지역에 정착하였음을 살필 수 있다. 천도 이후 이들은 국정 운영경험을 기회로 문주왕과 삼근왕, 동성왕 초반 무렵까지 일시적으로 정권의 전면에 부상하지만, 세력기반의 결여로 신흥세력에 밀려 점차 위축되기에 이른 것이 아닌가 여겨진다.

# 2. 백제지역의 왜계 무덤과 신흥세력

·
·

## 1) 머리말

5세기 말경에 나타나는 고고학적 환경변화를 통해 새롭게 등장한 신흥세력
을 주목하여 보고자 한다. 5세기 후반 무렵 고구려의 백제 한성침공으로 야기
된 정치·사회적 파장은 지역 고고학 환경에도 커다란 변화를 일으킨다. 특히
웅진천도와 함께 변화된 금강유역의 고고학 환경이 그중의 하나이다.[1] 이외
에 또 다른 주목거리는 영산강유역인 호남지역과 도읍지 웅진 인근에 등장하
는 왜계 무덤이다. 영산강유역의 전방후원형 무덤과[2] 도읍지 웅진 주변에 남
겨진 횡혈묘가[3] 그것이다.

그리고 백제 웅진도읍기 정치사의 특징은 신흥세력의 대거 등장에서 찾을

---

1) 李南奭, 1997, 「熊津地域 百濟遺蹟의 存在意味」『百濟文化』 26, 百濟文化硏究所.
2) 대한문화유산연구센터, 2011, 「영산강유역 전방후원분에 대한 연구사 검토와 새로
운 조명」『한반도의 전방후원분』, 학연문화사, 176~249쪽.
3) 忠淸文化財硏究院, 2006, 『公州 丹芝里 遺蹟』.
公州大學校博物館, 2007, 『公州 熊津洞 遺蹟』.
忠淸埋葬文化財硏究院, 2003, 『公州 安永里 새터·신매遺蹟』.

수 있다. 이들은 웅진천도과정에서 중앙에 진출한 세력으로 한성을 침공한 고구려군과 싸우기 위하여 백제의 지방에서 동원된 구원군들이었다. 기록상에는 신라 구원군 1만명이 알려졌지만, 백제의 통할하에 있던 지방, 즉 마한지역은 물론이고 가야지역, 일본열도의 왜 집단까지도 구원군으로 동원되었을 것으로 추정된다. 백제와 왜는 오랫동안 밀접한 관계를 유지하였고 특히 백제의 군사적 위기시에 왜의 구원군이 자주 등장함에서 알 수 있다.

전방후원분이나 횡혈묘는 왜계 무덤으로 특정지역에 특정시기에만 존재한다. 이러한 존재특성은 무덤 축조주체의 역동성을 보여주는 것이기도 하다. 사실, 고구려 침략으로 한성의 함락은 한성기에 이룩된 백제의 국가체제 붕괴를 의미한다. 나아가 웅진천도는 신흥세력의 등장에 따른 국가체제의 변화를 가져왔고, 새로운 사비시대의 발판을 마련하는 것으로 이어진다. 그 배경은 천도과정에 새로운 정치세력이 형성되면서 중앙과 지방으로 이원화되었던 정치세력이 일원화되어 집권적 통치체제를 마련할 수 있었기 때문으로 여겨진다. 그 중심에는 구원군이었던 다양한 신흥세력 즉 왜계 무덤을 축조한 주체와 같은 세력이 존재한다.

따라서 백제지역에 등장하였다가 사라지는 왜계 무덤 즉 호남지역의 전방후원형 무덤과 도읍지 웅진에서 확인된 횡혈묘의 존재현황을 살피고 그것이 묘제적으로 일본의 구주지역 전방후원분이나 지하 횡혈묘와 상통하는 것임을 보겠다. 그리고 이들 무덤이 백제의 웅진천도 전야에 즈음하여 등장하였다가 갑자기 사라지는 것은 그 사용주체의 부침을 의미하는 것이기에 해당시기의 세력집단의 동향으로 간주하여 보고자 한다. 나아가 전방후원형 무덤의 사용주체의 등장과 퇴장은 웅진천도 전야의 구원군으로서 신흥세력의 동향을 대변하는 것으로 보면서 동성왕 무렵의 신흥세력 동향을 살펴 백제가 새로운 국가체제를 확립하는 정황도 살피고자 한다.

## 2) 5세기대 백제묘제 환경과 전방후원형 무덤

묘제환경은 사회환경을 대변하는 것으로 볼 수 있기에 그 환경의 변화는 각 집단사회의 변천으로 갈음될 수 있을 것이다. 그리고 5세기대 백제 묘제환경은 다양성으로 집약될 수 있다. 4세기부터 한반도 전역에서 비롯된 고총고분 조성환경은 새로운 묘제의 유입과 전통적 토착묘제의 변화·변천을 촉발시켰고, 5세기대에 이르면 지역적으로 차별화된 형태로 나름의 특성을 갖추면서 발전을 거듭한다. 특히 옛 마한지역인 백제지역의 묘제 전개상은 독창성이 엿보인다. 3세기 말경까지는 목관이나 옹관을 매장주체로 삼아 그 위에 흙이나 돌을 덮는 봉토·봉석묘가 사용되다가, 서북한 지역의 토광묘제가 유입되면서 각 지역에 새로운 묘제환경이 형성됨이 그것이다. 그리고 5세기대 백제의 묘제환경에서 가장 특징적인 면모는 아무래도 지역 간에 서로 다른 무덤이 사용되고 있는 것을 지적할 수 있을 것이다.[4]

백제의 중앙인 한성지역의 경우 이전의 삼한시기부터 사용되던 봉토·봉석묘의 잔재가 어느 정도 남아 있지만, 4세기 중반 무렵에 이르러 서북한 지역에서 횡혈식 석실묘가 유입되고 5세기 무렵에 이르면 횡혈식 묘제가 거의 보편적 묘제로 정착되기에 이른다.[5] 물론 백제가 한성에 도읍하던 시기의 도읍지 묘제로 기단식 적석총이 간주된 바 있지만, 실물로 복원된 유적이나 발굴자료에서 무덤으로 볼만한 증거가 거의 발견되지 않고 오히려 의례시설로 비교될 사례가 증가하기에 이는 보다 심층적 재검토가 필요한 것이기도 하다.[6]

한편 지방사회의 경우 도읍지 주변인 경기지역은 토광묘제인 주구토광묘와

---

4) 이남석, 2013, 「馬韓墳墓와 그 墓制의 認識」『馬韓·百濟文化』22, 圓光大學校 馬韓·百濟文化研究所.

5) 李南奭, 2009, 「橫穴式 墓制의 淵源과 展開」『先史와 古代』30, 韓國古代學會.

6) 이남석, 2013, 「백제 적석총의 재인식 −석촌동 백제 고분군의 묘제 검토−」『先史와 古代』39, 韓國古代學會.

그림 1  백제 지역의 다양한 묘제유형
<봉토·봉석묘: 左上, 주구토광묘: 左下, 분구묘: 右上, 관곽토광묘: 左中, 석곽묘: 左下>

관곽토광묘가 널리 사용되고, 부분적으로 석곽묘나 석실묘가 사용되었다. 충청지역의 경우 북부는 관곽토광묘, 서부는 분구토광묘, 그리고 동남부는 석곽묘가 사용되었는데 부분적으로 혼용이 있긴 하나 5세기 후반까지 각각의 묘제는 지역적 고유성을 유지하면서 분포권을 이루고 있다. 호남지역은 영산강 중류에 해당되는 나주나 영암 등지에서 특유의 전용옹관을 사용한 분구옹관묘가 사용되었다. 전북 서해안지역은 충청의 서해안지역처럼 분구토광묘가 넓은 분포권을 형성하고 있으며, 이외의 전남 남부지역은 분구형 토광묘와 석

곽묘가 사용되는가 하면 옹관묘도 비교적 넓은 분포권을 형성하고 있음이 확인된다.

그중에서 경기지역과 충청일원에 넓게 산포된 토광묘 중에서 주구토광묘는 3세기 무렵 서북한 지역에서 남하한 묘제로 볼 수 있는 것이다. 고총고분으로 큰 봉분을 조성하면서 외변에 주구가 남겨지는 특징이 있는데, 매장시설이나 부장유물에서도 특징적 면모를 갖추고 있다. 이 묘제는 기존의 마한지역에서 널리 성행한 봉토묘에도 영향을 주어 분구묘를 발생시킨다. 경기 남부지역이나 충청 서해안 그리고 전북 서해안 지역에 넓게 분포된 분구묘가 그것이다. 분구묘는 매장부를 지상에 안치하고 외변에 주구를 남기면서 봉분을 올리는 것이 특징이며, 매장시설은 삼한시대의 봉토묘적 전통을 따른다.[7] 이러한 특징은 영산강유역에서 널리 성행하였던 옹관묘에서도 확인되는데, 매장시설로 옹관을 지상에 안치하고 흙을 덮어 높은 봉분을 조성하는 것이 그것이다. 더

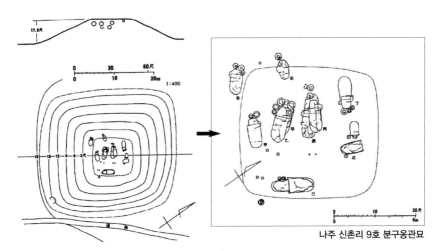

나주 신촌리 9호 분구옹관묘

그림 2　나주 신촌리 9호 분구옹관묘 國立文化財研究所, 2001, 『羅州 新村里 9號墳』 도면

7)　李南奭, 2014, 『漢城時代 百濟의 古墳文化』 서경문화사.

불어 관곽토광묘와 석곽묘의 경우도 4세기 중반 무렵에 북에서 남하한 묘제로 볼 수 있는데, 대체로 경기 동부지역이나 충청의 내륙 지역에서 널리 사용된 것으로 여겨진다.

이처럼 4세기 무렵에 정립된 각 지역의 고유묘제는 5세기 무렵까지 사용되면서 고유한 전통을 유지하는데, 이것을 백제묘제 전개양상의 또 다른 특징으로 볼 수 있다. 물론 부분적으로는 새로운 묘제가 도입되는데 아마도 횡혈식 석실묘가 그 대표적 사례일 것이다. 본래 횡혈식 묘제는 기원 전후한 무렵에 중국의 중원지역 전축묘에서 비롯된 것이다.[8] 그것이 2세기 무렵에 한반도의 서북한 지역에 유입되어 전축분 그대로 사용되다가 다시금 석실묘로 변화된 것으로 보는 것이다.[9] 그리고 백제묘제로서 횡혈식 석실묘는 4세기 중후반

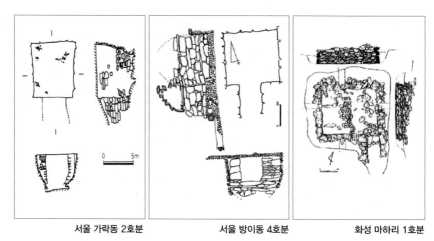

| 서울 가락동 2호분 | 서울 방이동 4호분 | 화성 마하리 1호분 |

그림 3  백제의 횡혈식 석실묘1 <한성지역>

---

8)  李南奭, 1992, 「百濟 初期 橫穴式 石室墳과 그 淵源」『先史와 古代』 2, 韓國古代學會, 106쪽.
9)  전축분에서 석실묘로의 전환되었다는 근거로 남정리 119호분을 대표 사례로 꼽는다.

무렵에 도읍지인 한성에 유입되어 지배층 묘제로 정착된 것으로 본다.[10] 이후에는 백제 지방사회에서 간헐적으로 그 모습이 나타나는데, 5세기 후반까지의 지방사회 횡혈식 석실묘는 중앙에서 사용되는 것을 모방하여 축조한 것이다. 때문에 무덤의 잔존정황에 토착적이고 고유한 묘제의 속성이 많이 포함되어 있는데,[11] 이러한 묘제환경은 웅진도읍 초반 무렵까지 그대로 지속되는데 이는 정치와 사회 환경에 갈음되는 것으로 볼 수 있을 것이다.

사실, 무덤은 그 전통성으로 말미암아 축조주체의 사회와 문화의 배경에 따라 묘제를 달리하는 경우가 많다. 특히 고대사회는 정치와 사회의 통일이 더디게 진행되어 각각의 지역마다 고유의 독자적 문화가 유지되는 경우가 많은데 이는 묘제도 마찬가지이다. 앞서 살핀 것처럼 백제사회의 묘제는 5세기 후반까지 고유의 독자성을 유지하면서 지역 간에 차별화된 형태로 존재하다가, 6세기 전반에 이르면 백제의 전사회 묘제가 횡혈식 석실묘로 통일되는 변화가

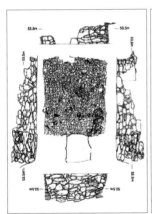
공주 수촌리 5호분

익산 입점리 1호분

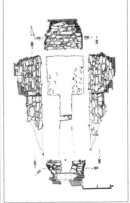
보령 명천동 1호분

그림 4  백제의 횡혈식 석실묘2 <지방사회>

10) 李南奭, 1992, 앞의 글, 105쪽.
11) 李南奭, 2007, 「漢城期 百濟 石室墳의 再認識」『震壇學報』103, 震壇學會.

연출되는 것을 알 수 있다. 그리고 이러한 묘제의 통일은 당시에 나타난 백제의 정치·사회적 통일에 상응하여 나타난 현상으로 볼 수 있기에, 묘제의 변화에 정치·사회의 변천양상이 그대로 반영된다는 것도 알게 한다. 따라서 특정 시기에 특정의 묘제가 나타난다는 것은 그에 상응하는 정치·사회 환경의 변화가 있었다고 추정할 수 있을 것이다.

영산강유역에 잔존하는 전방후원형 무덤은 5세기 말경에 갑자기 등장한 것이다. 이 묘제는 당시의 영산강유역에서는 전혀 이질적인 것으로 갑자기 출현한 것이다. 결국 이러한 묘제환경의 돌발적 변화양상은 묘제 자체뿐만 아니라, 그러한 변화를 잉태한 당시의 사회·정치환경이 범상치 않았음을 알려주는 것이기에 그것이 무엇인가에 대한 의문을 갖게 한다.

주지되듯이 영산강유역은 3세기 말까지 마한에 포함된 지역이었고, 오랫동안 마한적 전통이 풍부하게 남아 있는 지역으로 보는 것이 일반적이다. 물론 이 지역도 4세기 중후반 무렵부터는 백제의 관할 범위에 포함되었다고 볼 수 있지만, 중앙의 직접 지배보다는 수장층을 통한 간접통제가 유지되었기에 나름의 사회·문화적 독자성이 비교적 강인하게 유지된 지역으로 볼 수 있기도 하다. 그와 관련된 때문에 묘제도 특유의 옹관묘나 토광묘가 5세기 말엽까지 사용되었다고 여겨지며, 특히 옹관묘의 경우 전용옹관을 제작하여 매장시설로 사용하는 특수한 환경도 유지된 것으로 판단된다.12) 물론 무덤의 독자성에도 불구하고 부장된 유물에는 백제의 중앙과 관련된 것으로 볼 수 있는 다양한 위세품이 포함되어 있다는 사실에서, 정치적으로 백제의 중앙정부와 밀접한 관련을 맺고 있었다는 추론도 가능할 것이다. 그런데 이러한 묘제환경 속에서 5세기 말경에 전혀 이질적인 전방후원형의 무덤이 갑자기 등장한 것이다. 그것도 한 지역이 아니라 여러 지역에 동시다발적으로 등장하는 것은 매우 이례적 모습이기도 하다.

---

12) 김낙중, 2009, 『영산강유역 고분 연구』, 학연문화사.

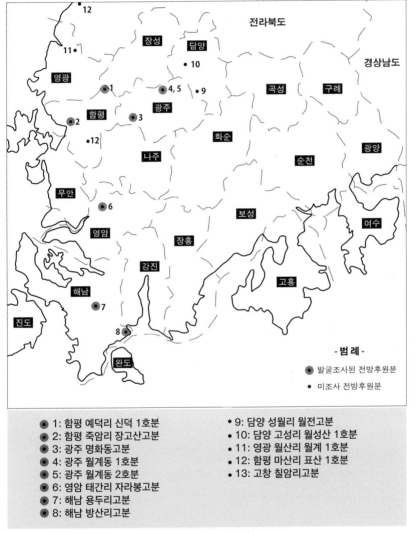

전라북도

전라남도

경상남도

장성
담양
영광
곡성
구례
함평
광주
화순
광양
나주
순천
무안
영암
보성
여수
장흥
강진
고흥
해남
진도
완도

- 범 례 -
⦿ 발굴조사된 전방후원분
• 미조사 전방후원분

⦿ 1: 함평 예덕리 신덕 1호분
⦿ 2: 함평 죽암리 장고산고분
⦿ 3: 광주 명화동고분
⦿ 4: 광주 월계동 1호분
⦿ 5: 광주 월계동 2호분
⦿ 6: 영암 태간리 자라봉고분
⦿ 7: 해남 용두리고분
⦿ 8: 해남 방산리고분
• 9: 담양 성월리 월전고분
• 10: 담양 고성리 월성산 1호분
• 11: 영광 월산리 월계 1호분
• 12: 함평 마산리 표산 1호분
• 13: 고창 칠암리고분

그림 5 영산강유역의 전방후원형 무덤 분포도

영산강유역의 전방후원형 무덤 자료는 12개 유적에서 13기가 알려져 있다.[13] 이중에서 광주 월계동의 1호분과 2호분 그리고 명화동 고분과 함평의 신덕 고분, 영암 자라봉 고분과 해남 장고봉 고분, 용두리 고분과 함평 장고산 고분 등의 8기는 이미 발굴조사가 이루어진 것이다. 반면에 고창 칠암리 고분이나 영광 월계 1호분 그리고 담양 월전 고분이나 담양 월성산 고분은 표면만으로 전방후원형 고분으로 인지되는 것들이기도 하다.

이들 전방후원형 무덤의 입지환경을 보면 대체로 낮은 분지형 구릉지에 자리한다. 그리고 무덤의 외형은 평면의 경우 한쪽이 방형이고 다른 한쪽은 원형의 것이 결합된 형태이다. 무덤의 장축은 대체로 원형부가 동쪽을 향하고 있으며, 대형의 분구는 매장시설이 지상에 안치되도록 성토하여 조성하였는데 방형부나 원형부를 동시에 축조한 것으로 확인된다. 그리고 원형부에 매장시설이 안치됨이 보통이고, 무덤의 규모는 차이는 있지만 적은 것이 25m 내외 큰 것은 76m의 규모로 계측되듯이[14] 高塚形 대형분묘로 조성하는 것이 보통이다.

그리고 매장시설은 횡혈식 석실묘라는 공통점이 발견된다. 물론 일부에서 석곽 구조가 언급되지만[15] 보다 검토가 필요한 것이고, 전방후원형 무덤의 매장시설은 횡혈식 구조로 봄에 문제가 없을 것이다. 물론 발굴조사 된 자료 중에 매장부 구조가 정확하게 파악된 것은 광주 월계동 1·2호분과[16] 신덕고

---

13) 영산강유역의 전방후원분의 현황<총 13기>은 다음과 같다.

| 발굴조사된 전방후원분 | | 미조사된 전방후원분 |
|---|---|---|
| 함평 죽암리 장고산고분 | 해남 용두리고분 | 담양 성월리 월전고분 |
| 함평 예덕리 신덕 1호분 | 광주 명화동고분 | 담양 고성리 월성산 1호분 |
| 영암 태간리 자라봉고분 | 광주 월계동 1호분 | 영광 월산리 월계 1호분 |
| 해남 방산리고분 | 광주 월계동 2호분 | 함평 마산리 표산 1호분 |
| | | 고창 칠암리고분 |

14) 김낙중, 2009, 앞의 글.
15) 전남대학교박물관, 2013, 「남원 두락리 32호분 현장설명회 자료집」.
16) 林永珍 外, 1994, 『光州 月桂洞 長鼓墳·雙岩洞 古墳群』, 전남대학교박물관.

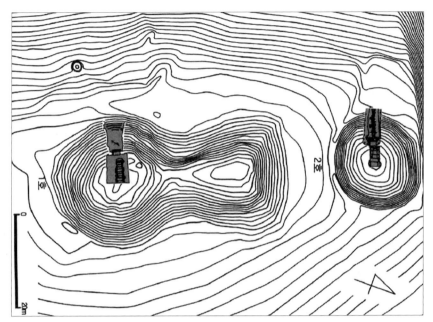

그림 6 전방후원형 무덤 <함평 신덕고분> 대한문화유산연구센터, 2011, 「한반도의 전방후원분」

분,[17] 자라봉 고분과[18] 용두리 고분에[19] 불과하다는 한계는 있지만 잔존 정
황에 공통성이 있어 횡혈식 석실묘가 매장주체라는 결론에 큰 문제가 없다고
보아진다. 종합하여 전방후원형 무덤의 매장시설은 지상식으로 석실을 조성
하는데, 석실은 연도와 문틀식 입구를 갖춘 것으로 정리할 수 있다. 여기에 세
장한 장방형 평면을 가진 묘실은 천정을 조임식으로 만드는 것이 공통적이고,
벽체의 구성에서 하단에 대형의 요석을 두고 그 위에 작은 할석을 쌓아 올려

17) 成洛俊, 1992, 『咸平 禮德里 新德古墳 緊急收拾調査略報』, 第35回 全國歷史學大會
　　發表要旨.
18) 姜仁求, 1992, 『三國時代遺蹟의 調査研究1 -자라봉고분(峰古墳)-』, 한국정신문화연
　　구원.
19) 국립광주박물관, 2008, 「해남 용두리고분 발굴조사 약보고서」.

그림 7  분주형 토기

묘실을 만드는 축조기법상의 유사성이 확인된다.

　또한 전방후원형 무덤의 부장품도 나름의 특성이 발견된다. 그중에서 무덤 주변에서 수습되는 분주형 토기를 주목할 수 있을 것인데, 이는 일본의 전방후원형 무덤에서 보편적으로 사용된 것이기에 그 자체를 왜계로 분류하기도 한다.[20] 다만 영산강유역에서 출토되는 분주형 토기는 일본열도의 것과 정확히 대비되지 않는다는 점에서 현지 생산을 추정할 수 있지 않은가 여겨진다. 아무튼 분주형토기 자체만으로도 사용된 무덤의 특수성을 입증할 수 있는 것이기도 하다. 이외의 부장품으로는 토기류를 비롯하여 각종 철기류와 함께 무기나 마구 등의 특수 유물도 적지 않게 확인된다. 이들의 계통에 대하여 백제계나 왜계 그리고 가야계까지 언급되지만,[21] 주목되는 것은 위세품과 같은 특수한 유물 외에 토기류와 같은 생필품 성격의 유물은 백제계 즉 현지 생산품이라는 사실일 것이다.

20)  徐賢珠, 2006, 『榮山江 流域 古墳 土器 硏究 』, 학연문화사.
21)  임영진, 2015, 「한국 분주토기의 발생과정과 확산배경」『湖南考古學報』49, 湖南考古學會.

한편 영산강유역의 전방후원형 무덤의 또 다른 특징은 그 존재현황이다. 우선 이들은 5세기 말까지 분구 옹관묘가 전통적으로 사용되어 온 영산강유역이란 지역에 중복으로 잔존한다는 점이다. 나아가 한 지역에 밀집되어 분포하는 것이 아니라, 매우 넓은 지역에 산발적으로 분포할 뿐만 아니라 대부분 1기 또는 많아야 2기 정도만이 인접하여 존재한다는 특이한 분포 정황을 보이고 있다. 그러면서 넓게 산포되어 있음에도 묘제적으로 분명한 공통성를 갖추고 있는데, 규모나 외형이 완전히 일치하는 것은 아니지만 전방후원형 무덤으로써 기본적 형식은 거의 대동소이한 것에서 추론하는 것이다. 물론 축조환경도 성토하여 매장부와 봉분을 지상식으로 조성한다는 점에서 공통적이고, 매장시설인 석실도 모두가 동일한 구조형식을 갖추고 있다. 즉 묘실의 평면이나 규모상에 약간의 차이는 있지만 비교적 큰 묘실을 횡혈식 석실묘로 축조함에 있어 하단에 요석을 배치하고 그 위에 할석을 쌓아 벽체를 구성한다거나, 천장을 조임식으로 마무리하는 것 외에도 연도나 입구의 갖춤새가 매우 흡사하다. 그러한 정황은 부장 유물에서도 동일한 현황으로 확인된다.

다만 부분적으로 무덤의 구조속성이나 유물의 갖춤새에 나름의 차이가 있기는 하다. 그러나 이들 차이는 무덤의 축조환경에서 나타날 수 있는 불가피한 차이로 보아야 할 것 같다. 무덤구조나 규모 등에 나타나는 일부의 차이는 서로 먼 거리에 입지하면서 축조된 환경에서 기인된 것으로 볼 수 있기 때문이다. 특히 전방후원형 무덤의 특징적 요소인 분주형 토기의 경우 기본적 모습은 일본열도의 것과 상통하면서도 그것이 현지에서 제작되었기에 나타날 수밖에 없는 차이를 보이기도 하는데 이러한 정황은 대부분의 유물에도 적용될 수 있을 것이다.

나아가 전방후원형 무덤의 존재 특성 가운데 가장 주목되는 것은 아마도 존재시기일 것이다. 이들의 등장 시기는 아무리 빨라야 5세기 후반을 벗어나지 않고, 소멸되는 시기는 아무리 늦어도 6세기 초반을 내려오지 않는다. 즉 이 묘제는 백제가 웅진으로 천도하는 시점에 등장하였다가 국가적 안정이 도모되는 무령왕대 즈음에 사라진다는 것이다.

　그런데 영산강유역에 잔존하는 전방후원형 무덤의 존재특성이 앞서 언급한 것과 같이 인지됨에도 불구하고, 그 연원이나 소멸의 문제를 해당 지역의 묘제환경에서 찾기가 어렵다. 반면 영산강유역에 성행하였던 대부분의 묘제는 그 연원이나 전개상에 대한 체계적 이해가 마련되어 있다는 것은 주지할 수 있는 사실이다. 이는 전방후원형 무덤의 연원이나 소멸 이유를 해당지역의 묘제환경 속에서는 설명될 수 없다는 것을 알 수 있기도 하다. 따라서 5세기 후반 무렵, 영산강유역에 전방후원형이란 새로운 무덤이 갑자기 나타났다는 것은 이를 사용하는 주체가 갑자기 등장하였다는 것을 의미하는 것으로 보아야 할 것이다.

　전방후원형 무덤의 축조주체가 누구인가에 대해서는 다양한 견해가 제기되어 있고,[22] 그에 대해 대체로 영산강유역 토착집단의 움직임 또는 백제 중앙정부와의 관련 속에서 새로운 축조주체가 등장하였다고 이해함이 일반적이다. 그런데 무덤의 가장 큰 속성인 전통성, 즉 무덤의 사용은 강제하기 어려운 전통적 문화자산이란 점을 고려하면, 전방후원형의 무덤과 같은 새로운 묘제의 사용은 강제할 수도 없고, 강제되지도 않는다고 보아야 한다. 특히 영산강유역의 경우, 삼한시대이래 발전을 거듭한 고유의 전통적 묘제환경이 강인하게 유지된 지역인데 전방후원형 무덤이란 새로운 묘제가 어떻게 그처럼 갑작스럽게 수용될 수 있었을까하는 상당한 의문이 있기도 하다. 오히려 완성된 정형의 전방후원형 무덤들이 여러 지역에 동시에 나타났다가 갑자기 사라진 것은, 이 묘제를 사용하는 집단이 갑자기 등장하였다가 사라진 것으로 볼 수밖에 없다.

　그런데 영산강유역의 전방후원형 무덤은 구조적으로 일본 북구주에 산재된

---

22) 연민수, 2011, 「영산강유역의 前方後圓墳 피장자와 그 성격」『일본학』 32, 동국대학교 일본학연구소.
　　대한문화유산연구센터, 2011, 『한반도의 전방후원분』, 학연문화사.

동형의 묘제와 상통하는 것으로 보는데[23] 이견이 없다. 따라서 이들 무덤은 일본 북구주에서 널리 사용되던 것이 영산강유역에 새롭게 축조된 것으로 보아야 한다. 다만 그 배경은 전방후원형 무덤을 사용하던 일본 북구주의 세력이 5세기 후반 무렵 영산강유역에 갑자기 등장한 것으로 보아야 하지 않은가 여겨진다. 이 무덤이 6세기 초반 무렵에 갑자기 소멸되는 것도 축조주체가 갑자기 사라진 것을 방증하는 것으로 보아야 할 것이다.

본래 영산강유역에는 옹관을 매장주체로 하는 분구 옹관묘가 널리 사용되었고 전방후원형 무덤이 존재하던 시기에도 여전히 사용되고 있었다. 이는 분구 옹관묘의 사용주체인 토착세력이 여전히 온존하고 있음을 보여주는 것이기도 하다. 그럼에도 새로운 묘제가 등장하여 함께 남아 있다는 것은 새롭게 등장한 세력이 일정기간 함께 머물렀던 사실을 보여주는 것으로 보아야 할 것이다.

영산강유역에 등장한 전방후원형 무덤은 5세기 후반 무렵, 백제지역에 나타난 다양한 신흥세력들 가운데 하나임을 보여주는 것으로 이해할 수 있다. 전방후원형 무덤과 공존하였던 분구옹관묘의 축조주체도 나름의 규모 있는 세력집단이었을 것이다. 뿐만 아니라 당시에는 이들 외에도 다양한 묘제를 사용하였던 주체들도 존재한다. 중서부 서해안지역의 분구묘, 경기·충남북부의 주구토광묘, 내륙지역에 분포하는 석곽묘를 사용하는 주체가 그들이다. 이들은 전방후원형 무덤의 사용주체와 비슷한 성격의 집단으로 구원군이었고 신흥세력인 것이다.

문제는 전방후원형 무덤의 사용주체, 즉 북구주에 기반한 세력이 왜 한반도에 등장하여 무덤을 남기게 되었는가라는 배경에 대한 의문이다. 이는 5세기 후반의 특수 환경 즉 백제의 웅진천도 전야의 정세와 무관치 않을 것으로 보여진다. 전방후원형 무덤이 5세기 후반 무렵에 백제지역에 출현한 것은 웅진천도 전야에 등장하는 구원군의 범주에서 이해될 수 있지 않은가 여겨진다. 즉

---

23) 田中俊明, 2000, 「榮山江流域 前方後圓墳古墳의 性格」『영산강유역 고대사회의 새로운 조명』.

백제의 구원군 동원은 정치적으로 백제와 관련된 모든 세력들이 대상이 되었을 것이고, 거기에는 북구주의 왜도 포함되었다고 보아야 한다. 그러나 구원군의 역할은 수행하지 못하였으나 웅진천도를 기회로 신흥세력으로 전환되어 일시적이나마 웅진도읍 초기의 정쟁에 참여하면서 한반도에 머문 결과, 전방후원형 무덤을 남기게 된 것이 아닌가 생각된다.

요컨대 영산강유역에 남겨진 특유의 전방후원형 무덤은 일본 북구주를 기반으로 한 세력집단의 것으로, 그 존재의 의미는 백제의 웅진도읍기의 신흥세력 등장이나 정치활동과 관련하여 이해될 수 있다. 더불어 전방후원형 무덤의 축조 주체인 북구주 세력의 움직임은 영산강유역에 기반을 둔 세력을 비롯하여 각 지역 세력집단의 움직임을 그대로 보여주는 사례로 봄에 문제가 없을 것이다. 고고학 물적자료의 상징인 무덤의 존재현황으로 미루어 5세기대 후반 무렵 백제묘제의 다양성을 유추할 수 있고, 그것이 다양한 세력집단의 존재를 의미하는 것이기에 웅진천도 전야에 이들이 신흥세력으로 군림하게 되었음을 추정하기 어렵지 않을 것이다.


### 3) 웅진기 횡혈묘와 왜

백제의 두 번째 도읍지인 웅진지역의 고고학적 특징은 천도가 이루어지는 475년을 기점으로 유적의 성격이나 분포양상에 차이를 보이는데, 앞서 본 전방후원형의 무덤도 동일한 범주에서 이해될 수 있는 것이다. 그런데 도읍지인 웅진지역에도 영산강유역의 전방 후원형 무덤과 동일한 성격, 즉 전혀 이질적인 것으로 판단할 수 있는 무덤이 남아 있는데 공주 단지리 횡혈묘가 그것이다.

단지리 횡혈묘는[24] 웅진의 중심지에서 북서쪽 약 5km 정도 거리에 있지

---

24) 忠淸文化財硏究院, 2006, 『公州 丹芝里 遺蹟』.

만, 입지한 지역은 금강
이 남쪽을 가로막고 있
어 도읍지와 격리된 지
역으로 볼 수 있다. 무
덤은 금강의 지류인 유
구천 하류지역의 북단
에 자리한 성재산, 단
지리 토성이 있는 산의
남동쪽 경사면에 남아
있는 것이다. 도로부지
의 범위에 한정되어 발
굴조사된 무덤군은 백
제시대의 석실묘 18기,

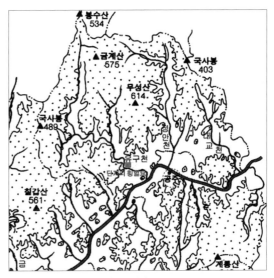

그림 8  공주 단지리 횡혈묘 위치도  충청문화재연구원,
2006. 『공주 단지리 유적』. p.5 도면 재작성

옹관묘 2기와 함께 24기의 횡혈묘가 군집을 이루고 있음이 확인되었다. 특히
횡혈묘는 어느 정도 경사가 있는 산릉 돌출 부위에 3~4기씩 군집되어 4개의
그룹으로 구분되기도 한다.

단지리 횡혈묘는 산 경사면에 횡으로 굴을 파서 매장시설을 갖추는 묘제로,
묘도부와 묘실의 입구 그리고 묘실로 구성된 것이다. 묘도부는 묘실의 입구에
이르는 길로 경사면을 절개하듯이 잘라 만든 것이 기본인데 바닥은 내리막 경
사를 이루는 형태로만 남겨져 있다. 그리고 묘실 내부로 통하는 입구는 묘도
를 조성하기 위하여 산 경사면을 수직으로 절개한 면에 만들고, 대체로 말각
장방형이나 타원형의 형상으로 기다란 판석이나 할석을 기대어 폐쇄한 상황
이다. 나아가 입구의 안쪽에 조성된 묘실은 평면이 방형이나 장방형이 기본이
나 말각 방형도 있는데 입구에서 본 장방형의 평면은 종장식이나 횡장식도 있
어 규칙적이지는 않다. 더불어 묘실의 벽체는 일정한 범위까지는 수직으로 올
리지만 상단의 천장부분은 둥그렇게 마무리하는 것이 보통이고, 묘실의 규모
는 지름 3m 내외로서 백제 무덤으로서 보통의 규모로 추정할 수 있다.

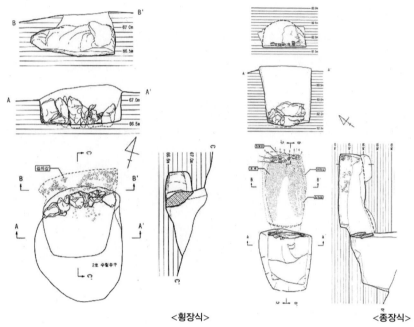

<횡장식>                    <종장식>

그림 9  단지리 횡혈묘  忠清文化財研究院, 2006, 『公州 丹芝里 遺蹟』 도면 재편집

단지리 횡혈묘에서는 비교적 다양한 유물이 확인되었으나, 대부분 토기류이고 이외는 철제품이나 금동제 귀걸이가 있을 뿐이다. 토기의 경우 심발형토기를 비롯하여 각종 항아리와 백제 특유의 삼족토기, 개배와 고배, 병형토기와 대부완 등의 기종이 확인된다. 철제품은 도끼 외에 낫과 손칼 등이 있는데, 대체로 농공구로 분류될 수 있는 것일 뿐으로 무기류는 거의 부장되지 않았던 것으로 확인된다. 이들 유물은 특히 토기류의 기종이나 기형으로 미루어 5세기 후반에서 6세기 전반 즉 웅진도읍기의 것으로 편년되기도 한다.[25]

백제묘제로서 횡혈묘는 다소 이질적인 것이다. 물론 비슷한 유형의 무덤도

---

25) 李浩炯, 2008, 「公州 丹芝里 橫穴墓群을 통해 본 古代 韓日交流」 『韓國古代史研究』 50, 韓國古代史學會.

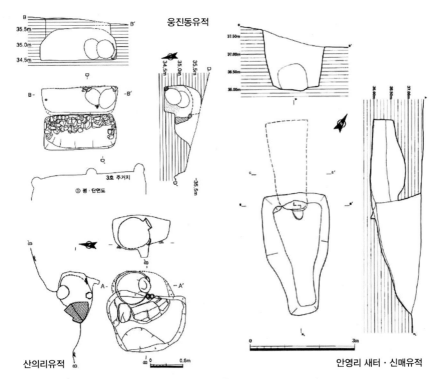

그림 10 **백제의 횡혈묘** 公州大學校博物館, 2002, 『산의리 백제고분』과
忠淸埋葬文化財硏究院, 2003, 『公州 安永 里 새터·신매 遺蹟』의 도면 재편집

없지 않은데, 도읍지인 웅진의 주변지역에서 발견된 것들로 웅진동 횡혈 옹관
묘라던가[26] 안영리,[27] 그리고 산의리 유적에[28] 남겨진 횡혈묘 혹은 횡혈 옹
관묘를 꼽을 수 있다. 이중에서 안영리 새터 유적의 횡혈묘만이 단지리 횡혈
묘와 비교적 유사한 것으로 볼 수 있지만, 나머지는 산 경사면에 매장부를 횡

---

26) 公州大學校博物館, 2007, 『公州 熊津洞 遺蹟』.

27) 公州大學校博物館, 2002, 『安永里遺蹟』.

28) 李南奭, 2002, 『山儀里 百濟古墳』, 公州大學校博物館.

혈로 조성한 것으로 대부분 그 안에 옹관을 안치한 것으로 차이가 있다. 특히 웅진동 횡혈 옹관묘의 경우 어느 정도 규모를 갖추고 있으면서 여러 개의 옹관을 안치한 특징이 있는 것이기도 하다. 이들 백제 횡혈묘의 잔존현황을 종합하면, 단지리 횡혈묘는 백제묘제의 범주에서 보면 매우 이질적 존재라는 것을 알려줄 뿐이다. 따라서 백제묘제의 범주에서는 단지리 횡혈묘의 변화·변천뿐만 아니라 그 존재현황마저도 짐작키 어렵다.

그런데 일본열도의 북구주 지역에는 횡혈묘가 다수 존재하기에 그와 대비하여 검토가 이루어지기도 한다.[29] 본래 일본의 횡혈묘는 횡혈식 묘제의 영향으로 5세기 무렵 규수 북동지역에서 출현하였고, 지역적 편재를 보이긴 하지만 일본열도 각지로 전파되어 성행하는데, 나라시대를 넘어 헤이안시대까지 성행한 묘제로 인식된다.[30] 무덤의 형태는 시기에 따라 차이는 있지만 단지리 횡혈묘처럼 묘도부와 묘실의 입구, 묘실로 구분할 수 있다. 초기의 모습은 단장묘의 형태로 조성되지만, 시간이 지나면서 하나의 묘도에 여러 개의 묘실이 이어진다.[31] 부장품 또한 시기나 지역에 따라 차이가 있는데, 토기 등의 보편적 유물만 출토되어 단지리의 유물 부장환경과 크게 다르지 않다. 단지리 횡혈묘의 축조주체는 전방후원분과 같은 수장급과는 차이를 드러내 보다 낮은 계층의 무덤으로 보아야 할 것이다.

한편, 단지리 횡혈묘의 존재 의미도 앞서 본 전방후원형 무덤과 크게 다르지 않다. 그것이 도읍지와 매우 가까운 지역에 20여 기가 하나의 단위군을 이루면서 분포하고 있다는 사실은 나름의 존재 특성을 보여주기 때문이다. 그리고 이 묘제를 백제의 고유묘제로 볼 만한 근거는 많지 않으며, 오히려 5세기 무렵에 북구주에서 비롯된 이후 일본 전역으로 확산된 지하 횡혈묘와 대동소

---

29) 李浩炯, 2008, 앞의 글.
30) 박천수, 2011, 『일본 속의 고대 한국문화』, 진인진.
31) 池上悟, 1984, 『橫穴墓』, ニュー・サイェンス社.
    _____, 2004, 『日本橫穴墓の形成と展開』, 雄山閣.

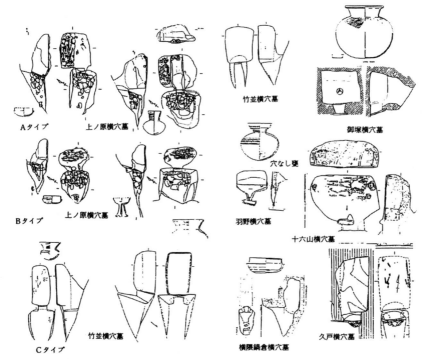

**그림 11  일본의 횡혈묘 <북구주 초기 횡혈묘>**
  忠淸文化財硏究院, 2006, 「公州 丹芝里 遺蹟」, p.381 도면 재인용

이하다는 사실이 주목되어야 할 것이다. 물론 무덤간에 구조속성이라든가 유물의 갖춤새에서 부분적인 차이는 있지만, 그것은 축조환경의 차이에서 기인하는 것일 뿐 축조주체의 성격을 달리하는 속성으로 보기는 어려운 것이기도 하다.

따라서 단지리 횡혈묘는 백제묘제로써 이질적인 존재라는 사실 외에, 이들이 짧은 기간에만 존속하였다는 정황을 토대로 횡혈묘를 사용하는 집단들이 일시적으로 웅진지역에 거주한 결과 남겨진 것으로 볼 수 있을 것이다. 또한 단지리 횡혈묘가 일본의 횡혈묘와 묘제적으로 대동소이한 것이기에 잠정적이지만 그 축조주체를 일본열도에 기반을 둔 왜인 집단으로 보아야 할 것인데,

문제는 이 무덤이 어떻게 웅진지역에 남겨지게 되었는가라는 점이다.

사실, 단지리 횡혈묘는 5~6세기대 일본 열도의 묘제환경으로 미루어 고품격의 무덤으로 보기는 어렵고 오히려 하층민의 것으로 봄이 일반적이다. 이는 동시기의 것으로 판단되는 영산강유역의 전방후원형 무덤에 견주어 충분히 이해될 수 있는 것이다. 따라서 단지리 횡혈묘의 주인공은 신분이나 위계상으로 높지 않은 비교적 하층에 속하는 집단으로 보아야 할 것인데 웅진천도 전야는 물론이고 도읍기간에 그러한 왜인집단이 왜 도읍지 인근에 잔존하였는가를 알려주는 기록자료는 거의 확인되지 않는다. 이는 백제와 왜와의 긴밀한 관계에도 불구하고 『삼국사기』 등의 국내 문헌자료에 그 정황이 전혀 전하지 않는 것과 관련 있을 것으로 여겨지는 것이기도 하다. 다만 광개토대왕비와 같은 금석문,[32] 『일본서기』 등의 기록에는 백제와 왜와의 밀접한 관계를 보여주는 기사가 어느 정도 간취되는데, 특히 백제의 웅진도읍기를 전후하여 곤지를 비롯한 동성왕, 무령왕과 관련된 기록을 토대로 그들과 동행했던 왜인 집단도 고려될 수 있을 것이다.

직접적 기록으로 『일본서기』에 남겨진, 말다왕과 함께 웅진에 이르렀다는 5백여 명의 군대를 주목할 수 있지 않은가 여겨진다.[33] 이 경우 말다왕을 동성왕으로 보아 동성왕의 출자를 왜와 관련시킨 점은 의문이 없지 않지만, 백제의 웅진천도 전야에 왜의 군사집단이 웅진에 이르렀음을 보여주는 것이 단지리 횡혈묘가 아닌가 생각된다. 다만 문헌기록의 경우 역사인식이나 편찬방

---

32) 永樂 9年(399) 己亥에 百殘이 맹서를 어기고 倭와 화통하였다. 왕이 평양으로 행차하여 내려갔다. 그때 신라왕이 사신을 보내어 아뢰기를, "倭人이 그 國境에 가득차 城池를 부수고 奴客으로 하여금 倭의 民으로 삼으려 하니 이에 왕께 歸依하여 구원을 요청합니다"라고 하였다. 太王이 은혜롭고 자애로워 신라왕의 충성을 갸륵히 여겨, 신라 사신을 보내면서 계책을 돌아가서 고하게 하였다는 기록이 그것이다.

33) 『日本書紀』 卷第十四 大泊瀨幼武天皇 雄略天皇 卅三年夏四月條 百濟文斤王薨 天王 以 昆支王五子中 第二末多王 幼年聰明 勅喚內裏 親撫頭面 誡勅慇懃 使王其國 仍賜兵器 幷遣筑紫國軍士五百人 衛送於國 是爲東城王.

침에 따라 기록 유무나 내용이 결정되는 것이기에, 특정 내용의 취사선택은 물론이고 기록된 내용에 대해서도 철저한 비판이 전제되어야 할 것이다.

## 4) 신흥세력과 백제의 새로운 도약

백제 지역에 이질적 왜계 무덤의 부침은 사용주체의 부침을 대변하는 것으로, 그것이 웅진천도 전야라는 격동기에 한정되고 있음에서, 5세기 말 무렵 요동치는 정치와 사회 정황을 짐작할 수 있다. 즉 왜계 무덤의 존재는 웅진천도 전야의 백제 정국에 구원군으로 동원되었던 다양한 세력이 등장하였음을 상징하는 것이기에 천도직후의 백제의 정치환경은 이들 신흥세력의 동향에 따라 변화를 거듭하였다고 볼 수 있을 것이다.

잘 알려져 있듯이 백제 웅진도읍기의 정치사적 의미는 남천 과정에서 야기된 혼란이 수습되고, 백제 후기의 성장 초석이 마련된 것에서 찾을 수 있다. 나아가 한성 후기 혹은 웅진 초반기와는 전혀 다른, 보다 안정되고 강력한 왕권이 구축된 것에서도 찾을 수 있을 것이다. 그리고 강력하고 안정된 왕권이 구축되었음은 상대적으로 왕권을 약화시키거나 제약하였던 장애요소 또는 환경이 완전히 제거되었음을 의미한다. 여기서 장애요소란 외부압력에 의해 붕괴된 통치체제의 복구능력 부족을 꼽을 수 있겠지만, 다른 한편으로는 통치체제 확립과정에서 권력 장악을 위한 여러 세력 간에 상존하는 갈등의 해소가 미흡하였던 것도 큰 요인일 것이다.

그리고 한성 말기에서 웅진도읍 초반부의 백제사회에서 왕권을 제약할 수 있는 요소는 무엇보다도 신흥귀족으로 표현되었던 구원군, 즉 웅진천도의 주체들로 볼 수 있을 것인데, 왕권의 확립이나 강화는 이들 천도 주체세력을 제압하거나 타협하면서 이룩되었을 것으로 봄에 문제가 없을 것이다. 그런데 앞서 살핀바 있듯이 웅진천도 직후의 백제는 남래한 중앙세력을 중심으로 국가

재건을 도모하지만 취약한 기반으로 실패하고, 대안으로 동성왕이 등장하는
데 배경에 신흥세력이 있음을 보았다. 따라서 동성왕 무렵의 정세는 신흥세력
을 중심으로 국가 운영이 이루어졌다고 볼 수 있을 것이기에 관련 기록을 통해
그 정황을 살펴 볼 수 있을 것이다.

『삼국사기』에 전하는 동성왕기의 정세는 23년간에 걸친 것으로 자신의 인
물평과 관직임명기사, 전쟁기사와 교빙기사, 일부 의례기사 외에는 대부분의
내용들이 축성과 전렵에 대한 기사가 중심을 이룬다.[34]

먼저 관직임명 기사는 병관좌평 진로와 내법좌평 사약사 그리고 위사좌평
백가와 연돌을 달솔과 병관좌평으로 보임하는 내용이 그것이다. 그리고 482
년에 말갈과 488년에는 위나라, 494년과 495년에는 고구려와의 전쟁기사가
있다. 대외 교섭기사로는 484년에 북제로 조공을 시작하였다는 것과 이듬해
신라에 사신을 파견, 486년의 남제 조공과 493년에 신라 비지의 딸과 혼인한
내용이 있다. 또한 축성기사는 486년의 우두성, 490년의 사현성과 이산성,
498년의 사정성, 501년 탄현의 목책 설치에 대한 사실이 전한다.

이외의 토목관련 기사로 486년의 궁실수리, 498년의 웅진교 가설, 500년
에 임류각을 건설한 내용도 전한다. 한편 483년 한산성 전렵과 웅진 북쪽 뜰
에서 사냥을 시작으로 490년 사비, 492년 우명곡, 500년의 사비동원과 웅천
북쪽의 뜰에서, 그리고 사비 서쪽의 뜰에서 전렵 혹은 사냥하였다는 기사가
있다. 나아가 486년 궁의 남쪽에서 군대를 사열한 기사가 있고, 489년에 풍

---

34) 『三國史記』卷第二十六 百濟本紀 第四 東城王條 기사 중 축성 및 전렵관련 기사가 확인
된다.
　■ 五年 春 王以獵出至漢山城 撫問軍民 浹旬乃還 夏四月 獵於熊津北 獲神鹿
　■ 十二年 秋七月 徵北部人年十五歲已上 築沙峴耳山二城 九月 王田於國西泗沘原 拜燕
　　突爲達率 冬十　一月 無氷
　■ 十四年~冬十月 王獵牛鳴谷 親射鹿, 二十三年~七月 設柵於炭峴 以備新羅 八月 築
　　加林城 以衛 士佐平苩加鎭之 冬十月 王獵於泗沘東原, 十一月 獵於熊川北原 又田於泗
　　沘西原 阻大雪 宿於馬浦村

년이 들었고 따라서 해촌인이 벼를 바쳤다는 사실과 함께 천지신께 제사한 사실을 전하는데 더불어 남단에서 연회를 베풀었다는 기록도 있다. 491년 웅천이 범람하여 왕도의 민가 200여 채가 떠내려갔다거나 굶주린 백성 600여 호가 신라로 탈출하였다는 내용, 499년에는 흉년으로 도적이 들끓는데 구제를 거부하는 동성왕의 행위와 함께 한산인이 고구려로 달아난 사실도 적고 있다. 말미에는 사냥기사와 함께 동성왕이 백가에 의해 살해된 정황을 적고 있다.

이상의 내용은 동성왕 재위 23년간에 대한 기록으로 재위기간에 일어날 수 있는 지극히 평범한 사실들이 골격을 이루고 있음을 알 수 있다. 비교적 긴 23년이라는 재위기간에 상응하는 많은 기록이 남았다고 볼 수는 있는데, 다만 국가적 위기 속에 감행된 웅진천도 등 긴박한 정황을 수습하면서 나타날 수 있는 당시의 정치 환경을 가늠할 만한 내용은 거의 발견되지 않는다는 아쉬움은 있다. 물론 『삼국사기』란 역사서가 당대의 역사를 어떻게 인식하고 정리하였는가에 대한 문제와 관련될 수 있겠지만, 동성왕 재위기간에 대한 기록은 전제 왕권적 군주가 일상적으로 진행하는 지극히 평범한 통치 행위로 볼 수 있는 것들만이 전할 뿐이다.

그런데 웅진천도 초기에 반복하여 나타나는 구세력이나 신흥세력의 동향을 살필 수 있는 언급이 부분적으로 있음은 주목된다. 즉 초기에 전통적 백제 중앙세력이었던 진씨의 관등 임명기사가 나오지만 점차적으로 신흥세력인 사씨나 연씨의 관등 임명기사가 증가하고 있음이 그것이다. 이는 동성왕 무렵에 이르면 구세력의 약화 속에 정치의 전면에 신흥세력이 나서는 것으로 볼 수 있지 않은가 여겨진다.

사실, 백제의 전통적 지배세력은 부여씨인 왕실세력 외에 해씨와 진씨가 중심을 이루고 있었는데, 이들은 웅진천도 후에도 흔적을 드러내지만 정치적 입지에 상당한 변화를 가져오는데, 한성 함락이 개로왕의 피살만이 아닌 왕족의 괴멸과 중앙 지배세력의 붕괴로 이어져 상대적으로 취약한 기반과 무관치 않은 것임을 보았다. 반면에 지방세력, 즉 지방에서 구원군으로 동원되어 웅진천도를 주도하면서 자연스럽게 붕괴·해체된 중앙 지배세력을 대신한 신흥세력이 정치의 전면에 나서게 된 것이다.

신흥세력은 중앙으로부터 위세품을 하사받던 수장층으로 담로로 대표될 수 있는 각 지역의 토착세력들로 신흥세력으로 부상한 것은 웅진천도라는 급박한 정세에 편승한 것임은 물론이다. 고구려의 침략에 백제는 각지의 구원군 동원에 나섰고, 『삼국사기』에 기록된 신라병 1만명처럼 각지에서 군대의 동원을 추정할 수 있다. 물론 백제가 군사적 위협에 대처하기 위하여 주변에서 구원군을 동원한 것은 상비군 운영이 어려운 고대국가의 군사적 환경으로 미루어 납득이 어렵지 않다. 더불어 동원대상은 백제의 요청에 따라 군사력을 제공할 의무가 있는 지역 혹은 세력집단이었을 것인데, 당시 백제의 국제적 위상으로 미루어 한반도 남부지역만이 아니라 일본 열도까지가 동원범위였을 것으로 판단된다. 특히 담로로써 위세품을 통해 백제와 상호관계를 맺던 세력집단들은 우선적 대상이었을 것인데, 구원군을 보낸 신라는 물론이고 당시 동아시아 정세 속 백제의 위상으로 볼 때 가야나 왜까지 구원군의 범위에 해당되는 것은 당연할 것이다.

결국 한성도읍기의 지방세력들이 구원군으로써 전쟁에 참여한 것을 기회로 신흥세력으로 부상하였음을 알 수 있다. 이들 신흥세력은 웅진으로 천도한 이후에 등장하는 다양한 성씨가 그들일 것으로, 문헌기록에는 사씨와 목씨, 연씨와 백씨 등이 나타나지만 이보다 더 많고 다양한 주체세력이 존재하였다고 보아도 문제가 없을 것이다. 앞서 살핀 것처럼 영산강유역의 전방후원형 무덤이나 웅진 인근의 횡혈묘의 존재는 백제 웅진천도 전야에 나타난 왜 집단의 움직임을 보여주는 증거들이기에 백제의 구원군으로 왜 세력까지 동원되었음을 알게 하는 것이다.

아무튼 천도의 주도세력인 지방세력들이 신흥세력으로 분류되는 것처럼 중앙 정계에 진출하여 중앙세력이 되었고, 이들은 웅진도읍 초반부의 정권에 참여하면서 서로 자웅을 겨루었던 것으로 봄에 문제가 없을 것이다. 물론 이즈음 중앙세력으로 편제된 지방세력들은 구원군으로 참여한 여러 세력이 망라되었을 것이고, 이해관계에 따라 서로 간에 이합집산이 계속되면서 권력투쟁이 전개되는데, 이러한 사실은 웅진도읍 전반기의 연 이은 왕의 피살, 혹은 반란 등이 이를 반증하는 것이 아닌가 생각된다.

웅진천도 직후의 정치동향을 상징적으로 보여주는 것이 아마도 곤지라는 인물의 동향일 것이다. 곤지는 왜와 관련하여 주목되는 인물이기도 한데, 문주왕 3년에 내신좌평으로 임명되었지만 얼마 후에 사망한 인물이다. 특히 곤지의 행적으로 개로왕이 북위에 보낸 국서에 좌현왕에 책봉된 여곤이란 사람을 곤지로 추정하기에[35] 상당한 실력자였음을 알 수 있다. 또한 개로왕의 아들로서 문주왕의 동생일 뿐만 아니라 동성왕의 부친으로 알려진 인물이기도 하다.[36] 곤지는 『일본서기』 등 왜와 관련된 사서에 자주 등장할 뿐만 아니라 무령왕의 부친임을 암시하듯이 기술되듯이 상당히 중요한 인물로 묘사되고 있다. 특히 곤지가 서기 461년에 왜에 사절로 파견되는 기사가 있는데,[37] 이를 통해 곤지는 백제 왕실의 2인자 위치에 있으면서 왜와 밀접한 관계를 맺은 인물로 볼 수 있게 한다. 사실 백제에게 왜는 매우 중요한 교섭상대였기에 백제에서 제2인자에 해당되는 곤지가 외교의 전면에서 왜와의 관계를 유지하였다고 볼 수 있기는 하다.

이러한 곤지가 웅진천도 직후에 그 존재를 드러낸다. 사실 백제는 475년 고구려의 한성 침공으로 개로왕의 피살과 함께 왕족의 대다수가 죽거나 포로가 되었는데, 문주의 경우도 지방으로 구원군 모집에 나섰기에 화를 모면한 것이 아닌가 여겨질 정도이다. 그런데 문주는 태자로 표현되었듯이 개로왕 정국에서 중요한 인물이었음에도 구원군 모집에 나선 것이다. 이로 보면 곤지

35) 梁起錫, 1989,『百濟專制王權成立過程硏究』, 檀國大學校 大學院 博士學位論文.

36) 李道學, 1984,「漢城末 熊津時代 百濟王系의 檢討」『韓國史硏究』45, 韓國史硏究會, 4~17쪽.

37) 『日本書紀』卷14, 大泊瀨幼武天皇 雄略天皇 五年, "…乃告其弟軍君[昆支也]曰. 汝宜往日本以事天皇. 軍君對曰. 上君□命不可奉違. 願賜君婦而後奉遺. 加須利君則以孕婦…"

처럼 중요인물, 그것도 왜와 밀접한 관계를 유지하고 있던 인물도 구원군 동원을 위해 왜에 보냈기에 전쟁의 피해를 모면하였을 것이다. 그러나 구원군과 함께 돌아왔지만, 한성은 이미 함락되었을 뿐만 아니라 왕실도 웅진으로 천도한 후였던 것이다. 이후 혼란된 정국을 수습하기 위해 문주왕은 가장 측근인 곤지를 내신좌평에 임명하여 한성 지배세력 중심의 정국운영을 도모하나 신흥세력의 견제와 같은 한계로 사망에 이른 것으로 볼 수 있을 것이다.[38]

곤지의 사망과 문주왕의 사망, 그리고 삼근에 이어 동성왕의 등장은 신흥세력의 득세속에 이루어진 것으로 이후 정국은 이들 신흥세력의 주도하에 운영되었을 것으로, 23년간이란 비교적 긴 시간동안 동성왕이 재위한 것은 이들 신흥세력의 균형속에 가능하였던 것이 아닌가 여겨진다.[39] 그러나 백가에 의한 동성왕의 살해는 그러한 균형의 붕괴를 의미하는 것으로 볼 수 있지 않은가 판단된다.

그런데 무령왕이 등장할 즈음에 백제는 동성왕 및 백가세력 등의 제거를 통해 권력투쟁이 일단락되고 국왕중심의 정권 창출을 통해 정치적 안정이 이룩된 것으로 보아야 할 것이다. 이를 기회로 무령왕의 재위기간이 왕권확립 혹은 강화, 국력 증진의 과정에 접어든 것이 아닌가 여겨진다. 이는 웅진천도를 기회로 새롭게 백제의 지배세력으로 등장하였던 신흥세력, 즉 구원군 세력의 통합 혹은 소멸을 가져오면서 자연스럽게 무령왕을 중심한 유일 권력체제가 자리 잡은 것으로 결론할 수 있을 것이다.

요컨대 고구려의 한성 침공과 그에 따른 웅진천도라는 역사적 사건을 기회로 백제사회는 신흥세력으로 지칭되는 지방의 구원군이 대거 중앙에 진출하고, 그에 따른 정정의 불안이 계속되지만 지방사회는 여전히 한성 말기에 조

---

38) 곤지의 사망에 대해서는 『三國史記』 卷26, 百濟本紀 第 4, 文周王 三年, "秋七月, 內臣佐平昆支卒."의 기록이 있다.

39) 오히려 동성왕대의 백제 정국은 신구세력의 조화를 통해 정국의 안정을 도모하였다는 견해가 일반적이긴 하다.

성된 환경, 즉 신흥세력인 구원군 중심의 정치·사회적 독자성이 유지되었던 것으로 보아야 한다. 그러다가 무령왕 등장을 즈음하여 이루어진 국왕중심의 권력통일은 결국 신흥세력의 붕괴 혹은 소멸을 가져왔고, 이는 자연스럽게 독자성을 유지하던 지방사회와 중앙간의 이원성이 소멸되면서 백제가 국왕 중심으로 일원화되었음을 추정할 수 있다. 웅진 말기 혹은 사비시대 초기에 나타나는 통치제도로서 22부사제의 마련이나 5부 5방제와 같은 제도정비가 이를 반영하는 것으로 볼 수 있다.

## 5) 맺음말

5세기 후반 무렵 고구려의 백제 한성 침공으로 야기된 정치·사회적 파장은 당시 백제 지방사회의 고고학적 환경에도 커다란 변화를 일으킨다. 특히 웅진천도와 함께 금강유역에 새로운 고고학적 환경이 조성되는 것도 그중의 하나이다. 이외에 또 주목되는 것은 영산강유역인 호남지역과 도읍지 웅진 인근에 등장하는 왜계 무덤으로, 영산강유역의 소위 전방후원형 무덤과 도읍지 웅진에 남겨진 횡혈묘가 그것이다. 이처럼 새로운 고고학적 환경의 형성은 그에 상응된 정치·사회 환경의 변화 결과로 볼 수 있다.

백제의 웅진도읍기 정치사의 특징은 신흥세력의 대거 등장에서 찾을 수 있다. 이들은 웅진천도 과정에서 중앙에 진출한 세력으로 한성에 침공한 고구려군과 싸우기 위해 백제의 지방에서 동원된 구원군들이다. 기록상에는 신라 구원군 1만명이 알려져 있지만, 백제의 통할하에 있던 지방, 즉 마한지역은 물론이고 가야지역, 일본열도의 왜 집단에서도 구원군이 동원되었을 것으로 추정하기 어렵지 않다. 이는 당시 동아시아 정세 속의 백제 위상과 백제와 왜가 오랫동안 밀접한 관계를 유지하였다는 사실, 특히 백제의 군사적 위기 시에 왜의 구원군이 자주 등장함에서 알 수 있다.

전방후원형의 무덤이나 횡혈묘는 왜계 무덤으로 특정지역, 특정시기에만 존재한다. 이러한 존재특성은 무덤 축조주체의 역동성을 보여주는 것이기도 하다. 사실 고구려 침략에 의한 한성 함락은 한성기 백제 국가체제의 붕괴를 의미한다. 나아가 웅진천도는 신흥세력의 등장에 따른 국가체제의 변화를 가져와 이후 새로운 사비시대의 발판을 마련하게 된다. 그 배경은 천도과정에서 새로운 정치세력이 형성되고, 중앙과 지방으로 이원화되었던 정치세력이 일원화를 이루면서 집권적 통치체제를 마련케 되는데 그 중심에 구원군인 다양한 신흥세력 즉 왜계 무덤을 축조한 주체와 같은 세력이 있었다고 보는 것이다.

　백제 웅진천도의 정치사회적 특징은 신흥세력의 등장과 이에 따른 백제의 새로운 국가체제의 전개로 귀결될 수 있다. 한성도읍기의 지방세력을 중심으로 구축된 담로체제는 지방세력이 구원군으로써 중앙으로 진출함에 따라 신흥세력으로 전환된다. 신흥세력 중심의 새로운 지배체제의 구축은 종전의 중앙과 지방으로 이원화되었던 체제의 일원화를 의미하는 것이다. 그것은 담로체제가 방군성체제로의 전환을 의미하며, 이로써 백제는 명실상부한 중앙 집권적 국가체제를 구축하였다고 볼 수 있다.

# 3. 백제의 웅진정도와 공산성

.
.

## 1) 머리말

공산성은 백제의 도읍지 웅진에 자리한 산성이다. 백제시대에는 웅진성이라 불렸지만 신라시대는 웅천성, 고려시대는 공주산성, 조선시대에는 쌍수산성이란 별칭으로 불리었듯이 각 시대마다 중심 거성으로 기능한 것을 알 수 있다. 특히 백제의 웅진천도 이후에는 하나의 산성임에도 도성은 물론이고 왕성으로 기능한 것으로 확인된다. 따라서 공산성 즉 백제의 웅진성은 도읍지 내거성으로서 드러난 위상을 통하여 웅진도읍기 역사를 가늠할 수 있게 한다.

이 공산성은 백제문화권개발사업의 일환으로 1980년도 이후부터 진행된일련의 발굴조사를 통해 백제의 웅진성으로, 나아가 도읍지 내 거성이면서 왕성의 면모를 구체화할 수 있게 되었다. 그동안 발굴조사된 성내의 다양한 유적은 백제문화의 실상을 적나라하게 보여줄 뿐만 아니라 거기에는 웅진시대 백제의 긴박한 정황이 그대로 함축되어 있는 것으로 볼 수 있는데, 산성이지만 성내에 왕궁 등의 다양한 시설이 갖추어져 있다는 특징도 지적할 수 있을 것이다.

사실, 백제의 웅진천도가 국가적 위기 속에 이루어진 것은 주지된 사실이

그림 1 공주와 공산성

다. 그리고 천도자체가 준비된 것이 아니기에 웅진도 사전에 도읍의 면모가 갖추어진 것은 아니라고 보아야 할 것이다. 때문에 도읍의 면모는 점진적으로 갖추어졌다고 볼 수밖에 없는데, 그러한 정황은 도읍지에 남겨진 백제시대 유적의 대부분이 천도 이후에 마련된 것에서 알 수 있기 때문이다. 그 대표적 사례가 웅진성인 공산성일 것인데, 이 유적은 웅진시대 백제의 과도기적 성격이 그대로 함축되어 있을 뿐만 아니라 웅진시대 백제문화의 집약처로 볼 수 있는 것이기도 하다.

공산성은 백제 웅진성으로서의 중요성으로 다양한 검토를 진행한 바가 있다.[1] 특히 웅진도읍기의 도읍지 환경을 이해하는 척도로서 도성이나 왕성과 관련한 언급이 적지 않은데, 도성이면서 왕성으로서 특수한 기능을 인정하는 데 주저하지 않는다.[2] 따라서 웅진성인 공산성의 이해는 백제 웅진도읍기 도성이나 왕성의 이해로 직결될 수 있다. 다만 웅진성을 도성으로 볼 경우 천도 직후 도읍의 정황, 왕성일 경우 성내의 어떤 시설이 왕궁인가의 판단이 필요하기는 하다.

기왕의 공산성 현황검토 결과를 토대로[3] 백제 웅진성으로서 공산성의 타당

---

1) 李南奭, 1999, 「百濟 熊津城인 公山城에 對하여」『馬韓·百濟文化』14, 圓光大學校 馬韓·百濟文化研究所.
   李南奭, 2002, 「公州 公山城內 百濟 推定王宮址」『百濟文化』30, 公州大學校 百濟文化研究所.
   李南奭, 2007, 「百濟 熊津 王都와 熊津城」『馬韓·百濟文化』17, 圓光大學校 馬韓·百濟文化研究所.
   李南奭, 2013, 「百濟王都속의 熊津城」『馬韓·百濟文化』21, 圓光大學校 馬韓·百濟文化研究所.
2) 이남석, 2012, 『공주 공산성』, 공주시·공주대학교박물관.
3) 공산성 발굴조사의 현황은 다음의 보고서를 참고할 수 있다.
   安承周, 1982, 『公山城』, 公州師範大學 百濟文化研究所.
   安承周·李南奭, 1989, 『公山城內推定王宮址發掘調査報告書』, 公州師範大學博物館.
   安承周·李南奭, 1992, 『公山城 建物址』, 公州師範大學博物館.
   安承周·李南奭, 1999, 『公山城池塘』, 公州師範大學博物館.

성을 살펴보고 나아가 성내의 유적조사 현황을 재점검하여 유적으로서 공산성의 면모를 간추려 보겠다. 더불어 왕성과 관련하여 최근에 조사된 성안마을 백제유적과[4] 추정 왕궁지의 유적을 대비 검토하여 각각의 성격이 무엇인가도 판단하여 보고자 한다.

## 2) 도읍 웅진과 웅진도성

웅진은 서기 475년 백제의 천도를 계기로 백제의 왕도로 부상된 도시이다. 당시 고구려의 군사적 침략으로 첫 번째 도읍지 한성은 철저하게 파괴되어 더 이상 도읍으로서 역할을 기대하기 어려웠다. 이에 웅진으로 천도를 단행함에 따라 웅진이 일약 한나라의 중심 도읍으로 자리하게 된 것이다. 사실, 새로운 도읍지 웅진이 본래부터 도읍의 면모를 갖추고 있었던 것은 아니다.

웅진천도는 한성함락이라는 긴박한 상황에서 구원군이 한성에 이르렀으나 파괴로 더 이상 도읍으로 기능하기 어렵다는 판단 하에 남쪽으로 천도할 수밖에 없었던 것이다. 물론 천도의 주도는 구원군으로 동원된 지방세력으로 보아야 하고, 그들의 이해관계 속에서 황급하게 웅진이 도읍으로 선정된 것이기도 하다. 그런데 새로운 도읍 웅진은 준비된 도시였다고 보기는 어렵고, 오히려 천도 후에 도읍의 면모가 점진적으로 갖추었을 것이란 판단이 웅진지역에 남겨진 고고학자료를 통해 추정되기도 한다.

백제가 웅진에 도읍한 기간은 64년간으로 역사적으로 보면 그리 긴 시간은 아니다. 그러나 이곳에 도읍하던 시기에 다양한 정치적 사건을 겪으며 혼란된 정국을 수습하고 이를 바탕으로 국력부흥과 찬란한 발전을 이룩하는 등, 국

---

4) 공산성 성안마을 백제유적에 대해서는 다음의 (약)보고서를 참고할 수 있다.
　忠淸南道歷史文化硏究院, 2010, 『공주 공산성 성안마을 유적』.
　공주대학교박물관, 2011~5, 「사적 제12호 공산성 성안마을내 발굴조사 약보고서」.

가의 흥망성쇠가 전개되기에는 충분한 시간이었다고 볼 수 있다. 때문에 비록 도읍의 선정이 황급하게 이루어졌다 하더라도 점차적으로 왕도로서 면모를 갖추었다고 봄에 문제가 없을 것이다. 그런데 도읍에 대한 일반적 인식은 왕궁을 비롯한 각종 시설이 마련될 뿐만 아니라 완벽한 방어시설을 갖추어 하나의 도성체제를 갖춘 것으로 보는 것이 일반적이다.

그런데 웅진이란 도읍은 비록 천도초기의 정황으로 미루어 처음에는 임기응변식으로 마련되었더라도 60여 년의 세월동안 점진적으로 왕도로서 면모를 갖추었다고 보아야 할 것이다. 다만 60여 년의 세월동안 갖추어진 도읍의 현황이 어떠하였을까라는 점은 여전히 의문으로 남는다. 도읍지 웅진의 범위가 어떠하고 도읍지는 어떤 형상을 갖추었으며, 어떻게 운영되었는가의 의문이 그것이다. 관련기록이 거의 전무하기에 유적·유물이나 혹은 자연 환경을 통해 그 대강의 모습을 살필 수 있을 뿐이다.

먼저 도읍의 범위에 대해서이다. 사실, 웅진은 지금의 공주지역 특히 시가지를 위요한 중심지에 해당한다고 볼 수 있다. 이 지역은 금강유역의 분지에 해당되며 사방이 산으로 둘러싸여 있다. 특히 북쪽은 금강이 가로 막고 있으며 중간지역은 작은 하천인 제민천이 남에서 북으로 관통하는 형국이다. 때문에 분지 내 지역은 제민천 일원만이 평지로 남겨져 있을 뿐, 이외는 비교적 험준한 산지나 구릉

그림 2  웅진과 공산성

지로 이루어져 있다. 더불어 제민천 주변의 평지 또한 금강이란 큰 하천과 지나치게 인접하고 있어, 천변의 늪지대 혹은 낮은 저지대이면서 침수지역이기도 하다. 결국 웅진의 자연·지리적 환경은 도읍지의 범위를 금강변 분지 내, 그것도 금강 남쪽의 현재 시가지 내로 한정시킬 수밖에 없어 지나치게 협소하다는 것을 알 수 있다. 특히 제민천변의 가용 면적이 아주 협소하기에 이를 포함한 도읍지의 구조를 구체화하기 어렵게 한다.

웅진이란 도읍의 범위를 유적과 유물을 통해 살필 수 있을 것인데, 이전에 검토가 진행된 바 있고, 나성의 존재를 추정하여 도성의 현황을 이해한다거나,[5] 주변에 넓게 산포되어 있는 산성을 근거로 왕도의 범위를 추정하였던 것이[6] 그것이다. 그러나 나성의 존재는 단지 추정적인 것으로 그 실체를 확인할 수가 없지만, 주변 산성의 분포상을 토대로 왕도의 범위 추정한 것은 나름의 타당성을 갖춘 것으로 볼 수 있다. 이러한 방법은 20여 개의 산성이 웅진성인 공산성을 중심으로 일정한 간격으로 사방에 배치되어 있음을 근거로 한 것이며, 배치된 주변산성의 내부를 도읍지로 추정한 것이다. 그러나 이러한 추론도 주변 산성이 모두 백제시대의 것인가라는 의문과 산성을 대체로 교통로에 이중으로 설치하는 경향이 있기에 산성의 배치형상으로 도읍의 범위를 획정할 수 있는 절대적 증거로 삼기가 어렵다는 한계가 있다.

백제의 웅진도읍기에 조성된 유적의 대부분이 금강을 경계로 그 남쪽에 밀집된 특징을 보인다. 물론 북쪽에 위치하는 취리산 유적이나 시목동 고분군, 수촌리 고분군 등과 일부 산성도 있다. 그러나 상대적으로 수적 열세가 두드러질 뿐만 아니라 조성시기도 백제가 웅진으로 천도하기 이전의 것들로, 남쪽에 위치하는 유적들과 차이가 있다. 반면에 강의 남쪽에 있는 유적들은 비교

---

5)  輕部慈恩, 1972, 『百濟遺蹟の硏究』, 吉川弘文館.
    兪元載, 1993, 「百濟熊津城 硏究」『國史館論叢』 44, 國史編纂委員會.
    李南奭, 1999, 앞의 글.
6)  兪元載, 1993, 앞의 글.

적 밀집상을 보이면서 대부분 웅진천도 이후로 편년되는 것들만이 집중되어 있다. 결국 이러한 정황은 금강을 경계로 남쪽이 천도 후의 도읍지 중심이란 사실을 알 수 있게 한다.

한편, 웅진은 백제의 두 번째 도읍지로서 도성으로 구분되기도 한다. 『삼국사기』에는 한나라의 중심인 수도와 유사한 의미를 나타내는 표현들이 보이는데, 고구려에는 경도와 왕도가 있으며 신라는 경성이라든가 경도와 경사, 도성이나 왕도, 왕경의 표현이 있고, 백제는 왕도와 도성 그리고 왕성 등의 용어가 사용된다.[7] 다만 이러한 용어가 기록된 『삼국사기』의 찬자가 용어사용에 대한 엄격한 기준을 갖고 있었는지 아니면 실제 도성제 원리에 대한 객관적 개념이 있었는지에 대해서는 알 수가 없다. 그러므로 도성에 대한 정의를 왕이 거주하는 왕성을 직접적으로 가리키거나 혹은 왕의 거처를 포함한 정치·경제, 사회·문화의 중심지 전체를 가리키는 의미로 받아들여도 문제가 없을 것이라 여겨진다.

사실 도성이란 문자 그대로를 놓고 보면 도(都)를 둘러싼 성(城)이란 뜻으로 이해된다. 이러한 점에서 우리나라를 포함한 한자 문화권에서는 '국(國)'이라는 글자 자체가 상형하는 것 역시 내외 2개의 성으로 이루어진 특수한 취락유형을 의미하는 것이다. 바깥의 '국(口)'은 국가를 보호하는 시설이고, 내부의 작은 '국(口)'은 왕이나 최고 귀족 계층이 거주하는 왕궁을 나타낸다.[8] 성벽으로 둘러싸인 도시 가운데 왕이 거주하는 왕궁이 있고, 왕의 조상들에 대한 제사를 드리는 신전인 종묘, 국가의 경제적·사상적 기초를 이루는 토지와 곡식의 신을 제사하는 사직을 가진 도시를 도성이라 부르는 것이 일반적이다. 또한 도성은 왕이 상시 거주하는 왕궁과 왕궁을 포함한 지배 공동체의 생활공간, 뿐만 아니라 정치·경제·문화의 중심지인 실제 수도의 공간을 나타

---

7)  金英心, 1998, 「百濟의 支配體制 整備와 王都 5部制」 『百濟의 地方統治』, 학연문화사.
8)  이형구, 2004, 『백제의 도성(都城)』, 주류성.
    박순발, 2010, 『백제의 도성』, 충남대학교출판부.

내는 말이기도 하다. 문제는 웅진이 이러한 도성의 조건을 갖추었는가라는 점이다.

백제가 한강유역에 머무를 즈음의 도성은 처음 하북 위례성에서 하남 위례성으로 옮겼으며, 서기 5년에 위례성에서 한성으로 옮긴 사실, 또한 근초고왕대에는 다시 한산으로 옮겼다는 기록이[9] 있다. 그러나 하북과 하남의 위례성, 한성과 한산의 상호관계나 그 위치와 범위, 성격에 대한 구체성이 결여된 상태이다. 그럼에도 위례성 혹은 한성과 한산은 백제의 도성으로 보아야 할 것이다. 온조왕이 처음 백제의 도읍으로 정한 위례성은 동명왕묘가 세워진 기록이 있고, 성문을 닫고 적을 방어할 수 있는 정도의 시설이 있었다. 한강의 남쪽에 목책을 세우고 맨 먼저 백성들을 이주시킨 후 궁성과 대궐을 세웠으며 이후 새로운 궁실의 건축, 왕실 조상의 사당 짓기, 천지에 제사하는 제단 만들기 등이 차례로 이루어진 것으로 전한다. 이어 인구가 늘어나자 도성의 규모가 점차 커져 남북과 동서의 4부를 나누어 구획하였음도 알 수 있기 때문이다.[10]

그러나 한성도읍기 백제의 도성구조가 구체적으로 어떠하였는가에 대한 의문은 여전히 남아 있다. 왕궁이나 각종 제사시설 및 관청 등의 존재는 추정할 수 있지만 왕성을 중심으로 외변에 곽을 설치한 형태, 즉 도성제로 분류할 수 있을 만큼 정연한 도시 시설이 갖추어졌는가에 대해서는 확인이 어렵다. 한성도읍기 왕성으로 볼 수 있는 풍납토성이나 몽촌토성의 존재외에 나성과 같은 외곽시설이 없는 것으로 보아 나름의 백제적 도성구조를 갖추고 있었던 것이 아닌가라는 추정에 머물 수밖에 없다. 한성 도읍시기의 정치·군사적 사건 전개과정에서 나타나는 남성과 북성의 존재에 착안하여 이 시기에 도성이 있

---

9) 河北에서 河南으로의 遷都는『三國史記』卷第二十三 百濟本紀 第一 溫祚王 十四年 "春正月 遷都…"의 기록. 그리고 한산으로의 移都는『三國史記』卷第二十四 百濟本紀 第二 近肖古王 二十六年 "…移都漢山"이 그것이다.

10) 余昊奎, 2002,「漢城時期 百濟의 都城制와 防禦體系」『百濟研究』36, 忠南大學校 百濟研究所.

고, 이들 남성과 북성
이 왕성으로 존재한다
고 보는 견해도 있지
만,11) 아직까지 백제
도성의 형상을 선명하
게 이해하기는 어려운
형편이다.

본래 도성은 내부
에 별도의 왕성을 마
련하고, 도읍지 전체
를 에워싼 성곽을 의
미하는 것이다. 이러
한 구분은 중국과 같
이 성과 곽의 구분,
도성과 왕성의 구분이
분명한 도성제가 실시
된 경우에 한해서 적
용함에 무리가 없을

그림 3　사비도성(1967年)　백제고도문화재단. 2015.
「(청산성 구간) 7차 발굴조사 약보고서」 도면 재작성

것이다. 그러나 백제에서 그와 같은 도성제가 실시되었음을 구체적으로 입증
할 자료는 아직 발견되지 않는다. 다만 사비 도읍기에는 이전과는 달리 나성
을 중심한 도성체제를 갖춘 것으로 보고 있어,12) 백제에서 도성제의 실현은
적어도 사비 도읍기에나 이루어졌을 것으로 추정한다. 사비도성은 현재의 부
소산성과 나성, 그 외곽으로 능산리의 고분군과 청마산성을 비롯한 주변 방어

---

11) 朴淳發, 2003, 「漢城期 百濟 都城의 問題」『先史와 古代』19, 韓國古代學會.

12) 朴淳發, 2000, 「泗沘都城의 構造에 대하여」『百濟研究』31, 忠南大學校 百濟研究所.

시설이 위치하고 있어 새로운 도성형식으로 구분하고 있기 때문이다.[13)]

도성은 그 자체가 상징하듯이 최고 지배자의 거성, 즉 왕이 머무는 왕궁을 포함하여 일정한 기능을 지닌 공간을 갖추고 있는 국가의 정치·경제, 사회·문화의 중심지라 할 수 있다. 도성이 이처럼 규모가 크고 웅장한 시설을 갖춘 것으로 볼 경우 웅진도읍기의 도성모습을 구체적으로 검증하기는 사실상 어려울 것이다.

백제의 도성과 관련하여 한강유역에 도읍하던 즈음의 도성으로 위례성을 언급하고, 나아가 이를 한성 혹은 대성이라 표현한 것을 우리말로 큰 성이라 불리는 도성이었다고 판단하지만[14)] 구체적 내용에 대하서는 알기가 어렵다. 다만 사비도읍기의 도성과 관련하여 현존하는 나성을 도시구획 시설로 보고 따라서 사비시대에는 정연한 도성이 갖추어졌던 것으로 보지만 이것도 현재의 사비도성 유적이 천도가 이루어지는 서기 538년이 아닌, 멸망하던 서기 660년에 완비된 모습이란 점을[15)] 고려하면 제도로서 백제 도성의 모습을 구체화하기는 어려울 것이다.

따라서 웅진도읍기의 도성, 도읍으로서 웅진의 모습은 웅진시대 백제사회의 정황에 따라 이전·이후 시기와는 차별화된 형태로 조성되었을 것으로 보아야 할 것이다. 이에 대한 내용은 현재까지의 고고학적 환경으로 미루어 볼 때 웅진성인 공산성을 중심으로 살펴볼 수 있을 것이다. 그런데 웅진이 왕도였다는 사실을 입증할 수 있는 유적은 산견되지만, 왕도나 도성으로 개념을 정리할 정도의 정연한 도시구조를 갖추었다고 보기는 어렵다. 이는 그 정황을 살필 기록도 전혀 없지만, 고고학적 환경에서도 도성을 추론할 적극적 증거가 거의 발견되지 않기 때문이다. 즉 웅진이 왕도인 것은 분명하나, 도성에 비견

---

13) 朴淳發, 2000, 앞의 글.
14) 朴淳發, 2000, 앞의 글.
15) 李南奭, 2014, 「泗沘의 景觀과 羅城의 築造背景」『百濟文化』50, 公州大學校 百濟文化研究所.

할 수 있는 도시적 면모를 갖추었다는 증거자료가 사실상 발견되지 않기 때문이다. 앞서 언급한 것처럼 자연환경과 고고학적 환경에 따라 도읍 범위가 설정될 수 있지만 그 자체를 정연한 도시 형태로 복원하기는 어렵기도 하다. 자연 지형에 따라 토지의 가용범위를 극대화하였을 것으로 추정되긴 하지만 협소함이 지나치기 때문이다.

웅진도성에 대해서는 현재 공주 시가지의 외곽에 위치하는 구릉의 경사 하단지역에 산포된 형태로 주거가 이루어졌을 것이란 짐작은 가능하다. 왕도의 중요시설은 웅진성인 공산성 안에 조영되었을 것이고 규모가 크지 않은 일부의 시설은 바깥에 시설하였을 것인데 정지산 유적이[16] 그것이다. 즉 웅진이란 도읍의 구조는 공산성을 거점으로 주변에 보다 규모가 작은 시설을 구축하면서 거주 공간이 조성되었다고 보아진다.


## 3) 공산성은 백제 웅진성

공산성은 백제 웅진성이다. 그리고 웅진도읍기 백제도성을 웅진성이라 부를 경우 공산성은 도성이 된다. 웅진성은 백제의 도읍 웅진에 있던 거성으로 현재 공주시가의 중심에 있는 공산성이 그것으로 알려져 있다.

공산성이 백제시대의 웅진성임을 알려주는 자료는 조선중기 지리서인 『신증동국여지승람』으로, 주의 북 2리에 있고, 백제시대의 고성이었으며, 신라시대의 김헌창이 웅거하던 곳으로 전한다는 점에서[17] 추정하는 것이다. 물론 기록에서 지목된 백제시대의 고성이 웅진성이라고 사실적으로 분명하게 적은

---

16) 國立公州博物館, 1999, 『艇止山』.

17) 『新增東國輿地勝覽』 第十七券 忠淸道 公州牧: 城郭-公山城-在州北二里 石築周四千八百五十尺 高十尺 中有井三 池一 又有軍倉諺傳此卽百濟時古城 新羅金憲昌所據之地. 新羅崔致遠詩 襟帶江山似劃成可燐 今日 靜消兵陰風忽卷驚濤起猶想當時戰鼓聲.

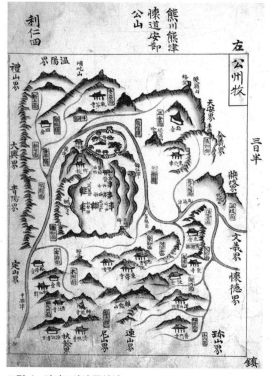

그림 4  여지도서의 공산성

것은 아니고, 나아가 기록내용 자체에서 이를 확인할 근거도 없는 형편이다. 그러나 신라의 김헌창이 웅천주에서 난을 일으켰고, 그가 웅진성에 웅거하였음을 『삼국사기』등의 여타 기록에도 전하고 있어,[18] 공산성을 웅진성으로 비정하는 것에 의문의 여지가 없다.

이 공산성은 성의 이름 변화에서 알 수 있듯이 오랜 기간 그 기능을 유지하였고, 그로 말미암아 성내에는 각 시기별 유적이 적지 않게 중복되어 있다. 특히 조선시대에는 성곽에 대한 반복적 증축과 개축이 있고, 더불어 성내에도 각종 시설이 마련되어 있었다. 예컨대 『여지도서』에 의하면 타와 포루를 갖춘 석축 성곽으로 4개의 문루를 갖추고 있으며, 성내에는 중군 처소로 진남관이 있다고 기록하였다. 나아가 그 앞에 연못이 있는 것 외에 후에 다시금 축조된 연못과 더불어 여기에는 수구문과 암

---

18) 『三國史記』卷第十 「新羅本紀」第十 憲德王 十四年 三月 熊川州 都督 憲昌 以父 周元 不得爲王反叛國號 長安 建元慶雲元年脅 武 珍 完山菁沙伐 四州都督 國原 西原 金官 仕臣及諸郡縣守令以爲己屬 菁州 都督 向榮 脫身走 推火郡 漢山 牛頭 歃良 浿江 北原 等先知 憲昌 逆謀擧兵自守.

문 그리고 만하루를 갖추었을 뿐만 아니라 인접하여 익성을 구비한 성체가 마련되었음을 알려 준다.[19]

그러나 현재의 잔존유적은 조선 후기의 것조차 구체적이지 않다. 현재 지상유적으로 남겨진 것은 성곽시설로 성문 등의 부대시설이 있다. 이외에 조선후기의 『여지도서』 등에서 확인할 수 없는 비각이나 누각도 있는데 이들은 조영시기가 오래되지 않은 것들이다. 대부분 유적은 인멸된 상태로 지하에 매몰되어 있었을 뿐이며, 이들은 발굴조사를 통해서 드러난 것들이다.

공산성 내의 유적조사는 그것이 초보적인 형태지만 이미 일제강점기 초기부터 있었다.[20] 그러면서 이것이 백제의 웅진성 특히 왕성으로 인정되고, 그에 따른 조사가 이루어진 바가 있다. 본격적인 조사는 아무래도 1980년대에 이르러 이루어진다. 즉 1980년에 임류각지를 비롯한 장대지와 만아루지가 조사되고,[21] 북쪽 금강변에서 지당이 확인되었다. 백제유적은 임류각지가 유일한 것이었는데 현재 그 성격에 의문이 있지만 아무튼 존재를 확인하였다는 점에 커다란 의미가 부여되었다.

이어 1982년에 지당의 조사가 이루어졌고, 이것이 백제시대의 것으로 알려지면서 많은 반향이 있었지만, 조선시대의 것이 잘못 알려진 것이다. 때문에 이후의 조사는 백제의 지당을 확인하겠다는 의도에서 1983년과 1984년 영은사앞 지역에 대한 조사가 진행되었다. 그러나 조사결과는 지당보다는 통일신

---

19) 『輿地圖書』公州教 城池條: 在營北三里 監司主管 中軍守城 城周圍 以丈計之 則一千八百二十三丈 以布棉尺 計之 則五千四百六十九尺 以步 計之 則二千四百四步 高三丈九尺三步半 垜八百五堞 東門樓三間 西門樓三間 南門鎭南樓六間 北門拱北樓十二間 署處十處 東北間水口門三間 鎭南館前有一池 周回六十四丈深二丈 建陸甲戌 監司金時燦 爲慮城中之無水 於水口門外 鑿一池 引人江水 周 回五十丈 深七丈 仍築外城 長三十五丈 高六丈 垜三十五 堞左邊翼城 長二十五丈 高二長 堞三十一 堞 右邊翼城 與左邊翼城 同石築 暗門一間 池邊建晩河樓六間.

20) 輕部慈思, 1972,『百濟遺蹟の研究』, 吉川弘文館.

21) 安承周, 1982, 앞의 글.

라시대의 불상 출토 유적과 조선시대의 암문지 및 수구만이 확인되었을 뿐이다.

이후의 조사는 백제문화권 개발사업이 본격적으로 진행되면서 성내의 지형 중에 유적이 존재할 것으로 여겨지는 지형을 망라하면서 이루어졌다. 그 첫 번째 대상이 1985~1986년에 실시된 쌍수정 광장이다. 일제 강점기 마장으로 활용되면서 일차적 정지가 이루어지고, 조사전에 이미 운동장으로 사용되던 곳이다. 그러나 시굴조사와 발굴조사를 통해서 백제시대 다량의 건물지를 비롯한 연못 그리고 저장시설 등이 확인되면서 추정왕궁지로 분류되기도 하였다.[22] 결국 이 조사는 웅진도읍기 왕궁이 성내에 있다는 논거를 마련하는 계기가 되었을 뿐만 아니라 공산성이 웅진성으로서의 구체성을 입증하는 계기가 되었다.

백제유적의 확인조사는 이후에도 지속된다. 1987년은 성내 마을지역을 조사하면서 백제 유적보다는 조선시대의 중군영지 및 연못이 조사되었다. 1988년에는 동쪽의 토성지에 대한 조사, 그리고 1989년에는 통일신라시기의 건물지를 비롯한 쌍수정 광장 북쪽사면에서 백제시대의 건물지가 조사되었다. 이후 1990년의 조사는 서문지 부근에서 백제시대의 건물지를 비롯하여 북변에서 저장시설 등이 확인된다. 이러한 일련의 조사는 성내의 유적이 입지할 수 있는 구역에 대한 대체적 조사를 마무리할 수 있게 되었다.

조사는 1993년에 영은사 앞 지역의 연못 유적을 마지막으로 확인하면서 약 15년 여의 기간에 걸쳐 10차의 조사가 일차적으로 마무리되었다.[23] 그리고 공산성 내 백제시대 유적은 조사된 전체 유적현황에서 보면 많지 않으나 성내 모든 지역에 비교적 골고루 분포되었으면서 규모나 내용에서 주목될 수 있는 것이 많다. 더불어 조사된 유적은 추정왕궁지의 사례에서 알 수 있듯이 시간

---

22) 安承周·李南奭, 1989, 앞의 보고서.
23) 安承周·李南奭, 1992, 앞의 보고서.

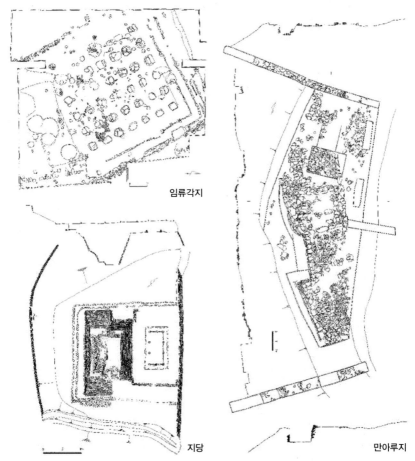

임류각지

지당

만아루지

그림 5  공산성 내 유적 <1980년대 조사유적>  安承周. 1982, 『公州公山城內建物址 發掘調査報告書』
도면 재편집

축에 따라 일단의 변화상도 확인할 수 있다. 이는 공산성이 백제의 웅진천도 후
거점으로 중요한 역할이 지속되었음을 보여주는 것이다.

한편 공산성 내 유적 조사는 2005년도에 이르러 재개된다. 대상은 공산성
성안 마을로 불리던 지역으로 공산성의 전체 면적이 약 6만여 평인데 성안마
을은 약 1만여 평으로 성안에서 가장 넓은 면적을 차지한다. 약 70%가 평지

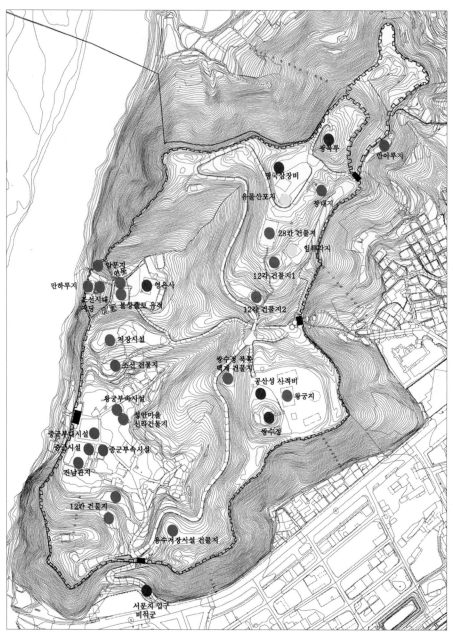

**그림 6 공산성 내 유적현황** 공주대학교박물관, 2013, 『웅진성 공산성』 도면

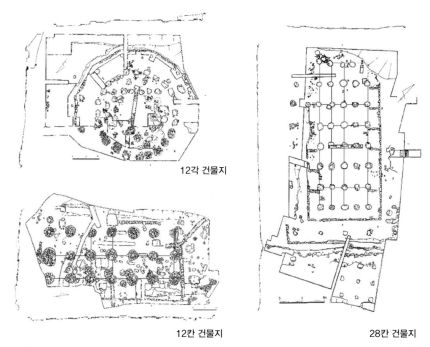

12각 건물지

12칸 건물지                                    28칸 건물지

그림 7　공산성 내 유적 <건물지 유적> 公州大學校博物館, 1992, 『公山城 建物址』 도면 재편집

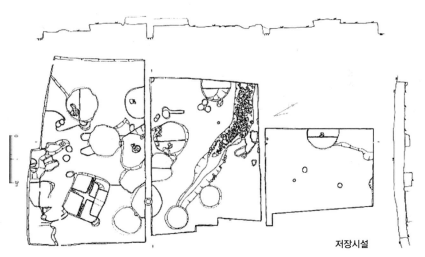

저장시설

그림 8　공산성 내 유적 <백제 저장시설> 公州大學校博物館, 1992, 『公山城 建物址』 도면 재편집

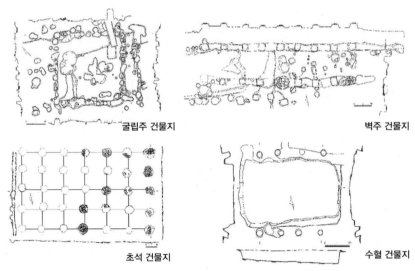

굴립주 건물지                                                    벽주 건물지

초석 건물지                                                 수혈 건물지

그림 9　공산성 내 유적 <쌍수정 광장 백제 및 조선건물지>　公州師範大學 博物館, 1987,
『공산성 백제추정 왕궁지 발굴조사 보고서』 도면 재편집

로 있어 가용 범위도 충분하다고 볼 수 있는 지역이다. 일제강점기 초반부터
성안에 민가가 자리하였는데 이들은 2천년대까지 철거되면서 유적조사가 실
시된 것이다. 2005년의 시굴조사를 바탕으로 2008년부터 3년에 걸쳐 상층
에 있는 조선시대 중군영 관련시설의 발굴이 진행된 다음에 2011년부터 보다
아래층에 있는 백제시대 유적의 발굴이 진행되고 있다.

　공산성이 백제의 웅진성임은 분명하지만 누대에 걸쳐 사용되었기에 지상의
유적은 조선시대의 것이 대부분이다. 때문에 초기의 백제시대 유적은 발굴조
사로 확인할 수밖에 없는데 기왕의 조사로 인지된 백제유적은 성곽 외에 왕궁
관련시설과 각종의 부대시설로 구분할 수 있기도 하다.

　추정왕궁지 유적의 경우 서쪽 봉우리 정상의 쌍수정 광장으로 불리는 지역
에 위치하며 약 2천여 평의 면적으로 다양한 건축시설과 유물이 발견되어 있
는 것이다. 유적은 다양한 건물지와 저수시설, 저장시설 등으로 구분할 수 있
다. 건물지의 경우 굴립주 사용 건물지와 벽주 건물지, 수혈 건물지 그리고 적

심석을 사용한 건물지로 구분된다. 이중에서 적심석을 사용한 건물지는 백제 이후의 것으로, 이는 예외로 하더라도 백제시대의 건물지 유구로 굴립주와 벽주 그리고 수혈건물지 등의 다양한 형태가 있다.

건물지는 유적의 범위에 매우 조밀하게 들이찬 것으로 추정되나 표면 훼손이 심하게 이루어져 건물의 모습을 복원하기가 어렵다. 더불어 건물이 자리한 정면의 남쪽에 원형의 용수 저장시설이 위치한다든가 중간지점에 목곽고가 발견되고, 이외에 주변에 각종 수혈 등의 시설도 함께 남겨져 있다.

한편 추정왕궁지에서 비교적 적은 유물만이 수습되어 있는데 그것도 대체로 건축물과 관련된 것들이 대부분이라는 특징이 있다. 즉 수습유물의 대부분은 기와류이고 이어 토기 등의 유물이 있을 뿐이다. 유물 중에 청동거울의 존재, 금동제 봉황모양의 향합형 유물은 특이성과 함께 고급품으로 매우 주목된다. 기와도 수막새 기와가 다양하고 풍부하게 수습되었는데, 기와의 규모나 형상으로 미루어 최고급 품격의 것이란 점에서 해당 유적의

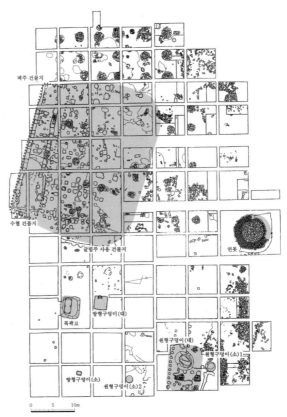

**그림 10 추정왕궁지 현황도**
공주대학교박물관, 2013, 『웅진성 공산성』 도면

성격이 범상치 않음을 추정할 수 있다.

다음으로 주목할 유적은 성안마을 유적이다. 성안마을은 약 1만여 평의 가용면적을 가졌는데 70%의 범위에 백제시대 유적이 잔존함에 기왕에 발굴된 백제시대 유적으로는 최대 규모에 해당되는 것이다. 유적은 현재의 지표면에서 4~6m의 깊이에 위치하는데 거의 작은 도시에 가까운 내용을 갖추고 있다. 2011년부터 2015년까지 발굴된 내용만을 종합할 경우 지역의 한가운데에 70m 이상 길이의 너비 6m인 남북의 대로가 있다. 그리고 북단에서 동서로 갈라지는 3m 너비의 길을 경계로 그 북쪽은 성벽이, 남쪽은 도시로 볼 수 있는 각종 시설이 자리한다.

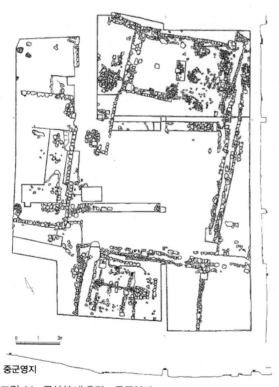

중군영지

시설은 대부분 건물지인데, 기와 건물로 규모는 차이가 있다. 특히 구역의 서쪽 기슭에 커다란 마당의 후면에 대형의 건물 2채가 자리하여 그것이 유적의 핵심시설로 판단되기도 한다. 이외에 목곽고를 비롯하여 석축의 용수저장시설이라든가 철체품 생산의 공방 그리고 특수 기능을 담당하였을 것으로 판단되는 6각형의 건물지도 있다.

그림 11  공산성 내 유적 <중군영지>
公州大學校博物館, 1992, 『公山城 建物址』 도면 재편집

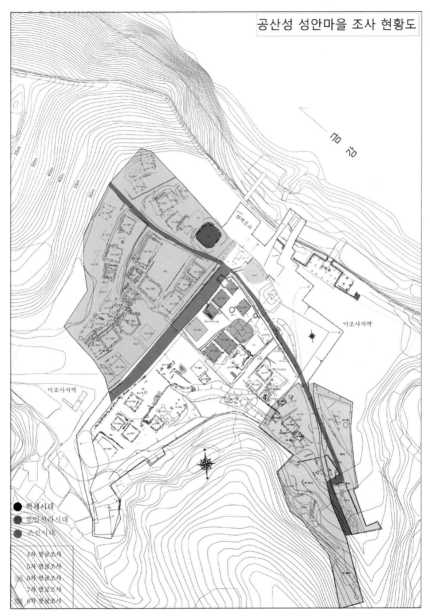

공산성 성안마을 조사 현황도

그림 12　공산성 성안마을 유적 조사 현황도 <2011~2015년 조사>　공주대학교박물관. 2015,
「사적12호 공산성 성안마을 유적 내 발굴조사 약보고서」 도면

성안마을의 백제유적은 갖추어진 유구 외에 출토된 유물도 주목되는 것이 많다. 구역 내의 건물지는 모두 기와 건물로 판단되고 그에 해당되는 다량의 기와가 수습된다. 보다 주목되는 것은 다양한 생활유물이 출토되는 것이다. 웅진시대의 것만 아니라 사비시대의 것까지 망라되고 종류도 토기나 벽돌 그리고 철제품이 주류를 이룬다. 특히 연못에 남겨져 있던 옻칠 갑옷과 철제 찰갑, 그리고 옻칠 마갑을 비롯한 마구와 무기류는 백제 공예산업의 수준이 범상치 않았음을 살펴볼 수 있는 것들이다.[24]

그밖에 공산성의 백제시대 유적으로 저장시설이나 건물지 그리고 용수 저장시설 등이 있다. 건물지의 경우 추정왕궁지나 성안마을에서 확인된 것과 동일한 성격의 것이 많다. 산성내의 평탄지에는 넓든 좁든 간에 어김없이 건축되어 있는데 규모도 차이가 있다. 더불어 북단의 구릉지 위에 저장시설로 구덩이도 주목될 수 있을 뿐만 아니라 영은사 앞 지역의 지하 6m 깊이에는 성벽에 붙여서 시설된 용수 저장시설도 있다.

요컨대 공산성은 그동안의 발굴조사결과 성내에 백제시대의 다양한 유적이 남아 있음이 확인되었고 이를 기회로 이 산성이 백제시대의 웅진성이 분명하다는 사실도 알 수 있다. 나아가 성내에서 발견된 유적 중에 추정왕궁지라든가 성안마을의 백제유적은 도읍지 내에서는 유례가 없는 규모와 내용을 갖추고 있어 공산성이 백제의 웅진도읍기의 중심적 거성이었음도 알 수 있다.

## 4) 웅진성은 왕성

웅진은 백제의 왕도이다. 왕도로서의 선정은 국가 비상시에 구원군으로 동원되었던 지방세력, 즉 충청 일원의 세력의 상관속에서 수촌리 고분군의 조영

---

24) 이남석, 2012, 「公山城出土 百濟 漆刹甲의 銘文」『목간과 문자』 9, 한국목간학회.

세력의 주도로 이루어진 것이다. 따라서 웅진은 처음부터 도읍으로서 면모를 갖춘 것이 아니고 도읍과정에 점진적으로 도성의 면모를 갖추었다고 볼 수 있다. 특히 백제가 웅진에 도읍한 기간은 64년간으로 긴 시간이 아니지만, 이 기간에 재도약의 발판이 마련되었고, 나아가 웅진은 다시 강국이 되었다고 선언하는 현장이기에 도읍으로서 면모만이 아니라 관련시설도 어느 정도 갖추었다고 봄에 문제가 없다. 다만 웅진천도가 황급한 상황에서 이루어진 것이고 천도하기 전에 도읍지로서의 조건, 즉 도성체제라던가 도읍의 전반이 이미 마련된 것은 아니라는 사실은 앞서 지적한 바가 있다. 이는 왕궁도 마찬가지일 것이다.

주지되듯이 왕궁은 왕이 상주하는 공간이다. 이 왕궁의 중요성은 자체의 내용 외에 도성이나 왕성의 문제, 그리고 고대국가의 통치행위의 단면 등을 이해할 수 있는 단서를 제공하는데 있다. 그러나 백제는 3지역에 도읍하였음에도 불구하고 왕이 거주하던 왕궁의 문제는 전혀 가닥이 잡히지 않는다. 이로 말미암아 왕궁을 위요하여 이해될 수 있는 왕성이라든가 도성의 문제도 이론만 분분할 따름이다.

천도가 국가 중심의 이동이기에 천도지에는 국가 최고 권부인 왕궁이 마련되었다고 보아야 한다. 나아가 백제의 웅진천도는 부지불식간에 이루어진 것이기에 왕궁도 황급하게 조성되었을 것이다. 특히 천도 즈음의 정황에서 공주의 공산성은 성곽 등이 제대로 축조되지 않은 상태에서도 지형적 조건에 의한 방어적 기능을 충분히 수행할 수 있는 천연의 요새로 봄에 문제가 없다. 이로서 황급한 천도 후에 공산성이 중심 거점인 웅진성으로 선정되었다고 여겨지며 그러한 환경에서 왕이 거주하는 공간도 성내에 마련되었다고 봄에 문제가 없을 것이다. 그런데 왕궁의 위치와 대해서는 이견도 없지 않았다.

웅진천도 후 백제의 왕궁의 문제는 일찍부터 언급되었는데, 일제강점기에 공산성 내 유적을 조사하거나 검토하면서 이 문제가 언급된 것이[25] 처음이었

---

25) 輕部慈恩, 1946, 『百濟美術』, 寶雲舍.

다. 공산성의 동쪽 지역의 구릉면에 왕궁지가 있다고 본 것이 그것이다. 구체적 근거를 제시하지 않은 채 성내의 건물지 등의 유구를 언급하면서 『삼국사기』에 나타난 임류각지 등도 아울러 비정한 것이다. 그러나 결론 자체는 추정적 의미가 상당히 강한 것으로 실증할 수 없는 것이었다.

이후 왕궁 문제는 다시 공산성을 중심으로 검토되면서 성내의 쌍수정 앞 광장이란 추정과[26] 공산성 남쪽의 산기슭 하단을 그 대상으로 검토된 바가 있기도 하다.[27] 전자는 쌍수정 앞 광장의 입지 조건에 근거한 것이고, 후자는 해당지역에서 방형의 초석 즉 백제시대의 것으로 판단할 수 있는 초석의 존재에 주목한 것이다. 이후 웅진도읍기 왕궁의 위치는 대체로 성내에 있는가 아니면 성 밖에 있는가에 초점되어 논의되었고, 그 배경은 사비시대의 도성체제와 맞물려 논급되고 있었던 것이다. 이 경우 가장 크게 부닥치는 문제는 왕궁이 공산성과 같은 산성내에 위치할 수 있을까라는 의문이었다.

백제의 도읍지였던 웅진 즉 지금의 공주지역은 분지지역으로 분류되듯이 사방이 산으로 둘러싸인 지역이다. 거기에 북으로 금강이 가로막고 있으면서 분지의 중간지역을 제민천이란 하천이 관통하고 있다. 때문에 제민천을 중심한 시가지 일원은 평지로 남았지만 이외의 지역은 대체로 산지 혹은 구릉지로 있고, 평지는 강북 쪽에만 넓게 발달되어 있을 뿐이다. 그런데 시가지 일원도 20세기 이전은 금강 쪽의 제방이 없어 강으로 개구된 상태이고, 제민천의 좌우가 늪지대 혹은 저지대의 농경지로 활용되었던 것이 확인된다. 즉 평지로 있는 시가지 일원에서 적어도 추정 왕궁지와 같은 규모의 유적이 존재할 수 있는 입지를 찾기가 어렵다 점과, 나아가 유물이 산견되는 지역도 거의 발견되지 않는다는 사실이 주목되어야 할 것이다.

---

輕部慈恩, 1972, 앞의 글.

26) 安承周, 1987, 「公山城 推定王宮址에 대한 小考」 『三佛金元龍教授停年紀念論叢1』.

27) 金永培, 1996, 「公州 百濟王宮 및 臨流閣址 小考」 『考古美術』 6-34.
　　朴淳發, 1996, 「百濟都城의 變遷과 特徵」 『重山鄭德墓博士回甲紀念韓國史論叢』.

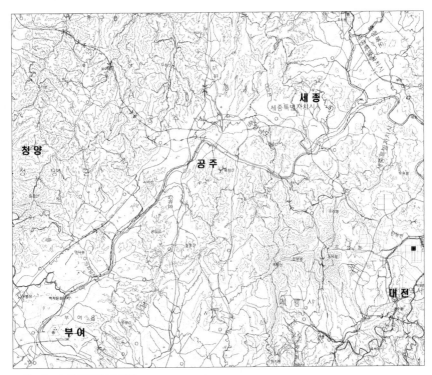

그림 13  수치지도로 본 공주

한편 웅진도읍기 백제 왕궁의 위치에 대한 처음의 이해는 유적의 발굴조사 결과를 통해 이루어진 것이 아니라 도성체제라든가 역사·지리적 측면에서 이루어진 추정적 논급에 불과하였다. 그러다가 공산성은 물론이고 공주 지역에서 지속적으로 전개된 고고학 조사를 통해 왕궁의 위치에 대한 기왕의 이해의 가부에 대한 검증과 새로운 이해가 마련된 것이다. 즉 일제 강점기에 왕궁이 있었다고 본 지역은 2012년의 조사를 통해 유적이 전혀 없는 지역으로 판단된 바가 있다.[28] 여기에 공산성 남쪽 기슭 즉 공산성 밖의 구역도 조사결과 매

---

28) 이남석, 2015, 『공산성 토성지 발굴조사보고서』, 公州大學校博物館.

우 협소한 지형지세가 확인될 뿐만 아니라 상당한 범위가 늪지로 남아 있고, 그 위에 복토하여 후대에 지형확대가 있지만 왕궁이 입지할 조건은 전혀 아니고, 흔적도 없는 것으로 확인되어 있다.29)

공산성 내 쌍수정 앞 광장은 1985년부터 발굴조사가 진행되었다. 백제시대의 유적이 조밀하게 입지하고 있음에서 그것이 백제의 웅진도읍기 왕궁이지 않은가라는 추정 속에, 일단 추정왕궁지로 분류한 바가 있었다.30) 그것을 왕궁으로 추정에 그친 것은 보다 아래 지역의 성안마을이 보다 큰 규모의 면적이면서 아직은 발굴조사가 이루어지지 않은 미확인 상태로 있었기 때문이었다. 즉 웅진도읍기의 백제 최고 관부로서 왕궁은 공산성이란 산성내에 있을 것은 분명하기에, 당시까지 발굴된 유적 중에 쌍수정 앞 광장의 유적이 큰 규모에 품격 있는 내용을 갖추고 있기에 일단 왕궁으로 추정한 것이었다.

사실, 공산성 내 추정왕궁지의 유구내용이 왕궁으로서 갖춤새에 큰 문제는 없었다. 따라서 잠정적이지만 이에 비견될 규모의 유적이 확인되지 않는다면 일단 추정왕궁지를 백제의 웅진도읍기의 왕궁으로 보았던 것이다. 다만 추정왕궁지의 유적 규모가 약 2천여평의 면적이기에 왕궁으로서 충분한 규모로 보기는 어렵다는 인식도 없지 않았다.31) 물론 규모의 문제는 상대적인 것일 수 있을 것이다. 현재까지 백제의 왕궁은 이전의 도읍지인 한성, 그리고 이후의 도읍지인 사비 지역에서도 아직 확인되지 않기에 상대적 비교가 어렵기 때문이기도 하다. 더욱이 규모의 추정에 있어 당시 백제 왕실의 구성원의 정도나 내용을 추정하기 어렵다는 한계가 있었기 때문이다. 나아가 보다 주목된 것은 웅진지역 즉 지금의 공주 지역에서 추정왕궁지를 능가하는 유적을 찾기는 어

---

29) 李勳, 1998, 「공주산성동주택부지조사」 『各地試掘調査報告書』, 公州大學校博物館.

30) 安承周·李南奭, 1989, 앞의 보고서.

31) 이는 구체적인 글로 지적한 사례는 발견되지 않지만 웅진도읍기 백제 왕궁의 문제가 언급될 경우 이구동성으로 지적하는 내용이기도 하다.

렵다는 현실도 있었다.[32] 이를 고려하면서 추정왕궁지를 왕궁으로 보는데 나름의 타당성도 있을 것으로 여겼던 것이 사실이다.

그런데 앞서 언급된 것처럼 그것이 왕궁지로서 확정이 아닌 추정에 머물 수밖에 없는 이유가 공산성 내에서 보다 큰 면적으로 갖추고 있는 성안 마을이 존재하였고, 아직 발굴되지 않은 상황에서 그 정황을 알 수 없었기 때문이다. 성안 마을은 규모면에서 추정왕궁지보다 3~4배 큰 규모의 면적이다. 나아가 부분적 조사결과 지하 깊숙이 백제시대의 유적이 잔존되어 있음을 이미 확인된 바가 있었다. 그러다가 성안마을의 발굴조사가 2008년부터 진행되었고 지하 깊숙하게 남았던 백제시대 유적이 노출되었는데, 그 결과는 앞의 추정왕궁지를 왕이 거주하는 왕궁으로 추정하였던 것에 나름의 의문을 제기하기에 충분한 내용이었다.

성안마을 백제유적은 규모면에서 공산성만이 아니라 그동안 발굴된 백제유적으로서 규모가 매우 큰 것이다. 그 자체만으로도 하나의 단일 취락유적으로 볼 수 있는 것이기도 하다. 약 60여 동의 건물이 남북 간으로 구획된 도로를 기준삼아 좌우로 정연하게 배치되어 있고 각 건물들은 군집된 형태에서 나름의 기능분류도 가능한 유적이다. 더불어 모두 기와집이면서 건물 형태도 차이가 있는 것으로 미루어 각각의 건물들은 그만큼 다양한 기능을 갖추었던 것으로 여겨진다. 특히 유적 중심부에서 서쪽으로 치우쳐 중정을 끼고 있는 2동의 건물지는 형태나 배치상태에서 정청으로 볼 수 있기도 하다. 나아가 그 남쪽에 있는 육각형 건물지는 다른 방형이나 장방형 건물과는 차별화될 특수한 기능을 추정할 수 있다. 여기에 보다 남쪽에 철제품 공방시설, 그 서쪽에 대규모 취사 공간의 존재는 유적 내의 각종 시설이 기능별로 분산 배치된 모습을 보여주기도 한다.

---

32) 도읍지 웅진에 대한 유적의 전수조사가 개발범위의 입회조사 형식으로 수년간 진행되었고, 그 결과 도시의 대부분은 침수지역이란 사실만 확인될 뿐 규모를 갖춘 유적이 입지할 환경은 전혀 검출되지 않는 것이 현재의 실정이다.

수습된 유물은 다양한 것이 망라되어 있는데 그 중에 일상생활과 관련된 유물이 많다. 특히 유물에는 중국제 자기 등의 고품격 유물이 포함되어 있고, 나아가 연못에서 출토된 칠 갑옷 등의 유물은 왕만이 소유할 수 있는 백제 최고급품도 포함되어 있다는 점은 크게 주목되는 것이다. 나아가 거주 공간이었음에도 모두 기와를 사용한 건물이 있는데 이들 건물은 궁궐이나 사찰 혹은 관부에 해당되는 것으로 볼 수 있다. 따라서 발굴된 유적은 의식주의 생활이 영위되는 최고의 품격을 갖춘 공간으로 볼 수 있는 것이다.

공산성 성안마을 유적도 왕궁에 버금가는 시설내용을 갖추고 있음을 알 수 있다. 그렇다면 기왕에 추정왕궁지로 분류된 쌍수정 앞 광장의 유적은 어떤 기능이었는가라는 문제가 남는다. 추정왕궁지 유적과 성안마을의 백제유적을 비교할 경우 건물지 등의 유구내용은 대동소이하다. 다만 출토유물에서 추정왕궁지는 생활관련 유물이 매우 빈약한 반면에 건축유구와 관련된 수막새기와가 많다는 특징이 있다. 특히 이들 막새기와는 고품격의 것으로 판단되는 것이 많다는 특징도 있다. 때문에 추정왕궁지의 유적은 의식주의 생활시설로는 보기 어렵지 않은가라는 의문을 제기하면서, 성안마을 백제유적보다 품격이 높은 시설로 보아야 하지 않은가라는 또 다른 문제의식을 가질 수밖에 없게 되었다.

현재까지의 왕궁에 대한 이해나 고고학적 환경을 종합할 경우 웅진도읍기의 왕의 거주 공간은 아무래도 공산성인 웅진성내부에서 찾을 수밖에 없을 것이다. 즉 공산성은 백제 웅진성이고 나아가 왕궁이 있는 왕성으로 분명한 위치를 부여할 수 있다는 것이다. 다만 성내의 어떤 유적이 왕궁인가의 문제인데 앞서 본 것처럼 쌍수정 앞 광장의 추정왕궁지 유적을 왕궁으로 비정할 수도 있겠지만 나름의 한계가 있음을 알 수 있기는 하다. 나아가 자체가 왕궁의 면모를 갖추고 있는가와 함께 산성내에 왕궁이 그러한 입지에 존재할 수 있는가의 문제도 고구될 필요가 있기도 하다. 여기에 백제시대의 왕궁으로서 지나치게 협소하다든가 유물의 존재 등에서 나타나는 문제도 있다. 오히려 성안마을 백제 유적이 왕궁일 가능성을 열어 두고 추정왕궁지는 그보다 상급의 또 다른 시설로 볼 수 있지 않은가 여겨진다.

왕궁이 왕이 상주하던 공간이지만 당대의 정치 환경에 따라 차별적으로 조영되기에 그 형상을 일률적으로 규정하기는 어렵다. 때문에 백제가 웅진에 도읍하던 시기의 왕궁지 문제를 검토하기 위해서는 당시에 왕궁이 어떤 형태로 조성되었는가의 이해가 우선될 필요가 있지만 사실상 불가능하다.

우리의 역사를 장식했던 많은 고대국가가 있었음에도 왕궁의 실상을 전하는 사례는 전혀 없는 것으로 확인된다. 그리고 유적으로 발굴된 사례도 아직은 확인되지 않는다. 여기에 고대국가의 왕궁의 규모나 내용을 가늠할 수 있는 왕실이나 구성원의 실상, 나아가 운영형태도 전혀 알 수 없기도 하다. 오히려 백제나 신라의 도읍지에서 발굴된 유적자료가 상당히 축적되어 있음에도 왕궁관련 내용은 상당히 빈약하다는 것은 주지된 사실이다. 그런데 이러한 정황은 고대 왕궁의 실상이 우리의 예상과는 전혀 다른 모습이 아닌가라는 추정도 가능하지 않은가 생각할 수 있게 한다.

이를 고려하면 공산성 내 추정왕궁지나 성안마을의 백제유적을 웅진천도 전야에 왕의 거주지로 보아도 큰 문제는 없을 것이다. 문제는 웅진에 도읍하던 전 기간에 왕이 여기에서만 상주하였는가, 아니면 천도 초기에 일시적으로 머문 공간이었을 뿐으로, 점차 국가정세가 안정되면서 새로운 왕궁을 마련하지 않았는가의 판단은 필요할 것이다. 그러나 이를 구체적으로 검토하기는 사실상 어렵다. 따라서 현재의 공주 지역에서 공산성 내의 왕궁지 외는 마땅한 유적이 없는 현황을 고려하면 웅진도읍기의 전 기간에 걸쳐 왕이 여기에 거주하였던 것으로 볼 수밖에 없을 것이다.

## 5) 맺음말

백제의 웅진천도는 국가적 위기 속에 이루어진 것이다. 천도 자체가 준비된 것이 아니기에 도읍지 웅진도 사전에 도읍으로서 면모가 갖추어진 것이 아니었다. 웅진은 황급한 천도 결과 도시로 자리매김 되었을 뿐이다. 때문에 도읍의 면모는 점진적으로 갖추어졌다고 볼 수밖에 없다. 그러한 정황은 도읍지에 남겨진 백제시대 유적의 대부분이 천도 후에 마련된 것에서 알 수 있다. 그 대표적 사례가 웅진성인 공산성이다.

공산성은 백제의 도읍지 웅진에 자리한 중심 거성이다. 백제시대는 웅진성이라 불렸다. 그러나 신라시대는 웅천성, 고려시대는 공주산성, 조선시대는 쌍수산성이란 별칭으로 불리었듯이 시대마다 중심 거성으로 기능한다. 특히 백제의 웅진도읍기에는 하나의 산성임에도 도성은 물론이고 왕성으로 기능한다. 따라서 공산성 즉 백제의 웅진성은 웅진도읍기 거성으로 역사의 산 증거이기도 하다.

공산성 내에는 다양한 유적이 잔존한다. 1980년도 이후부터 진행된 일련의 발굴조사는 이 산성이 백제의 웅진성으로, 나아가 도읍지 내 거성이면서 왕성의 면모를 구체화할 수 있게 하였다. 성내의 다양한 유적은 백제문화의 실상을 적나라하게 보여줄 뿐만 아니라 웅진시대 백제의 긴박한 정황이 그대로 함축하고 있다. 웅진성인 공산성은 웅진시대의 백제사와 마찬가지로 백제문화의 전환기적 속성을 그대로 함유하고 있다.

발굴 유적은 한성도읍기의 문화 속성을 그대로 함축하고 있으면서 이후 사비 도읍기의 화려한 문화상과도 중첩되어 있다. 특히 왕궁관련 시설은 사상 초유의 백제 최고 관부시설의 모습을 보여주고 있기에, 이를 통해 동시기 왕궁의 면모를 짐작할 수 있다.

유적과 유물로 본
웅진시대의 백제

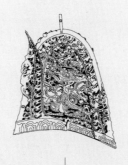

Ⅲ

# 백제 웅진에서
# 갱위강국

# 1. 무령왕의 갱위강국

•

•

## 1) 머리말

왕의 무덤이 왕릉이다. 우리 역사에는 삼국 및 가야라는 고대국가가 존재하였기에 수많은 왕릉의 존재를 추정할 수 있다. 이와 더불어 왕릉으로 추정되는 유적도 많다. 그러나 주인공을 분명하게 알 수 있는 왕릉은 공주 송산리 고분군 내의 무령왕릉뿐이다. 1971년 우연히 발견되었지만, 특유의 지석이 있어 그것이 백제 제25대 무령왕의 무덤이란 것을 알게 되었기 때문이다. 무덤은 벽돌로 만든 전축분으로 다양한 유물이 포함되어 있다. 이를 통해 웅진도읍기 고대국가 백제의 실상을 가늠할 수 있을 뿐만 아니라 그 위상이 범상치 않음을 알게 되었다고 볼 수 있다.

백제는 웅진천도 후 약 30여 년간 지루한 정쟁을 계속한 것으로 확인된다. 천도 직후 해구에 의한 문주왕의 살해나, 어린 삼근왕의 짧은 재위기간, 연이어 등장한 동성왕도 23년간 재위하였지만 결국 살해될 만큼 치열한 정쟁이 반복된 것이 그것이다. 이는 웅진천도 직후 백제 정정의 불안을 상징적으로 보여주는 것이기도 하다. 그런데 무령왕 즉위 이후 백제는 정치적 안정이 이룩되고, 민생의 안정을 바탕으로 국력증진을 가져와 다시 강국이 되었음을 선언하기에 이른다. 이는 웅진천도 후의 지루한 정치적 분쟁을 종결시킨 주인공이

무령왕이란 사실을 알려주는 것인데, 그 실상을 가장 적극적으로 대변하는 것이 무령왕릉이다.[1]

　무령왕릉 발견 이전 무령왕에 대한 각별한 관심은 별로 확인되지 않는다. 반면에 왕릉의 발견을 기회로 무령왕에 대한 다양한 조명이 이루어졌고, 그 결과 백제 중흥의 군주로 명실상부한 위치를 갖게 되었다. 그러나 그의 출자에 대한 정보는 빈약하기 짝이 없고, 재위기간의 활약상도 『삼국사기』에 전하는 것이 전부일 뿐으로 나름의 의문이 적지 않다. 또한 그가 갱위강국을 선언한 주인공임에도 그 전제인 왕권의 확립, 즉 웅진천도 후 오랫동안 지속된 정치세력간의 갈등의 해소가 어떻게 이루어졌는지에 대한 이해도 거의 확인되지 않는다.

　따라서 먼저 웅진도읍기 백제 문화의 정수로 간주되는 무령왕릉의 현황을 재음미하여 보고자한다. 나아가 무덤의 주인공인 무령왕이 누구이고 그 출자를 어떻게 보았는가를 기왕에 제시된 의견을 통해 살피는데, 해답을 분명하게 가리기는 어렵지만 일말의 의문을 조금이나마 해소될 수 있을 것이란 기대에 서이다. 이어 무령왕 등장 즈음의 정국 전야를 관련 기록을 통해 점검을 통해서, 웅진도읍기 후반 무렵의 갱위강국과 같은 국가중흥의 전제인 왕권강화가 어떻게 가능하였는지를 음미할 기회를 마련하여 보고자 한다.


## 2) 무령왕릉

　무령왕릉은 대부분의 백제무덤이 석축으로 조성된 것과는 달리 벽돌로 만

---

1)　이남석, 2010, 『송산리 고분군』, 공주시·공주대학교박물관.
　　이남석, 2012, 「東亞細亞橫穴式墓制展開와 武寧王陵」『百濟文化』46, 公州大學校 百濟文化硏究所.
　　이남석, 2014, 『백제 기억의 보물창고 무령왕릉』, 공주시·공주대학교 백제문화연구소.

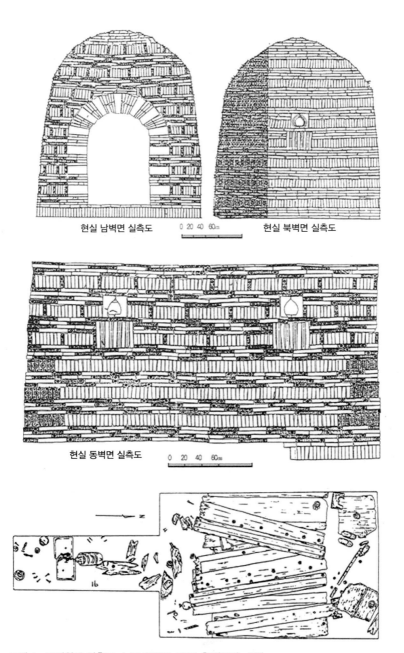

현실 남벽면 실측도    0 20 40 60㎝        현실 북벽면 실측도

현실 동벽면 실측도    0 20 40 60㎝

그림 1   무령왕릉 실측도   文化財管理局. 1973, 「武寧王陵」 도면

그림 2 무령왕릉 <2015년 12월 촬영>

든 전축분이다.[2] 무령왕릉은 왕릉이란 특수성 외에도 특유의 전축묘제로서 백제의 묘제 변화에 절대적 영향을 끼치는 변수로 자리한 것이기도 하다. 주지되듯이 묘제처럼 전통성이 강한 물적 자료의 변화는 단순한 무덤의 조영환경 변화가 아니라 사회·문화적 변화가 전제된 것이기도 하다. 이를 고려할 때 백제사회에 무령왕릉과 같은 전축분의 등장은 단순히 새로운 묘제가 출현하였다는 사실 뿐만 아니라 당시 사회·문화에 상당한 질적 변화를 가져왔음을 방증하는 것이기도 하다.[3] 특히 무덤 내에 남겨진 풍부하고 다양한 부장품을 통해서 변화의 실상이 무엇인지를 알려 주기도 한다.

무령왕릉은 남향의 경사면을 L자 형태로 판 다음에 그 안에 연꽃이 장식된 벽돌로 묘실을 쌓아 만든 것이다. 산 경사면에 판 묘광의 바닥을 정지한 후 배수시설을 갖추고 이어 묘실 바닥을 설치하였다. 이어 벽체를 쌓아 올려 천장부까지 마무리하고, 남쪽으로는 무덤에 이르는 길인 묘도와 출입시설인 연도를 갖추어 단실묘인 횡혈식의 구조를 갖추고 있다.

무령왕릉의 규모는 남·북간 길이 420cm, 동·서간 너비 272cm, 높이가 293cm이다. 묘실 정면 중앙에 시설된 연도는 길이 290cm에 너비 104cm이며, 전면으로 묘도가 길게 연결되어 있다. 무덤 바닥은 후면에 한단 높게 시신을 안치하는 관대가 설치된 형태이다. 관대는 동·서간 너비 293cm, 남·북간 너비 315cm의 규모로 전면은 21cm 낮게 하여 묘실 바닥에 이른다. 관대와 바닥의 전면의 벽돌쌓기는 삿자리문 형태로 장방형의 벽돌을 깔면서 경계에 벽돌을 길이로 늘어놓아 구분한 형상이다. 바닥 벽돌 아래는 묘실에서 연도를 지나 묘도로 빠지는 배수 시설이 있기도 하다.

벽면은 벽돌을 뉘어쌓기와 세워쌓기를 반복하여 축조하였다. 4매를 뉘어쌓은 다음에 한매를 세워쌓는 방식으로 남쪽과 북쪽의 단벽은 수직으로, 동쪽과

---

2) 文化財管理局, 1973, 『武寧王陵 發掘調査報告書』, 三和出版社.

3) 이남석, 2012, 앞의 글.

서쪽의 장벽은 상단에서 점차 오므려 묘실을 터널형으로 구성한 것이다. 묘실 북쪽 벽면에 1개, 동서 벽면에 각각 2개씩 모두 5개의 등잔을 넣는 작은 등감이 있고, 그 아래에 창문 형상의 가창이 시설되어 있다. 등감은 보주형으로 외곽에 화염문을 채색하였고 당초문 형상의 문양도 있었다. 연도의 경우 높이 145cm의 규모로 묘실의 축소판 형태이다. 연도 외부는 벽돌을 쌓아 304cm의 높이로 전면 벽체를 갖추었다. 여기에 사용된 벽돌은 문양이 있는 것과 문양이 없는 것, 그리고 무령왕릉에 사용된 연꽃무늬가 있는 것 외에 전범문이란 동전무늬가 있는 6호 전축분에 사용된 벽돌도 적지 않게 포함되어 있다. 무덤의 외형은 봉분이 있었던 것으로 볼 수 있다.

유물은 본래 보고서에 108종 3천여 점이 전하지만, 최근 자료의 정리 과정에서 수량이 확대되어 4천 6백여 점으로 알려져 있기도 하다.[4] 그리고 무령

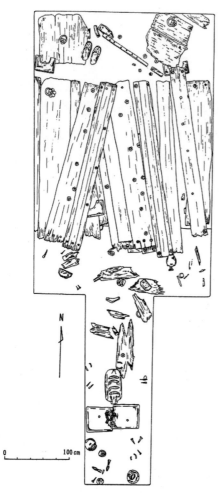

그림 3  무령왕릉 유물출토 현황
文化財管理局,  1973,『武寧王陵』도면

---

4)  國立公州博物館, 2009,『武寧王陵 新報告書1』.

왕릉의 유물은 단 한 점도 유실 없이 원상태로 수습된 것으로 무덤 내 부장품의 실상을 고스란히 전한다. 특히 부장품은 피장자의 생존당시 환경을 알려주는 것으로 사후세계를 위해 마련된 물품들이다. 이들 부장품은 무덤시설 및 왕의 사후세계 안식을 위한 기본적 품목과 생존시의 장착품, 왕의 사망 후 무덤 내에서 진행된 의례결과로 남겨진 것으로 구분할 수 있을 것이다.

부장품은 관대 위에 안치된 왕과 왕비의 목관 내에 두었던 각각의 소장품과 목관의 외부에 있는 각종의 물품들인데, 무덤의 축조과정이나 의례 등의 정보를 풍부하게 포함하고 있다. 이들 부장품들은 내용을 종합할 경우 질적 우수함이 크게 나타나지만, 양적인 과장은 전혀 보이지 않아 적재적소에 필요한 물품만 사용하였음을 알 수 있다. 더불어 부장품 중에는 중국 제품은 물론이고 왜에서 유입된 목재도 남아 있어 국제성도 크게 돋보인다.

부장품 중에서 가장 주목되는 것은 아마도 왕과 왕비의 지석일 것이다. 지석이나 매지권으로 불리는 것에서 알 수 있듯이, 이는 무덤의 주인공이 누구인가를 알려주는 초특급의 정보를 포함하고 있을 뿐만 아니라 무덤의 축조 환경과 관계된 이야기를 포함하고 있다.[5] 여기에 중국제 자기를 비롯한 청동제의 그릇들도 적지 않으며, 특히 돌로 만든 짐승형상의 수호신 석수도 남아 있어 무덤 내에서 이루어졌던 의례의 정황을 가늠케 한다.

왕과 왕비의 목관도 그 잔재가 남아 있어 그 형상의 복원이 가능하다. 특히 목재가 일본열도에서 자라는 금송이라는 점도 주목된다.[6] 목관 내에는 관식

---

5) 李丙燾, 1972, 「百濟武寧王陵出土誌石에 대하여」『學術院論文集』11 -人文·社會科學篇-, 학술원.
　　鄭求福, 1987, 「武寧王 誌石 解釋에 대한 一考」『宋俊浩教授停年紀念論叢』, 송준호교수정년기념논총간행위원회.
　　李基東, 1991, 「武寧王陵 出土 誌石과 百濟史硏究의 新展開」『武寧王陵의 硏究現況과 諸問題』, 忠淸南道·公州大學校 百濟文化硏究所.
　　成周鐸, 1991, 「武寧王陵 出土 誌石에 關한 硏究」『武寧王陵의 硏究現況과 諸問題』, 忠淸南道·公州大學校 百濟文化硏究所.
6) 朴相珍, 1991, 「百濟 武寧王陵 出土 棺材의 樹種」『百濟文化』21, 公州大學校 百濟文

寧東大將軍百濟斯
麻王年六十二歲癸
卯年五月丙戌朔七
日壬辰崩到乙巳年八
癸酉朔十二日甲申安厝
登冠大墓立志如左

丙午年十二月百濟國王大妃壽
終居喪在酉地己酉年二月癸
未朔十二日甲午改葬還大墓立
志如左

**그림 4** 지석 <左: 왕, 右: 왕비>

이나 머리장식 그리고 귀걸이를 비롯하여 목걸이나 팔찌, 허리띠와 크고 작은 칼들이 왕과 왕비의 소지품으로 남겨져 있다. 이와 더불어 목관 내에 있었던 것으로 추정되는 동경이나 다리미 등은 무덤에 묻힌 자의 신분을 상징하는 것들이다.

삼국시대 각국은 선진문물의 수입을 위하여 대중국 교섭에 적극적으로 나서고 있다. 이는 고대국가로 발전을 도모하고 나아가 국가적 역량을 배가시키기 위해서는 보다 선진 문물의 도입이 필수적이었기 때문일 것이다. 중국의 전축묘제인 무령왕릉과 같은 물적자료가 백제에 존재하는 것은 백제의 대중국 교섭을 통한 선진문물 수용의 정황을 단적으로 보여주는 것이기도 하다. 즉 무령왕릉은 백제가 중국과의 교섭을 통해 선진문물을 수용하는 과정에서 유입된 새로운 묘제에 다름 아니다. 그런데 이처럼 새로운 전축분묘제가 백제 묘제로서 사용되었다는 것은 기존의 백제묘제 속에 신 묘제가 무리 없이 수용되었음을 보여주는 것인데, 이는 비단 신묘제 수용이란 정황에만 국한되는 것이 아니라 사회·문화의 전반적 현황으로 볼 수 있을 것이다.

---

化研究所.

백제사회에 무령왕릉과 같은 선진묘제가 유입되고 나아가 그것이 무리없이 정착될 수 있었던 것은 백제 나름의 묘제환경에 기인한 바가 없지 않다. 즉 백제사회는 전축분이란 중국묘제가 유입되기 이전에 이미 횡혈식 묘제로 석실묘를 사용하고 있었고 횡혈식 석실묘제는 전축묘제와 재료의 차이만 있을 뿐, 구조형상은 거의 유사하다. 때문에 전축분묘제가 무리없이 수용될 수 있었던 것으로 볼 수 있다. 그럼에도 주목되는 것은 묘제처럼 관습적 전통성이 강한 분야에 새로운 요소를 받아들여 이를 소화하여 보다 발전시키는 백제인들의 역량이다.

전축분의 경우 백제묘제로는 이전에 존재한 바 없었고, 새롭고 전혀 이질적인 것임에도 불구하고 6호 전축분이나 무령왕릉과 같은 완벽한 구조물을 만들고 있다. 이는 이미 백제인이 궁륭식 석실묘와 같은 고도의 기술을 필요로 하는 묘제를 운용한 바 있기에 전축분을 큰 어려움 없이 축조할 수 있었던 것으로 볼 수 있다. 다만 전축분은 웅진도읍 시기의 왕실에서만 사용되었다는 한계가 있는데, 이는 재료의 구득에 따른 저간의 사정이 있었던 것으로 보아야 할 것이다.


## 3) 무령왕의 출자

무령왕은 백제의 제25대 왕인데, 송산리 고분군에 그의 무덤이 발견됨으로써 갑자기 크게 조명된 감이 없지 않다. 그러나 실상은 백제를 다시금 강국으로 도약시킨 중흥의 군주로 높게 평가되는 인물로 봄에 문제가 없을 것이다. 무령왕이 동성왕의 뒤를 이어 백제 제25대 왕으로 즉위한 것은 서기 501년의 일로서 그의 나이 42세 때의 일이다.[7] 무령왕은 늦은 나이에 등극하였지만 풍

---

7) 『三國史記』와 지석 기록의 비교를 통해 42세에 즉위하였음을 알 수 있다.

부한 경험을 바탕으로 정치적 안정을 꾀하며 안으로는 경제기반이 되는 농업 생산력을 극대화시킨 것으로 전한다.[8] 더불어 22담로에 자제종족을 파견하여[9] 지방지배를 강화하는 등 혼란된 정국을 수습한 인물이기도 하다. 나아가 대외적으로는 고구려의 압박에 효과적으로 대처하면서 교류에 적극적으로 나선 것으로 확인된다.[10]

사실, 백제는 무령왕의 통치력을 바탕으로 강력한 왕권국가로 재건에 성공한 것으로 보는데 문제가 없을 것이다. 따라서 무령왕의 20여 년간의 치적을 통해, 그가 백제를 다시금 강국의 반열에 올려놓은 군주로 보는 것은 당연할 것이다. 그러나 『삼국사기』 등의 기록에 그의 치적이 부분적으로 남아 있지만, 왕위에 즉위한 배경이나 왕권강화 문제 외에 다른 사실들, 특히 그의 출자 등에 대해서는 구체적으로 알려진 것이 별로 없다고 볼 수 있다.

무령왕에 대해서 우선 묘지석에 그의 이름이 '斯麻'로 표기되어 있다.[11] 『삼국사기』에도 '사마'와 '餘隆'이라는 이름이 동시에 기술되어 있다.[12] 이로써 '사마'라는 이름이 무령왕의 본래 이름이란 것을 알 수 있다. '여륭'이라는 이름도 '여'가 백제왕실의 성씨인 夫餘氏의 약자에서 비롯된 것으로 이를 줄여

---

8) 『三國史記』券26 百濟本紀 武寧王 十年條 春正月 下令完固隄防 驅內外遊食者歸農. 이 기록을 토대로 무령왕대에 금강유역과 영산강유역의 개발에 관심을 돌리고 농민경제의 안정화를 추구한 것으로 이해한다. (盧重國, 1991, 「百濟 武寧王代 集權力 强化와 經濟基盤의 擴大」 『百濟文化』 21, 公州大學校 百濟文化硏究所 : 정재윤, 2007, 「집권기반의 확립과 영토확장」 『熊津都邑期의 百濟』 百濟文化史大系硏究叢書4, 忠淸南道 歷史文化硏究院).

9) 『梁職貢圖』'所治城曰固麻謂邑檐魯於中國郡縣有二十二檐魯分子弟宗族爲之'

10) 무령왕대의 기사에 의하면 백제의 공격이 2회(즉위년, 2년), 고구려의 침입이 1회(12년), 말갈의 침입이 2회(3년, 6년) 고구려와 말갈의 연합침입이 1회(7년) 확인된다.

11) "寧東大將軍百濟斯麻王年六十二歲癸卯年五月丙戌朔七日壬辰崩到乙巳年八月癸酉朔十二日甲申安厝 登冠大墓立志如左"

12) 『三國史記』券26, 百濟本紀 第 武寧王, 卽位年, "武寧王 諱斯摩 或云隆 牟大王之第二子也…"

'여'라 칭하며, '융'은 외교관계시에 사용되었던 이름으로 보기도 한다.[13] 한편 지석에는 무령왕이 계묘년인 62세로 사망하였다고 적고 있는데, 사망년도가 523년이라는 사실을 고려할 경우 그가 태어난 해는 462년, 백제의 개로왕 8년이란 사실도 알 수 있다.

무령왕이 출생한 개로왕 8년(462)은 백제가 한성에 도읍하던 시기이다. 오랫동안 고구려의 압박에 혼란을 겪었지만 개로왕이 왕위에 오르면서 개혁적 정치를 단행, 정국의 안정을 도모한 시기이며, 북쪽의 고구려와 대립에서 우위를 점하기 위하여 다양한 노력을 경주하던 시기였다고 볼 수 있다.

그러나 무령왕은 이러한 시기에 출생한 인물이나 그의 출생과 관련된 정보를 정확하게 살필 수 있는 자료는 어디에도 보이지 않는다. 다만 무령왕의 출자와 왕실의 계보에 대해서『삼국사기』와『일본서기』에 단편적 사실들이 전할 뿐이다. 이를 토대로 무령왕의 출자에 대하여 동성왕의 둘째 아들설,[14] 곤지의 아들설,[15] 개로왕의 아들설,[16] 친아버지는 개로왕이며 의붓아버지는 곤지

---

13) 양종국, 2006,『中國史料로 보는 百濟』, 서경문화사.
14) 『三國遺事』王曆 에서도 "名斯摩 即東城王第二子", 동성왕의 둘째 아들로 기록되어 있다(文化財管理局, 1973, 앞의 책).
15) 李道學, 1984, 「漢城末熊津時代 百濟王系의 檢討」『韓國史研究』45, 韓國史研究會.
   梁起錫, 1991, 「百濟 熊津時代 武寧王」『百濟武寧王陵』, 公州大學校 百濟文化研究所.
   金澤均, 1992, 「武寧王과 繼體天皇의 出自」『江原史學』45, 江原大學校 史學會.
   鄭載潤, 1997, 「東城王 23年 政變과 武寧王의 執權」『韓國史研究』99·100집, 韓國史研究會.
   연민수, 1998, 「5세기 후반 백제와 왜국」『古代韓日關係史』, 혜안.
   오계화, 2004, 「百濟 武寧王의 出自와 王位繼承」『韓國古代史研究』33, 韓國古代史學會.
   洪性和, 2011, 「熊津時代 百濟의 王位繼承과 對倭關係」『百濟文化』45, 公州大學校 百濟文化研究所.
   최욱진, 2015, 「武寧王(斯麻)即位過程 檢討」『百濟文化』53, 公州大學校 百濟文化研究所.
16) 文暻鉉, 2000, 「百濟 武寧王의 出自에 대하여」『史學研究』60, 韓國史學會.

라는 설[17) 등의 견해가 제기되어 있기도 하다. 이 중에 동성왕의 둘째 아들설은 『삼국사기』의 기록을 토대로 추정한 것이며, 나머지는 모두 『일본서기』에 전하는 내용을 토대로 추론하는 것이기도 하다.

『삼국사기』의 기록에 따르면 무령왕 즉위년 조에는 "무령왕의 휘는 斯摩로 牟大王의 둘째 아들이다. 신장은 8척이고 용모가 그림과 같았으며, 인자하고 너그러워 백성들의 마음이 그에게로 돌아섰다. 모대가 재위 23년에 죽자 왕위에 올랐다"라는 내용을 적고 있다.[18) 여기에서 사마로 불렸던 무령왕이 모대왕 즉 동성왕의 두 번째 아들이라는 점을 밝히고 있다. 그러나 같은 『삼국사기』에 동성왕을 개로왕의 둘째 아들로 기록하여, 웅진천도의 주역이었던 문주왕과 형제관계로 이해할 수 있게 한다.

이와 같은 내용으로 웅진도읍 초기의 왕위 계승관계를 정리할 경우 우선 475년 문주는 아버지 개로왕을 이어 왕위에 오른 후 웅진천도를 단행하였으나 해구의 반란으로 죽임을 당한다. 이에 477년에는 그의 아들인 삼근에게 왕위가 계승되었으나, 삼근도 단명으로 죽고 왕위는 다시 479년 개로왕의 둘째 아들이며 문주의 동생, 그리고 삼근의 삼촌인 모대, 즉 동성왕에게 이어졌다. 동성왕은 재위 23년만에 백가의 반란으로 죽임을 당하였는데, 그의 사후에 동성왕의 둘째 아들로 기록된 무령왕이 501년에 왕위에 오른 것으로 정리할 수 있을 것이다.

한편, 『일본서기』는 "여름 4월에 백제 加須利君은 池津媛이 불에 타 죽었다는 것을 전해 듣고 상의하여 말하기를 '옛날에 여자를 바쳐 采女로 삼았다. 그러나 이미 예를 잃어 우리나라의 명예를 실추시켰으니 지금 이후로는 여자를 바치는 것은 옳지 않다'라고 하였다. 이에 그의 아우 軍君에게 '네가 일본에

---

17) 윤용혁, 2003, 「무령왕 '출생전승'에 대한 논의」 『百濟文化』 32, 公州大學校 百濟文化硏究所.

18) 『三國史記』 券二十六 百濟本紀 武寧王 即位年條 武寧王 諱斯摩 或云隆 牟大王之第二子也 身長八尺 眉目如畵 仁慈寬厚 民心歸附 牟大在位二十三年薨 即位.

가서 천황을 섬기는 것이 마땅하다'라고 말하였다. 군군이 '上君의 명은 삼가 어길 수 없습니다. 바라건대 임금님의 부인을 저에게 주신 다음에 삼가 떠나겠습니다'라고 대답하였다. 가수리군은 임신한 부인을 군군에게 시집 보내주며 '나의 임신한 부인은 이미 해산할 달이 되었다. 만약 길을 가는 도중에 해산을 하게 되면 바라건대 1척의 배에 태워서 다다른 곳이 어디건 속히 나라로 되돌려 보내도록 하라'고 말하였다. 마침내 하직하고 삼가 조종에 파견되었다. 6월 병술 초하루에 임신한 부인이 과연 가수리군의 말처럼 축자의 각라도에서 아이를 낳았다. 이로 인하여 이 아이의 이름을 嶋君이라 하였다. 이에 군군은 곧 한척의 배로 도군을 나라에 돌려보냈는데, 이가 무령왕이 되었고 백제 사람들은 이 섬을 부르기를 主嶋라 하였다. 가을 7월에 군군이 서울에 들어 왔는데 이때 이미 다섯 자식이 있었다"라는 내용을 전하고 있다.[19]

따라서 『일본서기』의 내용에 따르면 무령왕은 개로왕의 아들로 정리될 수밖에 없다. 그러나 이 내용은 무령왕릉 발굴 이후 주목된 것이다. 사마라는 이름이 동일하게 적혀 있다는 사실과 사료에 나와 있는 형수를 부인으로 취한 내용은 부여족의 유산인 형사취수제의 전형적인 것으로 백제에도 그러한 유풍이 있었다는 것과 관련하여 보기도 한다. 때문에 무령왕의 출자에 대한 『삼국사기』나 『일본서기』의 기록은 모두 나름의 문제를 가지고 있는 것으로 비판되기도 한다.

그런데 『삼국사기』의 경우 기록만으로 보면 동성왕의 둘째 아들로서 큰 의문을 갖기 어렵다. 그러나 문주왕의 장자인 삼근왕이 477년 13세의 나이로 즉위할 당시 무령왕은 16세였다. 이에 대해 문주의 동생인 동성왕의 둘째 아들 무령왕이 삼근왕보다 3살 연상이라는 의문을 제기하기도 한다. 즉 무령왕과 삼근왕의 나이를 계산하면, 동성왕의 둘째 아들설이 문제가 된다는 것이다. 다만 유의 할 것은 삼근왕과 무령왕의 나이를 단순히 비교하여 계보의 가

---

19) 『日本書紀』卷十四, 雄略天皇 五年 "秋七月 軍君入京 旣而有五子"

부를 판단하는 것은 다소 문제라는 것이다.

한편 『일본서기』의 기록을 그대로 받아들일 경우 무령왕의 실제 아버지는 개로왕이 될 수밖에 없다. 이는 기록의 내용 중, 형이 동생에게 부인을 주었다는 사실을 근거로 백제에 형사취수혼제가 있었다고 전제한 것이다. 그러나 형사취수혼제는 형이 죽은 후에 동생이 형수를 부양해야 하는 환경에서 나타난 유목민의 유제라는 점에서 이미 비판된 바 있다. 따라서 『일본서기』의 기록은 이 형사취수혼 형태의 설화를 채록하고 있다는 점에서 상당한 무리가 있는 것으로 평가한다. 더불어 개로왕과 계보를 연결하기 위해 무리하게 조작한 것이 아닌가라는 의혹도 제기된다. 기록에는 개로왕의 아들이 태어나자마자 곧 개로왕에게 돌려보내지는 사실과 이후 정황과의 불일치도 크게 나타난다.

사실, 『일본서기』의 무령왕 출생 관련 정황에 나타나는 모순을 들어 그가 개로왕의 아들이기 보다는 개로왕의 아들이었던 곤지의 아들로 보는 견해가 유력하기도 하다. 이는 상당수의 연구자가 동의하는 견해로 무령왕은 곤지가 동행하는 도정에 태어났기에 곤지와 관련이 있는 것이 분명하다는 전제에서이다. 여기에 『일본서기』에 인용된 백제 역사서로 보는 『백제신찬』의 내용 중 동성왕과 무령왕은 모두 곤지의 아들이며, 배다른 형제라는 기록이[20] 학계의 지지를 받는 것과 무관치 않다. 그러나 여기에도 웅진도읍기에 두각을 보인 동성왕과 무령왕을 모두 곤지라는 특정의 인물과 작위적으로 연결시키려는 의도도 간과할 수 없기에 의문이 있다.

이상의 검토결과를 종합하면, 『삼국사기』와 『일본서기』의 무령왕 관련 기록은 전자가 왕실계보를 나타내는 것이라면 후자는 출생과 관련된 설화를 적

---

20) 『日本書紀』 卷十六 武烈天皇四年 是歲 百濟末多王無道 暴虐百姓 國人遂除而立嶋王 是爲武寧王 百濟新撰云 末多王無道暴虐百姓 國人共除 武寧立 諱斯麻王 是混支王子之子 則末多王異母兄也 混支向倭時 至筑紫嶋生斯麻王 自嶋還送 不至於京産於嶋 故因名焉 今各羅海中有主嶋 王所産嶋 故百濟人號爲主嶋 今案嶋王 是蓋鹵王之子也 末多王是混支王之子也 此曰異母兄未詳也.

고 있다는 차이가 있음을 알 수 있다. 출생도 계보와 관련된 것이기에 구태여 두 기록을 비교하면,『삼국사기』는 무령왕을 동성왕의 둘째 아들로 본 반면,『일본서기』는 개로왕의 아들로 본다는 차이가 있다. 특히 무령왕의 출자에 대해『일본서기』가 보다 해답에 접근한 것처럼 인식되지만, 형사취수혼제가 백제에도 있었다는 전제 자체에 상당한 의문을 가질 수밖에 없다.

결국 무령왕의 계보나 출생 관련의 이해가『삼국사기』또는『일본서기』의 내용 중 어떠한 것 하나만을 취신 할 수 없음은 명백하다. 현재로서는 백제와 밀접한 관련이 있는『백제신찬』에 언급된 것처럼 무령왕을 곤지의 아들로 보는 것이 가장 유력한 것으로 받아들여지는 이유이다. 이러한 환경에서 무령왕은 그가 백제왕실 계보에 속하면서 개로왕 혹은 문주왕과 동성왕의 지근에 있는 인척의 인물이란 사실 외에, 동성왕의 둘째 아들, 혹은 개로왕의 아들, 곤지의 아들로 볼 수 있다는 가정이 가능할 것이다.

물론 그의 출생과 관련한『일본서기』의 다소 황당한 기록은 어떤 배경에서 나타난 것인가, 또『삼국사기』에서 무령왕을 동성왕의 둘째 아들로 기록한 이유는 무엇인가 등에 대한 사료 검토가 선행되어야 할 것이다. 여기에 백제의 웅진천도 후 정정 불안과 그 과정에 나타난 빈번한 정권교체, 세력집단간의 이해관계가 선행적으로 검토되고 이를 토대로 사실적 관계가 탐구되어야 할 것이다.


## 4) 무령왕의 갱위강국

일반적으로 백제사의 부흥기를 성왕대로 알고 있지만 그 기반을 세우고 그것을 가능하게 한 것은 무령왕이었다고 봄에 문제가 없을 것이다. 백제는 무령왕 때에 진행된 여러 개혁들을 통하여 다시금 강국으로 자리매김할 수 있었기 때문이다. 웅진천도 후 초기의 혼란한 정국은 동성왕과 무령왕을 거치면서 거의 안정적 단계로 진정되었다. 이러한 정국 안정은 왕권 신장을 담보하는 것으로, 곧바로 국력의 중흥도 가져왔을 것이다.

그런데 웅진천도 전야의 정황을 고려하면 새로운 도읍을 경영하기 위한 국가역량이 결코 넉넉한 것은 아니었을 것이다. 때문에 대내외적 난관의 타개는 다각도로 시도되었을 것인데, 그중에서도 국제 교류의 필요성이 절실하였을 것임을 짐작하기 어렵지 않다. 이 무렵, 동성왕과 무령왕이 대중국 외교에 적극적으로 나선 것은 자연스런 일로 볼 수 있을 것이다. 국제교류를 통해 백제는 상대적으로 취약한 국가기반을 선진문물의 도입으로 보강하고, 국력중흥의 기반을 마련할 필요가 있었을 것이기 때문이다.

무령왕이 왕위에 오른 것은 동성왕 23년, 그가 백가에 의해 시해된 서기 501년의 일이다. 그러나 무령왕이 왕위에 오른 나이가 42세의 완숙한 불혹의 나이인 점은 그의 왕위 등극을 정상적인 등극이라 보기는 어렵다는 인식이 일반적이다. 그리고 무령왕의 즉위는 동성왕의 시해라는 비상 상황에서 이루어졌기 때문에 동성왕 23년 정변과 관련하여 무령왕의 즉위를 이해하여야 할 것이다.

그런데 무령왕의 즉위 전야의 정황을 전하는 기록으로,『삼국사기』에는 동성왕 시해와 관련한 정황에 대하여 "8월에 가림성을 쌓아 위사좌평 백가를 진수시켰다. 겨울 10월에 왕이 사비 동쪽 벌판에서 수렵을 하였고, 11월에도 왕이 웅천 북쪽 벌판에서 수렵을 하였다. 또한 사비 서쪽 벌판에서 전렵을 하다가 큰 눈에 막혀 마포촌에서 묵었다. 처음에 왕이 백가에게 가림성을 진수하게 하였을 때에 백가는 가지 않고자 하여 병이 들었다고 사양하였으나 왕이 허락하지 않았다. 이 때문에 왕을 원망하였고, 이에 이르러 백가는 사람을 시켜 왕을 칼로 찔렀다. 12월에 왕이 그만 죽으니 시호를 동성왕이라 하였다"고[21] 그 내용을 전한다. 기록만으로 무령왕의 왕위 등극의 실상 이해는 문제가

---

21)『三國史記』券二十六 百濟本紀 東城王 二十三年條 ~八月 築加林城 以衛士佐平苩加鎭
之 冬十月 王獵於泗沘東原 十一月 獵於熊川北原 又田於泗沘西原 阻大雪 宿於馬浦村

없을 듯하다.

다만. 동성왕은 479년 왜에서 귀국하여 왕이 된 인물로 알려져 있기도 하다. 그는 한성함락에 이은 개로왕의 참사, 문주왕의 시해 등 백제왕들이 수난을 당하는 위기상황에서 즉위한 인물이다. 동성왕은 미약해진 왕권을 강화해야만 했고 강력한 통치를 추진하여 집권력을 강화할 필요가 있었다. 그러나 그의 강력한 추진력에는 항상 반발이 있었고, 때문에 백가에 의해 시해되었으며 뒤를 이어 무령왕이 즉위하게 된 것이다. 즉 무령왕의 즉위는 백가가 동성왕 시해의 주범이라는 것에서 출발한 것이다.[22]

한편 정변을 주도한 인물이 정국의 주도권을 잡는 것은 지극히 상식적임에도 불구하고, 백가가 동성왕을 죽인 후 정국의 주도권을 장악한 흔적은 보이지 않는다. 이후 왕을 시해한 백가는 전출된 가림성에 웅거하고 있다가 무령왕이 즉위한 이후 반란을 일으킨 것이다. 이처럼 백가는 동성왕을 시해한 후 별다른 행동을 보이지 않다가 뒤늦게 반란이라는 극단적인 방법을 택하고 있다는 다소 모호한 환경이 전한다. 왕을 죽인 이후에 자신의 안전을 위해 충분히 대비하는 것은 당연할 것인데도 백가는 동성왕 시해 이후 별다른 행동을 보이지 않는 것은 커다란 의문으로 남는다는 것이다.

그와 관련하여 고려될 문제는 백가의 동성왕 시해의 이유가 단순히 가림성 전출에 대한 반발이라든가 혹은 신진세력의 견제에 대한 불만, 개혁정치에 대한 불만 때문인 것인가라는 점일 것이다. 백가의 동성왕 시해 사실만을 국한하여 보면, 가림성이 아무리 중요하다 할지라도 그의 세력기반으로 알려진 웅진 지역을 떠나 가림성으로 파견되는 것은 불리한 것이다. 이 때문에 병을 핑계로 사양하고 있었으나 백가는 어쩔 수 없이 가림성으로 전출되었다고 알려져 있기는 하다. 그러나 백가는 가림성의 전략적 중요성에 비추어 이를 기반

---

初 王以苜加鎭加林城 加不欲往 辭以疾 王不許 是以 怨王 至是 使人刺王 至十二月乃薨 謚曰東城王.

22) 李基白, 1978,「熊津時代 百濟의 貴族勢力」『百濟研究』9, 忠南大學校 百濟研究所.

으로 중앙정계로 재기할 수도 있었겠지만, 그럼에도 불구하고 동성왕을 시해한 것은 어딘가 어색함이 있다. 나아가 시해의 전제에는 백가에게도 나름대로 확실한 대안이 있었어야 할 것인데, 오히려 단순한 지방 전출 혹은 신진세력에 대한 견제라는 단독적 이유가 아닌 동성왕의 반대세력이 결집하여 이루어진 것으로 보는 점에서[23] 보다 큰 정치적 이유에서 원인을 찾아야 할 것이다.

이처럼 동성왕 23년의 거사가 백가의 우발적인 단독 범행이 아니라면, 이미 동성왕 이후 누가 왕이 될 것인가에 대한 대안을 마련한 후 시작되었을 것이다. 더욱이 무령왕은 『삼국사기』에 "인자하고 너그러워 백성들의 마음이 그에게로 돌아섰다"라는[24] 표현과 함께 동성왕과는 다른 부드러운 인물로 묘사되었다. 주변 인물을 따르게 하는 무령왕의 포용성을 감안하면 정변의 주도세력과 교감이 있었다고 확신할 수 있다. 무령왕이 자신의 의지와는 상관없이 정변의 주도적 역할을 하였다는 점도 부인할 수 없을 것이다. 오히려 무령왕이 정변의 구심점 역할을 하였다는 견해도[25] 있다. 이 견해에 따르면 무령왕이 사회적 불안이 고조되는 상황을 이용하여 동성왕에 반대하는 세력과 결탁하여 동성왕을 제거한 것으로 보아도 문제가 없을 것이다.

무령왕이 백가의 시해에 직·간접적으로 관여한 흔적은 부인할 수 없을 것이다. 왕을 시해한 정변의 경우 우발적이 아닌 이상 그 대안이 있어야 하는데, 무령왕이 왕위에 등극하였다는 사실은 그가 정변의 중심에 있었음을 부인하기 어렵게 하는 것일게다. 다만 정변의 배경이나 참여세력 그리고 결과에 대한 구체성이 결여되어 있을 뿐이다. 오히려 정변 후의 처리, 즉 무령왕의 백가

---

23) 盧重國, 1988, 앞의 글. 측근세력이었던 백가가 연돌과의 정치적 다툼에서 패배하여 배제된 것으로 이해하기도 한다(鄭載潤, 2000, 앞의 글, 526~527쪽).
24) 『三國史記』卷26, 百濟本紀 第4, 武寧王 一年, "…眉目如畫, 仁慈寬厚, 民心歸附."
25) 盧重國, 1991, 앞의 글. 이외에 동성왕 시해를 무령왕에 의한 친정쿠데타로서 이해하기도 한다(김기섭, 2010, 「백제 東城王 암살사건 재검토」 『한국학논총』 34, 국민대학교 한국학연구소; 최욱진, 2015, 앞의 글).

제거에 대한 사실이 보다 주목된 것으로 보아야 할 것이다.

백가가 정변을 주도하였다면 정변 후 적극적 행동을 취했을 것이다. 그러나 정변 후, 백가는 가림성에 웅거하다가 무령왕이 즉위한 다음에서야 반란을 일으킨다. 만약 백가가 동성왕 시해라는 정변을 통해 정국의 주도권을 잡으려 시도하였다면, 그의 세력기반인 웅진지역에서 행동을 취했을 가능성이 크다. 그럼에도 그가 가림성에서 반란을 일으켰다는 사실은 그가 계속 가림성에 머물면서 무령왕의 왕위 등극을 지켜보았으나, 이후 상황의 불리 속에 반란을 일으킨 것으로 여겨진다. 여기에는 그가 실제 반란을 일으켰는가의 문제도 남지만, 동성왕 시해의 중심에 있던 백가를 동성왕 시해로 나타난 가장 큰 혜택인 왕권을 거머쥔 무령왕이 군사를 동원하여 참수한 것은 또 다른 친위 구테타적 정변이 아닌가하는 의문도 없지 않다.

백제는 475년 고구려의 한성침공과 개로왕의 패사로 문주가 왕위에 등극하고, 이어 웅진천도를 단행하지만 엄청난 정국혼란을 가져온다. 그 결과로 문주왕은 재위 4년 만에 해구의 반란으로 죽임을 당하고, 그의 아들 삼근왕도 14세의 나이로 왕위에 오르지만 3년을 넘기지 못하고 죽음을 맞는다. 이어 등장한 동성왕은 23년간 재위하지만 결국 백가에 시해되는 혼란을 겪는 것이다. 그러나 백제는 동성왕의 시해 후 무령왕이 등장하고 백가가 제거된 다음부터는 더 이상의 권력상쟁과 같은 혼란을 겪지 않는다. 오히려 민생의 안정과 국력강화에 매진하였는데, 결국 무령왕의 백가 제거는 왕권에 도전하는 세력을 완전히 제거하였음을 보여주는 것이 아닌가 여겨진다. 또한 백가의 제거를 통해 무령왕은 왕권을 확고하게 확립하고 강화하였던 것으로 볼 수 있을 것이다.

무령왕기의 중앙정치에서 주목되는 것은 좌평의 위상변화이다.[26] 무령왕대의 정치적 변화 중 직책을 가진 좌평은 등장하지 않는다. 무령왕 이전까지

---

26) 정재윤, 2007, 앞의 글.

는 6좌평의 관직을 확인할 수 있다. 백가와 해구의 반란을 통해서도 동성왕대 말년까지의 좌평은 모두 관직을 가지고 있었다는 것을 알 수 있다. 이후 성왕 때에 상·중·하 좌평이 보이는 것으로 미루어 좌평제가 유력한 귀족세력의 이익을 대변하는 합의기구라던가 혹은 지배귀족의 신분서열을 나타내는 관등적 성격으로 보기도 한다.[27]

천도 이후 일어난 두 차례의 반란은 모두 병관좌평과 위사좌평이라는 관직을 가진 좌평에 의해 일어났기에, 좌평을 통해 권력을 장악하는 정치구조로 인한 문제점도 있었을 것이다. 따라서 좌평제의 변화는 절대적으로 필요하였을 것이고, 이를 보완하기 위하여 22부사제가 마련된 것으로 본다.[28] 또한 관등제를 실시하고 색복을 구별하는 등 귀족들의 서열화를 지향하였다.[29]

더불어 지방통치 체제로 22담로제에 자제종족을 분거한 사실도 주목할 수 있는 것이다. 백제의 지방통치방식은 초기에는 부제, 그리고 담로제를 거쳐 사비시기에는 5방제가 실시된 것으로 보는데 웅진천도 전야의 지방 통제방식은 담로제로 봄이 일반적이다. 물론 담로를 백제어의 성·읍을 의미하는 것으로 보면서 실시시기를 국초부터 실시했다는 견해,[30] 근초고왕 때로 보는 견해,[31] 개로왕 때인 473년으로 보는 견해가[32] 있는가 하면, 무령왕대로 보고

27) 梁起錫, 1991, 「韓國古代의 中央政治」『國史館論叢』21, 國史編纂委員會.

28) 金周成, 1990, 『泗沘時代政治史研究』, 全南大學校 博士學位論文.

29) 정재윤, 2007, 앞의 글.

30) 李丙燾, 1959, 「三國의 政治組織」『韓國史』古代篇, 乙酉文化史, 546~547쪽.

31) 盧重國, 1988, 앞의 글.
朴賢淑, 1990, 「百濟 初期의 地方統治體制 研究」『百濟文化』20, 公州大學校 百濟文化研究所.
李道學, 1990, 「漢城 後期의 百濟 王權과 支配體制의 整備」『百濟論叢』2, 百濟開發研究院.

32) 金英心, 1997, 『百濟 地方統治體制 研究: 5~7세기를 중심으로』, 서울大學校大學院 博士學位論文.
金起燮, 1997, 「百濟 前期의 部에 관한 試論」『百濟의 地方統治』, 韓國上古史學會.

있는 견해도[33) 있다. 담로제의 실시시기에 대한 다양한 견해는 어떠한 관점에서 보느냐에 따라 다르겠지만, 4세기 후반에서 5세기까지로 편년되는 금동관모와 같은 위세품이 백제의 지방사회에서 포괄적으로 나타난다는 사실에 근거하여 추정할 수 있다. 또한 이의 수수환경으로 미루어 보아 동일시기의 지방통치체제를 담로제로 보는데 문제가 없는 것이다.[34) 이후 무령왕은 지방의 담로 22개 지역에 자제종족을 분거, 즉 지방의 직접통치 체제를 확립하여 이후 5방제의 기반을 마련한 것으로 보아야 할 것인데 이는 기왕에 구원군이었던 신흥세력의 소멸을 가져왔다고 볼 수 있을 것이다.

무령왕대에는 사회·경제 전반의 개혁을 통해 얻은 힘을 바탕으로 고구려에게 빼앗긴 한강유역의 옛 땅을 되찾기 위한 노력도 나타났다. 고구려에 대해 적극적으로 공세적 입장을 취하였는데, 그 결과 한성지역에 대한 경영도 다시 착수하였고 더불어 가야지역과 남해안지역까지 진출하여 백제의 영향력을 확대하였다.[35) 무령왕대에 이르러 백제는 유달리 중국과 일본을 포함한 동아시아 주변국과의 문화적 교류가 활발하였다.[36) 이러한 사실은 바로 무령왕대에 백제가 국제적 위상확립도 이룩하였음을 보여주는 것이다.

---

33) 李基白, 1996, 『韓國古代政治社會史研究』, 一潮閣.
   梁起錫, 1980, 「熊津時代의 百濟 支配層 研究」 『史學志』 14, 檀國大學校史學會.
   鄭載潤, 1992, 「熊津·泗沘時代 百濟의 地方統治體制」 『韓國上古史學報』 10, 韓國上古史學會.
34) 李南奭, 1990, 「百濟 冠制와 冠飾 -冠制·冠飾의 政治史的 意味考察-」 『百濟文化』 20, 公州大學校 百濟文化研究所.
   李南奭, 2008, 「百濟의 冠帽·冠飾과 地方統治體制」 『韓國史學報』 33, 高麗史學會.
35) 金秉南, 2006, 「백제 웅진시대의 남방 재진출과 영역화 과정」 『軍史』 61, 國防部 軍史編纂研究所.
   이근우, 2007, 「熊津時代 百濟와 伽倻」 『百濟文化』 37, 公州大學校 百濟文化研究所.
36) 이남석, 2012, 앞의 글.

## 5) 맺음말

왕의 무덤이 왕릉이다. 우리 역사에는 삼국 및 가야라는 고대국가가 오랫동안 존재하였기에 수많은 왕릉의 존재를 추정할 수 있다. 더불어 왕릉으로 추정되는 많은 유적도 있다. 그러나 주인공을 분명하게 알 수 있는 왕릉은 공주 송산리 고분군 내 무령왕릉뿐이다. 1971년 우연히 발견되었고 특유의 지석이 있어 그것이 백제 25대 무령왕의 무덤이란 사실을 알 수 있었다. 무덤도 벽돌로 만든 전축분으로 다양한 유물이 포함되어 있다. 이를 통해 웅진도읍기 고대국가 백제의 실상을 가늠할 수 있을 뿐만 아니라 그 위상이 범상치 않음을 알 수 있다.

백제는 웅진천도 후 약 30여 년간 지루한 정쟁을 계속하였다. 천도 직후 해구에 의한 문주왕의 살해나, 어린 삼근왕의 짧은 재위기간, 연이어 등장한 동성왕도 23년간 재위하지만 결국 살해될 만큼 치열한 정쟁이 그것이다. 이러한 사실은 웅진천도 직후의 백제 정정의 불안을 상징적으로 보여주는 것이기도 하다.

그러나 무령왕 즉위 이후 백제는 정치적 안정이 이룩되고, 민생의 안정으로 인한 국력증진은 다시 강국이 되었음을 선언하기에 이른다. 이를 통해 웅진천도 후의 지루한 정치적 분쟁을 종결시킨 주인공이 무령왕이란 사실을 알 수 있다. 그 실상을 가장 적극적으로 대변하는 것이 무령왕릉이다.

# 2. 송산리 고분군과 무덤의 주인공들

·
·

## 1) 머리말

세계 문화유산으로 지정된 것이 의미하듯이 공주 송산리 고분군은 백제 문화의 상징일 뿐만 아니라 백제에서 실명이 구체적으로 전하는 유일한 왕릉인 무령왕릉이 자리하는 유적이다. 그리고 무령왕릉과 동일한 묘제인 6호 전축분도 있다. 이 벽돌무덤은 본래 백제 고유의 묘제라기보다 당시 중국과 교류를 통해 백제에 전해진 것으로, 기왕의 석실묘와는 재료적 차이를 드러낸다.

송산리 고분군에는 무령왕릉을 포함한 벽돌무덤 2기와 이외에 여러 기의 석실묘와 석곽묘가 있는데 이들 모두를 왕릉으로 보기는 어렵다. 송산리 고분군은 백제의 웅진도읍기 왕릉지역이고, 백제 왕릉의 조영환경을 고려하면 무령왕의 가계 구성원의 묘역으로 보아야 한다. 이 경우 6호 전축분으로 구분된 벽돌무덤의 주인공이 누구일까라는 의문이 남는다.

6호 전축분은 무령왕릉처럼 벽돌로 만든 무덤이나 무령왕릉보다 약 40여 년 전에 발견되었고 무덤의 짜임새나 축조 정황에서 무령왕릉에 견주어 손색이 없다. 따라서 이 무덤도 일단은 왕릉으로 볼 수도 있을 것인데, 관련 유물의 부재와 함께 왕릉 조영환경을 고려할 경우 그것이 누구의 무덤인지에 의문

그림 1  송산리 고분군 전경

이 있다. 의문은 무령왕릉과의 비교분석을 통해 해소될 수 있을 것이고, 관련 유물이나 구조 정황으로 미루어 그 피장자가 무령왕비였다는 판단이 가능하기에 어쩌면 이것도 무령왕릉으로 보아야 할 것이다.

송산리 고분군에 대한 인식은 주로 무령왕릉에 초점되어 나머지 분묘나 무덤군 자체의 조명은 크기 않았던 것이 사실이다. 물론 무령왕릉의 관심증대가 송산리고분군 자체까지 주목되었다고 볼 수도 있지만 무령왕릉의 실체에 보다 접근하기 위해서는 송산리 고분군 자체의 이해도 긴요하다는 사실을 부인할 수 없을 것이다. 예컨대 무령왕릉의 존재는 백제왕실의 왕릉 존재를 인정하는 것에 한정될 수 있겠지만 보다 광의적 왕릉 조영실상의 이해는 오히려 송산리 고분군을 통해 가능할 수밖에 없을 것이다.

따라서 기왕에 진행된 송산리 고분군의 검토결과를[1] 참고로, 송산리 고분

---

1)   朝鮮總督府, 1927, 「公州宋山里古墳調査報告」『昭和二年度古蹟調査報告 第二冊』.

군의 현황과 그 조사과정 그리고 고분군 중에 또 다른 왕릉으로 볼 수 있는 6
호 전축분의 실상을 정리하고 나아가 이 6호 전축분의 주인공이 무령왕의 첫
번째 부인인 왕비로 본 바가 있었는데[2] 관련 자료를 고고학적 논거를 구체적
으로 검토하여 보고자 한다.


## 2) 송산리 고분군의 발굴

송산리 고분군의 조사는 지금으로 보면 비교적 이른 시기에 일제강점기에
일본인들에 의해 이루어졌다. 그러나 당시의 고고학적 관심은 대체로 낙랑이
라든가 고구려 혹은 가야지역에 집중되었던 것으로 여겨지고, 백제유적은 상
대적으로 늦게 이루어진 것으로 살펴진다. 그럼에도 백제 왕릉은 일찍부터 관
심의 대상이 된 것이 아닌가 여겨진다. 예컨대 1910년대 후반에 이르면 일제
는 백제지역의 문화유적에 대한 관심을 증폭시키는데, 지상의 잔존 유적 외에
매장유적으로 고분에 많은 관심을 기울이고 있기에 그러하다. 예컨대 백제 왕
릉이 있을 것으로 추정할 수 있는 공주와 부여, 그리고 익산지역의 문화재 조
사가 지표조사 형태로 진행됨에도 불구하고, 부여와 익산의 일부 고분은 발굴
과 함께 구체적 실측까지 진행되어 고분에 대한 그들의 관심이 매우 높았음을
알 수 있기 때문이다.

일제강점기 공주지역에서 고고학적 활동은 1917년에 이루어진 것으로 확

---

忠清南道 · 公州大學校百濟文化研究所, 1972, 『百濟武寧王陵研究論文集I』.
忠清南道 · 公州大學校百濟文化研究所, 1991, 『百濟武寧王陵研究論文集II』.
국립공주박물관, 2008, 『무령왕릉 기초자료집』.
이남석, 2010, 『송산리 고분군』, 공주시 · 공주대학교박물관.
공주시 · 국립공주박물관, 2012, 『宋山里 古墳群 基礎資料集』.
2)   李南奭, 1997, 「公州 宋山里 古墳群과 百濟王陵」 『百濟研究』 27, 忠南大學校 百濟研
究所.

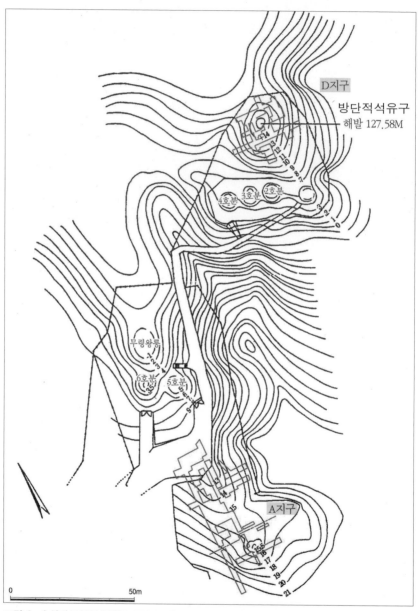

그림 2  송산리 고분군 현황도  國立公州博物館, 2009, 『武寧王陵 新報告書1』 도면

인된다. 당시 공주지역의 문화유적으로 공산성을 비롯하여 마곡사와 동학사가 처음으로 기록되고 있음이[3] 그것인데, 의외로 대학리 왕총을 적고 있음은 매우 주목되는 사실이다. 일제에 의해 발행된 보고서에 따르면 대학리 왕총은 탄천면 대학리에 있는 것으로 산의 정상부분에 있는 것을 지목하면서, 왕총이라 부르는 대상은 이곳에 이미 조성되어 있는 조선시대의 무덤의 뒷부분이고, 전하는 말에 따르면 5~6년 전(서기 1917년 기준) 새로운 무덤을 조성할 때 왕총의 봉분을 깎아 무덤을 만들었기 때문에 지금의 형상으로 남게 되었지만, 본래는 규모가 큰 무덤이었던 것이었다고 기록하고 있는 것이다. 나아가 당시 그 부분은 높이 약 180cm 정도의 돌출부분이 있었는데 이것이 고분인가 아닌가는 판단이 어렵다는 언급도 첨가되어 있다.

물론 이 기록은 일제 강점기 일인들이 실시한 한반도 문화유적에 대한 개괄적 현황조사의 일부에 불과하지만 공주지역의 문화유적 중에서 왕총 즉 왕릉의 존재를 주목하고 있는 점은 이채로운 것이다. 그럼에도 실제 왕릉이 존재하는 송산리 고분군에 대한 조사나 언급은 전혀 없는데, 이는 초기 유적조사 과정에서 공주지역의 본래 백제 왕릉은 전혀 주목되지 않았던 것으로 판단되는 것이다. 반면에 공주지역의 백제 고분 혹은 왕릉에 대해 언급이 없는 것과는 달리 마지막 도읍지였던 부여지역이나 익산지역, 그리고 나주지역에서는 백제 고분 그것도 왕릉을 주목하면서 조사가 실시되었음을 주목된다. 그 결과로 부여에서 능산리 동하총 벽화 내용이 확인되는가 하면, 동하총 주변의 고분이 조사되어 이들이 백제의 성왕릉 혹은 위덕왕릉으로 비정되었다.[4] 그리고 익산에서 쌍릉에 대한 실측도가 제시되는 점으로 미루어 발굴정도의 조사

---

3)  朝鮮總督府, 1917, 『大正六年度古蹟調査報告書』.
4)  關野貞, 1915, 『朝鮮古蹟圖報解說』, 朝鮮總督府篇.
    關野貞·黑板勝美, 1915, 『朝鮮古蹟圖報解說』 3, 朝鮮總督府篇.
    野守建·小川京吉, 1920, 『大正六年度 朝鮮古蹟調査報告』, 朝鮮總督府篇.

가 있었음도 알 수 있으며,5) 이외에 전남 나주의 대형 고분군에 대한 조사도
활발하게 진행된 것이다.6) 다만 이는 그들이 한반도에서 임나일본부와 관련
된 흔적을 찾기 위한 것이지만 그들의 본래 계획은 실패한 것이 아닌가 여겨진
다. 아무튼 이로 보면 백제 고분의 조사는 공주지역에서 구체적 발굴이 진행
되기 이전에 이미 폭넓게 전개되고 있음을 알 수 있다.

　　공주지역에서 고분의 조사는 왕릉을 찾겠다는 목적에서 1927년부터 진행
되는데 이는 다른 지역에 비해서 상대적으로 늦게 이루어진 것이기도 하다.
즉 부여 능산리 고분군이나 익산 쌍릉과 나주의 반남면 고분군이 조사된 후
약 10여 년이 경과된 뒤의 일이기 때문이다. 조사대상은 공주의 무릉동과 능
현, 그리고 송산리 고분군이었고, 조사의 배경을 보면 무릉동의 조사는 지명
이 왕릉과 관련이 있을 것이란 가정과 관련하여 이루어진 것으로 보이지만 유
적 검출에는 실패하였고, 송산리 고분군과 능현의 조사는 기록에7) 근거한 것

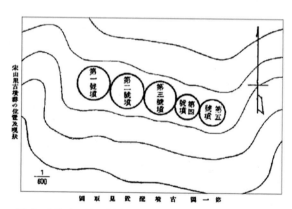

으로 여겨지나, 능
현에서 고분을 발견
하지 못하고, 송산
리에서 5기의 고분
을 조사한 후에 왕
릉을 찾은 것으로
조사를 마무리한다.
송산리 고분군에서
당시에 발굴된 무덤
은 오늘날 1~4호분

그림 3　송산리 고분군 현황도 <1927년 보고>
朝鮮總督府, 1927,『昭和二年度古蹟調查報告 第二冊』도면

5)　朝鮮總督府, 1917,『大正六年度 朝鮮古蹟調查報告』, 益山郡.
6)　朝鮮總督府, 1920,『大正六年朝鮮古蹟調查報告』.
7)　東國輿地勝覽 卷之十七 公州牧 山川條 陵峴: "在州東五里有故陵基名諺傳百濟王陵"
　　東國輿地勝覽 學校條 鄕校: "在州西三里西有故陵基諺傳百濟王陵未知何王"

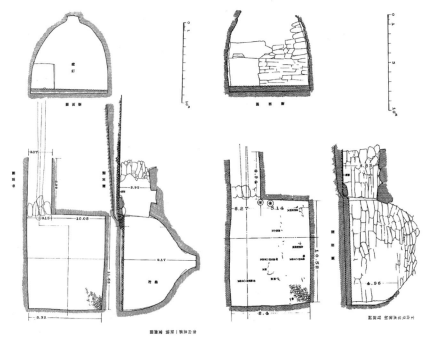

**그림 4** 송산리 고분군 1호(左), 5호(右) <1927년 보고>
　　　朝鮮總督府, 1927, 「昭和二年度古蹟調査報告 第二冊」 도면

으로 구분된 것들이다.

　1927년 송산리 고분군의 조사결과가 모두 전해지는 것은 아니다. 일제강점기에 간행된 소화 2년간의 고적조사보고에 조사내용이 일부 전한다.[8] 이에 따르면 당시 고분은 5기가 조사된 것으로 확인되나 1호분과 2호분 그리고 5호분에 대해서만 비교적 상세하게 기록되어 있다. 반면에 나머지 3호분과 4호분은 조사 과정이나 내용이 전혀 알려져 있지 않다. 다만 조사결과와 관련 없이 고분의 일부 내용이 나중에 소개되는데 구체적 실상은 확인이 어렵다. 아무튼 1927년 조사결과는 3기의 고분에 대한 내용과 그 출토유물 등이 전하

---

8)　朝鮮總督府, 1927, 「公州宋山里古墳調査報告」 「昭和二年度古蹟調査報告 第二冊」.

고, 더불어 이들 고분을 백제 왕릉으로 취급하고 있다.

　송산리 고분군은 발굴 직후에 조경을 비롯하여 주변의 정비작업을 진행하였고 나아가 고분군에 이르는 통행로를 마련하는 작업도 진행하였다. 그런데 이 과정에서 5기의 무덤은 4기만 외형을 남겨 정비한다. 아마도 웅진도읍시기에 사망한 군주가 4명이란 점을 고려한 것이 아닌가 여겨진다.[9] 그럼에도 고분군의 정비과정에서 보다 많은 무덤이 확인 노출되기에 이른다. 1927년도에 처음 발굴조사된 무덤 외에 나중에 새롭게 발견된 것들이 처음 발굴된 무덤보다 규모나 내용에서 우수성이 인정되는 것이 많다. 조사과정을 보면 1932년에 앞서 조사된 1~5호분을 중심한 석실분의 관람도로를 개설하는 과정에서 지금의 5호 석실분이 발견된다. 이 5호 석실분은 1932년 여름에 조사된 것으로 알려져 있는데, 이의 조사경과는 잘 알 수 없다. 다만 고분 구조와 출토 유물에 대한 개략적 내용을 확인할 수 있는데 보고서보다는 당시 공주에서 거주하던 輕部慈恩이란 인물이 저술한 공주지역의 고분연구에 인용된 내용에서 추출될 뿐이다. 그런데 이 5호분의 조사과정에서 벽돌로 만든 배수로가 함께 확인되었고, 그 결과 6호 전축분이 조사되는 계기가 마련되기도 한다.

　6호 전축분의 발견은 1932년 5호 석실분의 조사과정에서 전축의 배수로 발견에서 비롯된다. 배수로의 추적결과 6호 전축분의 연도 및 묘실의 확인이 그해 10월에는 이루어진 것으로 확인된다. 이어 6호 전축분의 구조적 특이성과 문화재적 중요성 등으로 상부에 보고되고, 이어서 이듬해 2월에 다시금 현장조사가 진행된다. 그러나 어간의 조사내용이나 후의 조사과정 및 결과에 대해서는 자세한 고찰이 어렵다. 다만 6호 전축분의 발견은 輕部慈恩에 의해 이루어졌으며 그 시기는 1932년 10월의 일이다. 이어 발견된 내용은 상부에 보고되었는데 이듬해 2월에 조선총독부의 조사원이었던 小泉顯夫를 비롯한 일단의 조사단이 6호분에 대한 조사를 진행하였다.

---

9)　이남석, 2010, 앞의 글, 40쪽.

宋山里第六號墳橫穴室南壁圖　第二十一圖

宋山里第六號墳橫穴室前壁圖　第二十二圖

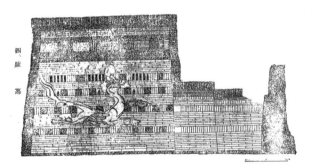

宋山里第六號墳玄室及羨道縱斷面圖　第十九圖

宋山里第六號墳玄室西壁白虎實測圖　第二十圖

그림 5　6호 전축분 조사후 실측도 <1946, 輕部慈恩, 『百濟美術』 소개>

그런데 1932년 10월까지 6호 전축분의 발견에서 내부 확인결과에 대한 내용이나, 10월에서 이듬해 2월까지 보호라던가 관련 조처의 정황을 전혀 알 수가 없다. 또한 1933년에 이르러 小泉顯夫를 중심으로 6호 전축분이 조사된 것으로 확인되는데 그 결과도 전하지 않으며, 일부의 내용이 輕部慈恩에 의해 소개되고 있을 뿐이다.10) 물론 小泉顯夫에 의하면 1932년의 6호분 발견에서 1933년 조사를 진행하기까지의 과정에 輕部慈恩의 조사활동에 문제가 있는 것으로 언급되고 있지만11) 구체적 내용은 알 수가 없다.

6호 전축분의 조사는 1932년에 발견되어 1933년의 봄까지 이루어진 것을 알 수 있다. 더불어 6호 전축분의 조사 후 주변의 정리 과정에서 29호분으로 구분된 석실분도 발견·조사된 것으로 확인된다. 29호분은 6호 전축분의 서쪽에 있는데, 1933년에 6호 전축분을 정비하는 과정에

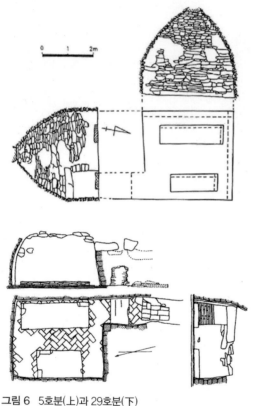

그림 6  5호분(上)과 29호분(下)
　　　　輕部慈恩, 1946, 『百濟美術』 도면

---

10)  輕部慈恩, 1946, 『百濟美術』, 寶雲舍.
　　　輕部慈恩, 1972, 『百濟の遺蹟研究』, 吉川弘文館.
11)  小泉顯夫, 1960, 『朝鮮遺蹟の遍歷』.

서 발견되었고, 이를 조사하여 기록하고 있음이 확인된다. 그러나 이 29호분 도 6호 전축분과 마찬가지로 고분의 내용만 전할 뿐, 조사경과나 출토유물에 대한 내용은 없다.

송산리 고분군은 1927년에 조사되기 시작하여 1933년에 29호분이 조사 되기까지 장기간에 걸쳐 다양한 형태로 발견과 조사가 진행되었음을 알 수 있 다. 1~5호분으로 구분된 1927년 조사의 5기는 체계적 형태로 조사되었지만 조사결과는 일부만 전하는 한계가 있다. 또한 5호분을 비롯하여 6호 전축분 은 주변지역의 정비과정에서 고분이 확인됨으로써 체계적이고 조직적 형태로 조사되지 않았다는 것을 알 수 있다. 이러한 고분의 발견 동기는 후에 6호분 의 누수문제로 암거설치를 위한 작업이 진행되는 중에 무령왕릉이 발견되는 것처럼 송산리 고분군의 각 고분은 우연한 기회에 발견되고, 조사된다는 공통 점이 있다. 이러한 고분의 우연한 발견과 조사는 결국 조사자체의 미비와 더 불어 관련 자료의 유실을 가져온 한계를 보이는 것이다.

무령왕릉의 발견은 1971년 7월 5일, 6호 전축분과 5호 석실묘의 누수 방 지를 위한 암거설치 공사를 시도하던 중의 일이다. 송산리 고분군은 무령왕릉 을 제외한 대부분의 무덤 실체가 일제 강점기에 노출된 것이었다. 특히 6호 전 축분은 당시로서는 송산리 고분군을 백제 왕릉으로 인정하는 생생한 증거일 수 있었다. 때문에 이 고분군은 문화재적 혹은 학술적 중요성에 근거하여 정 비·보존하여 일반에 공개 관람케 하였다.

그런데 6호 전축분과 5호 석실묘는 서로 지근거리에 있으면서 자체가 지하 구조물로 빈방 형태의 묘실로 남겨져 있어 누수 혹은 습기의 과다발생이 있었 다. 이를 방지하기 위해서 무덤의 위쪽에 배수 암거를 설치케 되었는데 그 과 정에서 무령왕릉의 입구가 노출된 것이다.

송산리 고분군은 이미 일제강점기에 대부분의 무덤이 발굴되었음에도 무령 왕릉을 전혀 인지하지 못하였다는 사실은 아이러니하다. 특히 6호 전축분과 5호 석실묘의 후면에 배수 암거를 설치하면서 지근거리에 무령왕릉이 확인되

그림 7 현무릉으로 간주된 무령왕릉

었음에도 이전에 이를 전혀 인지하지 못하였던 것이다. 배경은 아마도 무령왕릉의 봉분이 6호 전축분과 지나치게 가깝게 위치하고 있으며, 나아가 6호 전축분의 발견시 무령왕릉의 봉분의 존재가 인지되었음에도 이를 별개의 무덤으로 보지 않고, 6호 전축분의 외형시설 즉 현무 능으로 간주하면서[12] 이를 정비한 것과 무관치 않은 것으로 여겨진다.

무령왕릉 발견에서 발굴조사로의 전환은 1971년 7월 7일에 본격화된다. 조사단이 조직되고 이어 오후부터 현장조사를 진행하여 부분적으로 노출된 입구 전면을 완전 노출시키는데 이러한 작업은 이튿날인 7월 8일 오전까지 계속되었다. 그리고 내부 현황 파악은 7월 8일 오후 4시경에 실시된 것이다. 위

---

12) 輕部慈恩, 1934, 「公州に於ける百濟古墳(3)」『考古學雜誌』23, 考古學會.

**그림 8  무령왕릉 노출광경** 文化財管理局, 1973, 『武寧王陵』 사진 재편집

령제의 실행 후에 연도 입구를 폐쇄한 벽돌을 제거하는데 대체로 5시경에 무덤 내부를 살필 수 있게 된 것이다. 더불어 내부 조사와 유물의 반출은 7월 8일 오후 8시부터 시작하여 이튿날인 7월 9일 오전 9시까지 13시간에 걸쳐 이루어진다. 7월 8일 무덤 내부의 진입과 현황을 확인하고 나아가 공표 후, 이의 본격적 조사가 야간인 8시부터 재개된 것이다. 그러한 배경에는 보도진의 성화, 내부 보호, 보안 문제, 폭우에 의한 훼손 문제 등의 여러 가지 이유로 조사의 시급성이 대두되었던 것으로 알려진다.[13]

무령왕릉 내부에 대한 1차의 조사는 1971년 7월 9일, 왕릉을 인지한 후 5일 만에, 무덤 내부가 개봉된 지 17시간 만에 완료되었다. 그런데 주목되는 것은 이후에 이루어진 조처들이다. 즉 무덤 내부의 유물을 수습한 이후에 무령왕릉의 종합적 조사와 보고서 작성을 위해 백제 무령왕릉 종합 조사단이라는 단체가 조직되는 점이다. 얼핏 보면 타당한 대책으로 보이나 현장성을 중시해야 할 고고학 활동임에도 이미 현장에서 유물의 반출이 조급하게 이루어진 다음에 그러한 대규모 조사단의 구성이유가 궁금하지 않을 수 없다. 특히 이후 발간된 보고서의 내용으로 미루어 그 효용성에 상당한 의문이 없지 않다.

후속조사는 앞서 본 종합 조사단을 분야별로 분담시켜 보고서 작성에 진력하였던 것으로 추정되고, 다른 한편으로 왕릉현장의 추가조사도 진행되기도 한다. 이는 2~4차로 구분된 3회에 걸쳐 이루어진다. 2차 조사는 8월 17일에서 29일까지 진행된 것으로 무덤의 외부에 5개의 트렌치를 설치하여 분구의 외곽 형상, 그리고 봉토 축조 방식을 조사하였다. 두 번째인 3차 조사는 9월 14일에서 21일까지 일주일의 일정으로 묘도 부분의 형상 확인과 나아가 배수로의 현황을 조사한 것이다.

---

13) 文化財管理局, 1973, 『武寧王陵 發掘調査報告書』.

## 3) 6호 전축분의 현황

6호 전축분은[14] 송산리 고분군의 중앙부에 위치한다. 자리한 지역은 무령왕릉의 전면에 해당되는 송산의 주봉에서 발기된 지맥이 약하게 서쪽으로 치우쳐 북에서 남으로 흘러내리는 구릉의 선상부에 해당된다. 송산으로 불리는 주산의 정상부보다 약 20m 정도 낮은 지역이며 경사는 비교적 완만하게 전개된다. 좌우에 각각 동과 서로 경사를 이룬 지형조건을 갖추었고, 남쪽으로 경사가 이어지나, 북쪽으로는 무령왕릉의 봉분과 함께 비교적 완만한 오르막 경사가 있을 뿐이다.

주변 무덤과의 관계는 29호 석실분이 서쪽에, 그리고 5호 석실분이 동쪽에 자리하면서 약간 아래로 치우쳐 15m 정도의 거리에 있어 6호 전축분이 이들을 거느린 형상이다. 그러나 무령왕릉은 곧바로 경사의 위쪽 17m의 거리를 두고 자리하여, 무령왕릉은 6호 전축분의 상단에만 위치한 형세로 있다.

6호 전축분은 남향으로 전개되는 구릉 선상부에 묘광을 파고 그 안에 벽돌로 빈방 형태의 공동의 묘실을 조성한 것이다. 묘실은 횡혈식 구조로 전면에 연도를 시설하면서 연도로 이어지는 긴 배수구도 설치되어 있다. 묘광은 측정이 불가능하나 묘실 자체를 완전하게 지하에 아우를 수 있을 규모로 조성되었을 것으로 보인다. 전면에 배수로가 24m의 길이로 있음에 비추어 남향의 구릉 경사면에 길이 24m 이상이 굴광 되었을 것으로 볼 수 있다.

묘실의 구축은 먼저 굴광된 묘광의 바닥에 벽돌로 삿자리 문양인 그물형태로 이중으로 깔아서 묘실 바닥을 조성하였다. 묘실의 바닥은 너비 224cm에 길이 370cm의 묘실평면을 갖추었다. 묘실은 남북을 기준으로 동으로 약 7도 정도만 편향되게 배치하는데 이는 경사방향과는 거의 일치하는 것이다. 더불

---

14) 安承周, 1991, 「武寧王陵의 發掘과 研究現況」『百濟文化』21, 公州大學校 百濟文化研究所.
   安承周, 1995, 「武寧王陵과 宋山里 6號墳」『公州의 歷史와 文化』, 公州大學校博物館.

현실 북벽면 실측도

현실 동벽면 실측도

현실 서벽면 실측도

현실 남벽면 실측도

그림 9   6호 전축분 실측도   安承周, 1995, 「武寧王陵과 宋山里 6號墳」 도면

그림 10  <2015년 12월 촬영>

어 이 묘실의 전면에 이중의 연도를 갖추었다. 연도에는 조그만 구멍을 내어 바닥 아래의 배수로와 통하는 시설도 있는데 이는 연도 입구의 중앙에 있고 배수로는 연도 바닥을 거쳐 전면을 가로질러 밖으로 나가도록 시설되어 있다.

묘실의 벽체 구축은 전면과 후면은 수직으로, 측면은 일정한 높이를 올리다 안으로 좁혀 천정에서 맞닿게 쌓아 전체가 터널구조를 이루도록 하였다. 사용된 벽돌은 좁은 면에 오수전의 문양이 시문되어 있다. 쌓은 방법은 문양이 시문된 좁은 면이 묘실로 향하게 하면서 세워쌓기와 뉘어쌓기를 반복하여 축조한다. 이렇게 쌓은 묘실은 바닥에서 천정의 최고 지점까지 313cm의 높이를 유지한다.

벽체 축조의 세부형태는 하단은 바닥에서 46cm의 높이까지 오수전이 시문된 벽돌을 세운 형태인 뉘어쌓기로 10단을 쌓았는데 벽돌 사이에 몰타르 형태의 강회를 채우면서 올렸다. 이어 문양이 시문된 벽돌을 하나를 세워쌓기를 한다. 이어 다시 8단의 뉘어쌓기 후에 1단의 세워쌓기, 다시 6단의 뉘어쌓기 후 1단의 세워쌓기, 다시 4단의 뉘어쌓기 후 1단의 세워쌓기를 반복하여 뉘어쌓기를 2단씩 줄이고 있다.

한편 4단의 윗부분은 제형의 벽돌을 사용하여 벽면의 만곡도를 갖추게 되는데 10단을 쌓았으며, 그 위에 한면이 좁은 벽돌을 중앙부에 1열로 올리고 있다. 이로써 묘실은 하단부터 약 200cm의 높이에 있는 창 시설 부분까지 벽체가 안으로 약간 기운 형태로 축조되는 특징이 있으며, 이후 부분은 안으로 만곡되는 천장부가 시작되는 형상이다.

묘실 벽면에는 벽감과 창문 형태의 시설이 있다. 벽감은 바닥에서 140cm의 높이 지점에 있는데, 동서의 장벽에는 각각 3개의 보주형 벽감이 있고, 단벽인 북벽에는 같은 높이에 1개의 보주형 벽감이 시설되었다. 창문형태의 시설은 4단의 세워쌓기 벽돌을 사이에 두고 그 위에 뉘어쌓기에 각기 벽감 숫자만큼 창문시설을 하였다. 보주형의 벽감은 1매의 벽돌 중앙에 보주형을 투각하여 만든 것이고, 창문시설은 5개의 벽돌을 약간 안으로 들여쌓아 유자창의 형태의 가창이다.

연도는 묘실의 전면인 남벽의 정면 중앙에 설치하였다. 묘실과 마찬가지로 벽돌로 축조하였고, 앞이 좁고 뒤가 넓은 이중의 구조로 시설하였는데, 바닥의 좌우를 올리면서 묘실처럼 천정부를 터널형의 구조로 조성하였다. 연도는 길이 230cm인데, 너비는 앞부분이 80cm이고, 뒷부분은 110cm이며, 높이는 앞부분이 132cm에 뒷부분은 149cm이다. 벽돌은 하단에 뉘어쌓기와 세워쌓기 축조방법이 묘실과 같은 방식으로 이루어졌다. 천장도 뉘어쌓기 8단 위의 세워쌓기에서 좌우 모두 2단의 뉘어쌓기를 한 다음에 세워쌓기하고, 체형의 벽돌을 7단씩 뉘어쌓기로 올려 천장의 만곡을 이루게 하였다. 맨 꼭대기는 제형의 벽돌 1매를 올려 마무리한 형식이다. 연도의 폐쇄는 안쪽은 벽돌을 사용하고, 바깥은 강회다짐으로 하였는데 폐쇄 범위가 40cm 정도의 두께로 실시하였다.

연도를 지나 묘도로 이어지는 배수로는 묘도부분에 배수 홈을 경사지게 조성한 다음에 그 위에 1매의 벽돌을 종으로 한열 두고, 그 위에 약간의 간격을 두면서 2매의 벽돌을 좌우에 설치한 다음에 뚜껑으로 또 다른 벽돌을 올리는

그림 11　6호 전축분의 벽화 및 조사당시 현실과 입구 폐쇄모습 국립중앙박물관 유리건판 사진 재편집

방식으로 조성하였다.

또한 묘실 바닥에는 관대가 설치되어 있다. 그러나 관대는 묘실의 한쪽에 치우쳐 하나만 시설되었다는 특징이 있다. 이 관대는 묘실 정중앙을 기준으로 동쪽으로 편재하여 벽돌로 만들었는데 길이 250cm에 너비 74cm의 크기이다. 벽돌을 뉘어쌓기로 3단을 구축하였는데 높이는 15cm 정도이고 관대의 상면에는 두께 1cm 정도의 강회 바름이 이루어져 있다.

6호 전축분은 묘실 내부 전체가 채색되고 아울러 벽면에 사신도가 그려져 있는 특징이 있다. 채색은 묘실의 내부를 밝게 보이도록 조처한 것이다. 방법은 하얀 도료를 이겨 바르고 그 위에 다시 일정한 간격으로 검은 색을 칠하여 건축물의 조형적 형상을 표현한 것이다. 세부적으로 보면 하얀 도료를 발라 바탕을 하얗게 조성한 다음, 벽돌의 좁은 면을 뉘어쌓기 벽돌 4매 간격으로 검은 도료를 칠하여 각단의 세워쌓기 부분이 검은색과 흰색이 대조를 이루도록 채색한 것이다. 이로 말미암아 묘실은 벽면의 상부는 검게 바르면서 횡으로 1열로 큰 북의 통형과 같은 하얀 부분을 남기는데 이는 건축의 조형물 형태를 표현한 것으로 본다. 천정의 채색은 종으로 2줄로 칠하여 선을 표현하였다. 더불어 벽감과 창문시설도 채색이 이루어졌다. 벽감은 보주형의 외곽을 따라 주칠과 녹청의 2가지 색을 사용하여 윤곽 표현을 하고, 다시 녹청으로 화염을 묘사하였으며, 창문도 녹청색으로 채색하였다.

6호 전축분의 벽화로 사신도는 널리 알려진 내용이다. 벽화는 그림을 그리기 위해 벽돌인 벽면의 요철에 덧바른 점토만이 남아 있고, 벽화는 거의 사라진 상태이다. 그러나 초기 조사시에 점토위에 호분으로 그린 벽화의 형상이 어느 정도 감지된 것으로 전한다. 현재 남아 있는 벽화 흔적은 프레스코 기법으로 벽화를 그리기 위해 벽돌의 요철면에 밝은 점토를 발랐던 것뿐인데, 본래는 그 위에 호분으로 그림을 묘사하였던 것이다. 벽화는 동벽에 청룡, 서벽에 백호, 북벽에 현무, 남벽의 연도 입구위에 주작을 그렸다는 것, 이들 사신도의 좌우에 해와 달, 그리고 운문을 표현하였다는 점은 확인된다. 아울러 벽화 수법은 중국 남조의 벽화와 대비하여 이해되기도 한다.

## 4) 6호 전축분의 주인공

송산리 고분군은 백제 왕릉으로 알려진 유적이다. 여기에는 모두 11기의 무덤이 단위 유적으로 자리하는데 이중에서 왕릉으로 분명한 위치를 차지하는 것은 무령왕릉 1기뿐이다. 이외 나머지 고분은 피장자나 무덤의 성격에 대해 불분명한 점이 많았다. 그동안의 조사로 전축분 2기를 비롯하여 횡혈식 석실묘인 1~5호분과 파괴분, 29호분이 밀집된 형태로 단위를 이루면서 여기에 배총으로 취급되는 수혈식 석곽묘 2기가 밀집된 형태로 있음을 알 수 있다. 이외 주변에 적지 않은 무덤이 있지만 무령왕릉이나 6호분을 중심으로 밀집된 것은 이들 11기가 하나의 작은 단위 고분군을 이룬다.[15]

이 송산리 고분군은 백제가 도읍을 웅진으로 천도한 후 조성된 왕릉으로는 유일하게 알려진 유적이다. 더불어 묘제도 남천 후 웅진도읍기에 전개된 내용이 그대로 반영되어 있다. 그러나 무령왕릉을 제외하면 나머지 무덤들은 피장자와 관련된 것들이 모두 불분명한 상태에 있다.

주지되듯이 백제가 금강유역에 터전한 다음의 왕은 문주왕에서 의자왕까지 모두 10명이다. 이중에 의자왕은 중국에서 사망하였기에 남천 후 도읍지역인 웅진과 사비지역에는 모두 9명의 왕과 관련된 무덤이 있어야 한다. 여기에 백제묘제는 다장제, 혹은 가족장적 성격이 전제되기에 왕실에서 부부합장으로 무덤을 만든 경우도 있기에 왕릉은 9기를 상회하여야 할 것이다.

또한 부여 능산리 백제왕릉을 고려하면 웅진지역에는 문주왕과 삼근왕 그리고 동성왕과 무령왕의 능이, 사비지역에 성왕과 위덕왕 그리고 혜왕과 법왕, 무왕의 능이 각각 해당 도읍지에 조영되었을 것으로 볼 수 있다.[16] 결국

---

15) 이남석, 2010, 앞의 글, 18쪽.

16) 李南奭, 2000, 「陵山里 古墳群과 百濟王陵」『百濟文化』29, 公州大學校 百濟文化研究所.

웅진도읍기의 백제 왕릉은 무령왕과 함께 문주왕과 삼근왕 그리고 동성왕의 릉이 있어야 한다. 즉 송산리 고분군이 백제의 웅진도읍기 왕릉지역으로 유일한 것이라면 무령왕 이외의 웅진도읍기 백제왕인 문주왕과 삼근왕 그리고 동성왕의 무덤도 여기에 있어야 할 것이다.

송산리 고분군의 묘제검토 내용을 토대로 보면 고분군 내의 개별고분들은 대체로 백제가 웅진에 도읍하던 전 기간에 걸쳐 조영된 것으로 볼 수 있다. 웅진도읍기 초기부터 만들어진 궁륭식이 있는가 하면 비록 전축분이지만 궁륭식 다음에 등장하는 터널식도 있다. 따라서 각 무덤의 피장자는 웅진도읍기 재위한 왕 및 왕실 관련 인물로 볼 수 있을 것이다. 이는 개별 고분의 존재현황이나 편년내용을 토대로 살펴볼 수 있는데 문제는 고분군 내에서 무령왕 이외의 나머지 무덤은 누구의 것인가라는 점이다.

송산리 고분군 내의 무덤들을 묘제적으로 보면 전축분 2기는 일단 왕릉급에 해당되는 것이다. 백제 전축분은 무령왕릉과 6호분 외에 공주 교촌리 전축분이 전하지만[17] 확인이 어렵다. 그러나 전축분은 공주지역, 즉 백제의 두 번째 도읍지에 국한되어 있고 중국 남조의 전축분을 모방한 선진문화로서 왕실에서 수용된 것으로 최고급의 무덤으로 보는데 문제가 없다.

이외의 무덤은 횡혈식 석실묘들이 중심을 이루고 있다. 물론 이 묘제는 시원형으로 네벽 조임식 형태로 만들지만 점차 궁륭식으로 발전된다. 이 형식이 웅진도읍기에는 널리 사용되었고, 석실묘는 모두 이 형식을 갖추고 있다. 그리고 이 형식의 무덤도 무령왕릉과 같은 중국 전축분이 도입되고 더불어 한동안 병행·사용되지만 전축분 영향으로 터널식으로의 변화된다.[18]

궁륭식 석실묘는 무령왕릉보다 먼저 만들었거나 비슷한 시기에 조성된 것

17) 輕部慈恩, 1934, 앞의 글.
       _____, 1977, 『百濟遺蹟の研究』, 吉川弘文館.
18) 李南奭, 2002, 「百濟墓制의 展開에서 본 武寧王陵」『百濟文化』31, 公州大學校 百濟文化研究所.

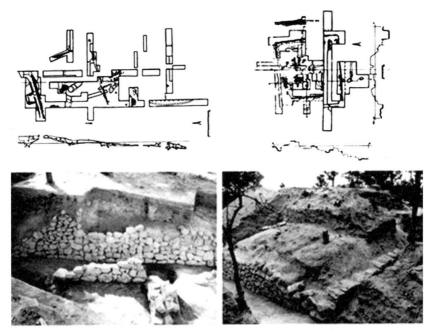

그림 12 송산리 고분군 방단적석 유구 尹根一, 1988,「公州 宋山里 古墳 發掘調査 槪報」도면

으로 무령왕 이전의 백제왕의 무덤을 이들에서 찾을 수 있을 것이다. 그러나 5호분이나 29호분처럼 왕릉축조에 사용된 벽돌이 관대 등에 사용되어 무령왕릉과 동시기 혹은 늦은 시기의 것으로 편년되고, 1~4호분과 파괴분처럼 서로 대등한 위상을 유지하고 있는 점은 이들을 왕릉으로 보기는 어렵다.

　수혈식 석곽묘는 전축분이나 석실묘와는 묘제적 차이를 가진 것으로, 이들도 왕릉으로 보기는 어려운 것이다. 다만 왕릉으로 추정하는 유적으로 적석총의 존재는 문제가 남는다. 이 적석시설은 백제가 웅진으로 천도한 다음에 이전 도읍지였던 한성지역에서 고구려의 침입으로 사망한 개로왕의 가묘로 만들었다는 것이다.[19] 그러나 적석총으로 구분된 유적이 2군데에서 확인되었고

---

19) 趙由典, 1991,「宋山里 方壇階段形 무덤에 대하여」『百濟文化』21, 公州大學校 百濟

그중에 하나는 제사시설, 다른 하나는 초기 적석총의 퇴화형으로 보지만, 매장시설이 없는 점, 적석총의 묘제환경과는 서로 일치하지 않는 점 등으로 보아 무덤이 아니라 의례시설로 봄이 타당하다.[20]

백제가 웅진에 도읍하던 시기의 왕릉이 어디에 위치하고 어떻게 만들어졌는가를 알려주는 기록은 없다. 다만 후대의 기록이지만 조선시대에 편찬된 지리서 『동국여지승람』에는 왕릉에 대한 내용이 전한다. 즉 공주의 중심지였던 치소에서 동쪽으로 5리에 능현이 있고, 거기에 옛 무덤이 있는데 백제 왕릉으로 전한다는 것이 그것이다.[21] 그리고 같은 기록에 향교를 설명하면서 이 향교는 중심부인 치소의 서쪽 3리에 있다는 점과 함께 그 서쪽에 옛무덤이 있고, 그것이 백제 왕릉으로 전하지만 어느 왕의 무덤인지는 모른다는 것도[22] 그것이다. 이는 웅진시대 백제의 왕릉이 한 지역만은 아닐 것이란 추정도 가능케 한다.

그런데 이러한 기록에 근거한 것임에도 초기의 백제고분 조사는 대체로 공주지역에는 하나의 왕릉지역만 존재한다는 전제에서 이루어진 것이 아닌가 여겨진다. 즉 앞서 살핀 것처럼 공주지역의 백제 왕릉 탐색은 이미 1910년대에 송산리나 능현이 아닌 대학리 왕총만을 주목하고 있는 것이 그중의 하나이다. 물론 초기의 왕릉 탐사과정에서 송산리나 능현을 주목하지 못한 것과 관련 있을 수도 있다. 그러나 왕릉에 대한 구체적 조사가 이루어지는 1927년에도 무릉동이나 능현 그리고 송산리 지역에서 조사가 이루어지고, 유일하게 송산리에서 지금 1~4호분으로 전하는 본래 5기의 석실묘를 조사한 것이다[23]. 그리고 이 송산리 고분군을 왕릉으로 비정한 것은 웅진도읍기의 왕릉은 한 지역에

---

文化研究所, 56쪽.

20) 이남석, 2013, 「백제 적석총의 재인식」『先史와 古代』 39, 韓國古代學會, 65쪽.

21) 『東國輿地勝覽』卷之十七公州牧山川條 陵峴 : "在州東五里有故陵基名諺傳百濟王陵"

22) 『東國輿地勝覽』學校條 鄉校 : "在州西三里西有故陵基諺傳百濟王陵未知何王"

23) 朝鮮總督府, 1927, 앞의 보고서.

불과하다는 인식이 배경이었던 것으로 볼 수 있다. 그런데 공주 능현의 왕릉 실재 여부는 추후 확인되겠지만 부여 능산리의 왕릉과 익산 쌍릉의 존재[24], 여기에 공주 송산리 고분군에서 왕릉은 무령왕릉뿐이라는 점을 고려하면 백제 왕릉의 조영은 도읍지별로 하나씩만 이루어진 것이 아닐 것이란 추정도 가능하다. 나아가 송산리 고분군에서 왕릉으로 인정되는 것은 무령왕릉 하나뿐이란 점을 상기할 경우 나머지 무덤은 왕릉보다는 무령왕과 관련된 그의 가계 구성원의 무덤이었다고 볼 수 있을 것이다.

6호 전축분은 무령왕릉과 마찬가지로 전축분이고, 나아가 무령왕릉과 거의 비슷한 시기에 조성된 것이며, 이는 한때 성왕릉 혹은 동성왕릉으로 추정되었던 무덤이다. 그러나 성왕릉이 부여 능산리 고분군의 중하총으로 비정될 수 있어[25] 6호 전축분이 왕릉이라면 동성왕릉 이외의 추정은 어렵다. 그런데 비록 동성왕은 피살되었지만 재위 20여 년에 걸쳐 많은 업적을 이루었고, 나아가 무령왕보다 선대의 왕이다. 송산리 고분군 내에 자리한 6호 전축분이 과연 동성왕의 무덤인가에는 적지 않은 의문이 있지만, 그 진위문제의 판단은 6호 전축분의 이해 속에서 이루어져야 할 것이다.

6호 전축분의 무덤형태는 백제고분의 일반적 축조법인 지하로 묘광을 파고 이에 장방형 묘실의 남벽 중앙에 이중구조의 연도를 설치한 것이다. 바닥에 삿자리 문양형태로 이중으로 벽돌을 깔고, 벽면의 축조는 단변에 오수전이 시문된 벽돌로 구축하면서 뉘어쌓기와 세워쌓기의 방식을 사용하여 천정을 터널형으로 표현하였다. 그리고 벽감과 창문형태의 시설이 동서의 양벽에 각 3개, 북벽에 1개의 보주형 형태 벽감 및 같은 숫자의 창문시설이 있다든가 벽돌을 사용하여 배수구를 구축하는 등의 대체적 축조기법에서 무령왕릉과 크게 다르지 않다.

---

24) 李南奭, 2000, 앞의 글.
25) 李南奭, 2000, 앞의 글, 22쪽.

다만 6호 전축분의 사벽에 벽화가 그려져 있다. 벽화는 벽면의 요철을 없애기 위해 바른 점토만이 벽화의 전체 형적을 보일뿐이나 4벽에 사신을 배치하고 이외에 해와 달 그리고 운문을 표현하기도 하였다. 출토유물은 전혀 알려져 있지 않다. 이외 이 무덤의 조사과정을 알려주는 자료중 입구를 폐쇄하기 전의 내부 사진을 보면 여기에 사용된 벽돌이 무령왕릉에 사용된 연화문이 시문된 전으로 판단되는 점도 유의된다.

6호 전축분을 무령왕릉과 비교할 경우 대비되는 부분이 많고 나아가 품격에서 무령왕릉에 버금가는 것임을 알 수 있다. 따라서 이 무덤의 주인공이 누구인가의 검토는 어떤 무덤이 먼저 만들었는가, 즉 6호분과 무령왕릉인 전축분 2기의 선후 문제의 판단이 필요하다. 이를 위해서는 서로간의 구조나 내용의 비교가 필요하다.

이들은 전축분으로 단 2기만 남아 있을 뿐만 아니라 구조형상이 거의 대동소이하여 상호 비교를 통한 선후문제나, 성격을 정확하게 논급하기는 어렵다는 문제가 있다. 즉 지하 묘광에 벽돌로 묘실을 구축한 단실묘라는 점에 무령왕릉과 6호분이 모두 공통적이다. 산 경사면을 굴착한 후 완전 지하식의 묘실을 구축하였는데, 이는 백제 횡혈식 석실묘와 같은 속성이다. 묘실의 평면도 장방형이고, 묘실의 남쪽에 입구와 연도를 중앙식으로 내고, 묘실 및 연도의 천정을 터널식으로 가구하였다는 점도 동일하다. 이외에 긴 배수로가 묘실에서 연도를 통하여 밖으로 전개한다거나, 관대·등감과 유자창을 시설하는 등도 공통적 속성으로 있기 때문이다.

그런데 무령왕릉과 6호 전축분을 비교하면 사용된 벽돌 문양이 범문전과 연화문전이라는 차이가 있다. 무령왕릉은 연꽃무늬를 기본으로 하면서 위치에 따라 사격자의 망상문과 연화문을 다르게 배열하는 특징이 있다. 반면에 6호분은 단변에 오수전이 시문된 벽돌만 사용하는 획일성이 보인다. 또한 규모에서 무령왕릉이 6호분보다 크다. 그리고 묘실의 평면 플랜에서 6호분이나 무령왕릉이 모두 장방형에 중앙 연도를 시설하였지만, 6호분에서 연도가 이중으로 시설되어 단연도인 무령왕릉과는 차이가 있다. 여기에 무령왕릉은 5

개소에 작은 보주형의 벽감을 시설하고 그 아래에 전 9개를 길게 배열하여 유자창을 시설하지만, 6호분은 7개의 보주형 형태의 벽감을 설치하고, 그 위에 한단 건너 벽감의 숫자만큼의 유자창을 시설한 차이가 있다. 또한 관대의 경우 6호분이 한 켠에 1인의 관대가 별도 시설되었지만, 무령왕릉은 묘실의 안쪽 전체를 한단 높여 관대로 사용하였다.

그리고 가장 두드러진 차이로 벽화의 유무문제를 들 수 있다. 잘 알려져 있듯이 6호분은 사신도가 네벽면에 그려져 있을 뿐만 아니라 벽면을 벽돌로 쌓고 다시 채색한 벽화분이나 무령왕릉은 벽화의 흔적이 없다. 이외에 축조에서 모두 뉘어쌓기와 세워쌓기를 하였으나 무령왕릉이 4매를 뉘어쌓고 1매를 세우는 사평일수로 중국의 3매를 뉘우고 1매를 세우는 삼평일수와 비교되지만 6호분은 규칙적이지 않고, 더불어 무령왕릉은 6호분과는 달리 공적법으로 묘실을 축조하고 있다.

무령왕릉과 6호 전축분은 구조속성의 공통성 이외에 나름의 특성이 부각될 수 있을 만큼의 차이가 있음도 알 수 있다. 그리고 이러한 차이를 근거로 서로간의 선후문제가 논의된 바도 있다. 즉 이들은 모두 중국 남조의 전축분을 모델로 하였으면서도 공적법 여부에 의한 축조방식의 차이로 무령왕릉이 이르다든가,[26] 혹은 벽감이나 유자창 및 평면 플랜 등의 요소를 근거하여 6호 전축분이 이르다는 견해가[27] 그것이다.

물론 이러한 선후문제의 혼동은 무령왕릉과 6호 전축분을 만들었던 시기차가 크지 않다는 것을 보여주는 것으로 볼 수 있다. 여기에 무령왕릉의 경우 입구외부 좌·우에 수직으로 벽돌을 쌓았고, 주로 파괴된 벽돌이 사용되었는데, 여기에는 무문전이 적지 않으나 문양이 있는 벽돌 중에는 연화문 이외에 6호

---

26) 安承周, 1991, 「武寧王陵의 發掘과 研究現況」『百濟文化』21, 公州大學校 百濟文化研究所.

27) 尹武炳, 1991, 「武寧王陵 및 宋山里六號墳의 塼築構造에 대한 考察」『百濟文化』21, 公州大學校 百濟文化研究所.

분의 벽돌과 동일한 전범문전이 꽤 많다는 사실이 확인된다. 반면에 6호 전축분은 묘실이나 연도의 축조에 무령왕릉의 연화문 벽돌이 전혀 발견되지 않지만 연도 입구의 폐쇄에 무령왕릉의 벽돌인 연화문이 시문된 것만을 사용하고 있다.

결국 무령왕릉과 6호 전축분과의 만든 시기에 대한 판단은 6호 전축분이 먼저이고, 무령왕릉이 나중이란 것과 함께 6호 전축분은 무령왕릉을 만들면서 곧바로 폐쇄되었다는 결론이 가능하다. 이러한 결론은 결국 6호 전축분에 피장된 자가 동성왕처럼 무령왕과 관계가 먼 인물로 보기는 어렵다는 것을 우선 알 수 있다. 나아가 6호 전축분의 처음 조성이 무덤 내의 한쪽 관대에 안치되었던 피장자의 사망에서 비롯된 것이고, 따라서 또 다른 한쪽 관대는 그와 관련된 사람 즉 부부중의 한사람을 위하여 비워둔 것으로 보아야 한다. 그리고 비워 두었던 한쪽 관대의 위치에 또 다른 사망자를 안치하지 않고 입구를 영구히 닫아 버렸다면 그 필요성이 없어진 것이고 이는 비워둔 관대의 위치가 아닌 다른 곳에 매장할 환경이 조성되었기 때문으로 보아야 할 것이다. 즉 6호 전축분의 입구를 영구히 닫아버린 폐쇄의 행위는 또 다른 사망자를 안치한 필요가 없어진 것에서 비롯된 것으로 볼 수 있기 때문이다.

그런데 입구의 폐쇄가 무령왕릉의 축조와 더불어 이루어졌다는 것은 폐쇄한 벽돌이 무령왕릉 전용의 벽돌인 연꽃무늬가 있는 것을 사용한 것에서 알 수 있다. 이는 6호 전축분에 안치될 또 다른 주인공은 본래 무령왕이 아니었는가라는 의문을 갖게 하는 것이다. 이는 6호 전축분은 합장을 전제로 조성된 것임에도 묘실 바닥의 한쪽에 치우쳐 단장묘로 남아 있다는 사실, 그리고 이 무덤이 무령왕릉과 비슷한 시기에 축조된 무덤이라는 점, 나아가 무령왕릉의 축조와 더불어 이 무덤의 입구가 폐쇄되어 더 이상 추가로 안치할 필요가 없게 되었음을 분명하게 알 수 있기 때문이다.

결국 이는 6호 전축분에 비워둔 또 하나의 매장 위치에 안치될 대상이 무령왕이란 사실을 극명하게 보여주는 것에 다름 아니다. 나아가 본래 6호 전축분에 먼저 묻힌 주인공은 무령왕과 함께 묻힐 수밖에 없는 인물, 즉 무령왕보다 먼저 사망한 그의 부인 즉 첫 번째 왕비가 아닌가 판단한다. 이로 보면 송산리 고분군에서 왕릉의 품격을 가진 6호 전축분이나 7호분인 무령왕릉은 모두 왕릉이고 그것은 무령왕릉으로 보아야 할 것이다. 물론 6호분은 그의 첫 번째 부인의 것으로 별도 왕비의 무덤으로 분류될 수도 있겠지만 무덤의 잔존정형은 부부합장을 전제로 만든 것으로 부득이한 사정으로 왕이 합장되지 않았을 뿐이지 실제는 무령왕릉으로 보아야 할 것이다. 이로 보면 송산리 고분군의 나머지 무덤에서 왕릉의 품격을 갖춘 것을 탐색할 수 없기에 무덤군 전체는 무령왕의 가계 구성원과 관련된 인물들의 무덤으로 볼 수 있을 것이다.

## 5) 맺음말

세계 문화유산으로 지정된 것이 의미하듯이 공주 송산리 고분군은 백제 문화의 상징일 뿐만 아니라 백제에서 실명이 구체적으로 전하는 유일한 무령왕릉이 포함된 유적이다. 송산리 고분군에는 무령왕릉과 동일한 묘제인 6호 전축분도 있는데, 이들 벽돌무덤은 본래 백제 고유의 묘제라기보다 당시 중국과 교류를 통해 백제로 전해진 묘제로서 기왕의 석실묘와는 재료적 차이를 드러낸다.

송산리 고분군에는 무령왕릉을 포함한 벽돌무덤 2기와 여러 기의 석실묘, 석곽묘가 존재하는데, 이들 모두를 왕릉으로 보기는 어렵다. 송산리 고분군은 백제의 웅진도읍기 왕릉지역으로, 백제 왕릉의 조영환경을 고려하면 무령왕의 가계 구성원 묘역으로 보아야 한다. 따라서 무령왕릉 이외의 무덤들은 무령왕 가계 구성원의 무덤으로 보아야 할 것인데, 이 경우 6호 전축분으로 구분된 벽돌무덤의 주인공이 누구일까라는 의문이 남는다.

6호 전축분은 무령왕릉처럼 벽돌로 만든 무덤이나 무령왕릉보다 약 40여 년 전에 발견되었고, 무덤의 짜임새나 축조정황에서 무령왕릉에 견주어도 손색이 없다. 따라서 이 무덤도 일단은 왕릉으로 볼 수도 있을 것이다. 관련 유물이 부재하기에 구체화하기는 어렵지만 왕릉 조영 환경이나 묘제비교를 통해 그것이 누구의 무덤인지에 대한 의문 해소도 가능하다. 6호 전축분을 무령왕릉과 비교 분석하고 더불어 관련 유물이나 구조 정황을 살펴볼 때, 그 피장자는 무령왕비였다는 판단이 가능하다. 그렇기에 어쩌면 6호 전축분도 무령왕릉으로 보아야 할 것이다.

# 3. 성왕 사비로 천도하다

.
.

## 1) 머리말

6세기 전반 백제사의 핵심은 무령왕 등장을 계기로 정치적 안정이 구축되어 새로운 도약의 발판을 마련하고 갱위강국을 선언하는 것이다. 무령왕에 이어 등장한 성왕은 안정된 체제 구축에 박차를 가하는데, 이로써 백제는 명실상부한 고대 중앙집권적 전제왕권의 국가체제를 확립한다. 사실, 백제사에서 성왕의 존재는 사비천도의 주역이란 점에 크게 초점된다. 한성시대의 국가체제는 고구려의 침입으로 붕괴되었고, 웅진천도 후에는 혼란을 수습한 무령왕을 이어 성왕대에 새로운 국가체제가 확립되는데 그러한 면모는 고고학적 환경 즉 6세기 전반의 묘제환경에 그대로 반영되어 있다.

6세기 전반의 백제 고고학에서 가장 주목되는 것은 다양성을 특징으로 하는 지방 고유의 문화가 위축되고 문화의 중앙 집중현상이 크게 나타난다는 점이다. 여기에 불교가 전면에 부각되기도 한다. 성왕이 백제 중흥의 군주로 크게 부각된 것은 웅진도읍기에 이룩된 정치 안정을 토대로 중앙집권화된 국가체제를 마련하고, 이를 위해 불교의 중흥을 도모하여 사비천도를 실행한 점을 들 수 있다.

웅진시대 백제사의 핵심은 한성시대와 사비시대의 과도기라는 점에 있음은 주지된 사실이다. 그중에서 국가통치체제가 담로체제에서 방군성체제로 전환을 가장 큰 특징으로 꼽을 수 있을 것이고, 방군성 체제는 국가의 운영시스템이 중앙 집중화되었다는 점에 둘 수 있을 것이다. 그것이 물질문화에도 그대로 반영되어 나타나면서 불교와 같은 통치이념이 전면에 부각되는 것이 아닌가 여겨진다.

웅진도읍기 후반 무렵에 이르면 그동안 다양하게 발전을 지방사회의 각종 물질문화가 변천 즉 위축과 소멸에 이르면서 그것이 중앙 집중화되는 것을 살펴보고, 나아가 웅진도읍기 웅진의 백제 불교 상징으로 여기는 대통사와 관련 유적을 살피면서 천도 후 새롭게 조명되는 불교의 의미를 재음미하여 보겠다.[1] 그런 다음 사비천도는 웅진시대에 축적된 국가역량을 토대로 이루어졌음을 다시 강조하여 보고자 한다.[2]


## 2) 유적과 유물로 본 6세기 전반대의 백제사회

웅진천도 후 지루하게 이어졌던 정치적 혼란은 무령왕의 등장과 더불어 종결되고, 이후 백제는 왕권강화와 민생안정을 도모하여 새로운 강국이 되었음을 선언할 만큼 발전을 거듭한다는 것은 이미 주지된 사실이다. 그리고 그 결실은 웅진도읍기 후반인 성왕의 재위 기간에 이르러 구체화된 것으로 봄에 문제가 없을 것이다. 이즈음의 백제는 새롭게 22부사를 마련하는 등, 중앙 지배체제 정비와[3] 함께 그 발전의 면모를 보여주기 때문이다. 이러한 변화는 다양

---

1) 李南奭, 2014, 『泗沘時代의 百濟考古學』, 서경문화사, 190쪽.
2) 이남석, 2010, 「考古學資料를 통한 百濟 泗沘遷都의 再認識」『百濟文化』 50, 公州大學校 百濟文化研究所, 68쪽.
3) 정동준, 2009, 「백제 22부사체제의 성립과정과 그 기반」『韓國古代史研究』 54, 韓國

하게 존재하였던 지방 세력을 완전히 중앙으로 흡수한 것에서 비롯되는 것으로 볼 수 있는 것이기도 하다.

사실, 백제는 한성 함락이란 절대 절명의 순간에 처한 국가운명을 웅진천도를 통해 모면하면서, 다시금 왕권 확립과 강화에 힘써 국력 증진을 도모한 것이다. 뿐만 아니라 이를 바탕으로 사비천도를 단행하는 등의 새로운 도약을 이룩한 것이다. 비록 6세기 전반 무렵의 백제는 천도 직후의 혼란을 극복하고 갱위강국이 되었음을 선언하는 것으로 미루어 무령왕 재위 20여 년의 성장과 이후 웅진에서 16년간 머문 성왕의 치세기간은 안정과 번영기로 볼 수 있을 것이다. 그 때문에 백제 26대 성왕은 웅진도읍기의 여러 가지 장애를 극복하고 새로운 시대, 즉 사비시대를 연 주인공으로 평가되는 것이 아닌가 여겨진다.

그리고 고대사회에서 천도라는 중차대한 사건의 진행은 그에 합당한 환경 조성이 선행되어야 할 것이다. 따라서 서기 538년 백제의 사비천도는 이미 대내적으로 천도 추진에 필요한 정치·사회적 환경이 성숙한 결과라 볼 수 있다.[4] 또한 천도가 가능한 환경의 조성은 천도 주체세력의 동력확보와 같은 힘의 축적이 선행되었을 것이다. 이러한 정황을 고려하여 백제의 사비천도는 계획된 천도였다고 보는 것이다.

그리고 천도의 주체가 왕실이 중심이 되어 진행된 경우는 그에 합당한 왕권의 확립이 절대적으로 필요하였을 것이란 사실도 알 수 있다. 물론 그에 상응한 국력의 축적, 즉 정치·사회·경제적 여건의 성숙이 선행되어야 할 것인데, 이러한 여러 조건들이 웅진도읍기에 충분히 마련되었기에 사비천도가 가능하였다고 볼 수 있을 것이다. 그런데 사비천도의 환경 조성이 웅진도읍 말기에 구체화되었다면, 천도에 필요한 강력한 왕권의 확립이나 강화도 그 즈음에 구

---

古代史學會.
4)  이남석, 2010, 앞의 글.

체화되었다고 보아야 할 것이다. 물론 이를 구체적으로 살필 문헌자료는 없다는 한계가 있다. 그런데 웅진도읍기를 거치면서 백제의 정치·사회 환경이 질적으로 성장하였다는 사실을 유적과 유물을 통해 어느 정도 추정할 수 있기도 하다.

백제 한성도읍기의 고고학적 환경은 한성지역인 지금의 서울과 그 주변의 일정한 범위를 아울러 하나의 권역을 이루는데, 백제 중앙세력의 존재를 인정할 수 있는 특색 있는 유적들이 밀집된 형태로 확인되는 특징이 있다. 더불어 한성지역 주변으로는 한성과는 차별화된 성격을 가진 다양한 유적들이 권역을 이루면서 분포되어 있는데, 각각 지역 고유의 특색을 갖추고 있음도 확인된다. 이들 유적은 빠르면 3세기 말경으로 편년되는 것도 있지만, 대체로 4세기 중후반에서 5세기 후반 무렵까지 편년될 수 있는 것들이 대부분이다. 그런데 이처럼 다양하게 전개되던 각각의 물질문화는 6세기 전반 무렵에 이르러 거의 하나로 통일되는 모습이 나타난다. 이러한 정황을 가장 극명하게 보여주는 것이 아마도 분묘자료일 것이다.

주지되듯이 백제의 묘제환경은 4세기에 접어들면서 고총고분이 조성되고, 지역적으로 고유 전통을 유지한 묘제가 발전하기 시작하는 것을 특징으로 한다.5) 예컨대 한강유역인 도읍지역에는 봉석·봉토묘가 사용되면서 석실묘가 유입되어 그들의 주묘제로 정착되어가는 환경, 그리고 중서부 지역은 주구토광묘가 폭넓게 사용되다가 토광묘와 석곽묘가 확대 사용된다거나, 중서부 지역의 서해안과 호남지역의 서해안은 분구묘로 불리는 묘제가 사용되는 것이 그것이다. 여기에 영산강 유역은 특유의 전용옹관을 사용하기도 하는데 이러한 묘제 환경은 5세기대까지 지속되지만 지방사회에 국지적으로 석실묘가 수용되어 사용되기도 한다. 그러나 큰 가닥은 지역의 전통에 입각한 고유묘제가 발전하는 흐름이었는데, 그것이 5세기를 지나 6세기 초반에 이르면 중앙묘제

---

5)  이남석, 2002, 『백제의 고분문화』, 서경.

인 횡혈식 석실묘로 일원화되는[6] 커다란 변화가 나타난다.

결국 백제묘제의 전개는 웅진도읍 말기에서 사비도읍 초반경인 6세기 전·중반 무렵에 이르러 횡혈식 석실묘로 단일화된 것을 가장 큰 특징으로 꼽을 수 있다. 이러한 변화의 배경은 각 묘제의 사용주체 변화와 관련된 것으로 보아야 할 것이다. 즉 6세기 초반에 이르러 백제 묘제가 횡혈식 석실묘로 통일되었음은 다양한 전통묘제를 사용하던 기왕의 지방세력을 횡혈식 석실묘의 사용주체로 정치·사회적 통합이 완료되었음을 의미하는 것으로 볼 수 있다.

변화양상은 무덤출토 관모와 관식에서 보다 구체적으로 감지된다. 4세기에서 5세기 어간의 백제 지방사회는 묘제의 독자성을 가지면서, 금동관모를 비롯한 비슷한 성격을 지닌 위세품이 출토되는 특징이 있다. 이는 지방사회가 어느 정도의 독자성을 가지면서도 중앙과는 위세품을 매개로 상관관계를 유지하였음을 유추할 수 있는 것이기도 하다.[7]

그러나 이러한 환경은 6세기 초반에 이르러 변화가 나타난다. 앞서 살핀 것처럼 중앙사회의 전유물이었던 횡혈식 석실묘로 묘제통일이 이루어진 것 외에, 금동관모로 상징되는 위세품이 완전히 사라지고 위계성을 분명하게 갖춘 은제관식이 새롭게 등장하는 것이다. 부장품으로써 은제관식의 존재는 의관제라는 정연한 중앙집권적 통치체제를 인식케 한다. 나아가 백제 지방사회에 금동관모를 대신한 은제관식의 등장은 독자적 권력을 향유하였던 지방세력이 완전하게 중앙 통치체제하에 편제되었음 보여주는 것이다. 즉 백제사회는 웅진도읍기를 기점으로 이전은 금동관모와 같은 위세품을 사여하여 이를 매개로 중앙과 지방의 관계가 형성되었다면, 웅진도읍기를 거친 그 이후에는 그것과는 상반된 중앙에서 지방사회를 일원적으로 장악하고 통제하는 환경이 갖추어졌음을 알 수 있다.

---

6)  이남석, 1995, 『百濟石室墳研究』, 學研文化社.
7)  이남석, 2008, 「百濟의 冠帽·冠飾과 地方統治體制」『韓國史學報』33, 高麗史學會.

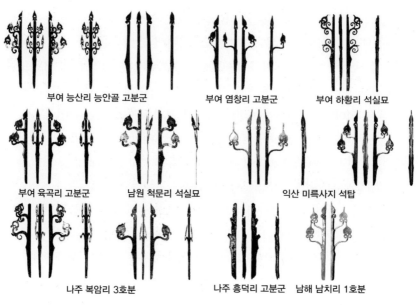

그림 1 백제 의관제 산물인 은제관식

부여 능산리 능안골 고분군    부여 염창리 고분군    부여 하황리 석실묘

부여 육곡리 고분군    남원 척문리 석실묘    익산 미륵사지 석탑

나주 복암리 3호분    나주 흥덕리 고분군    남해 남치리 1호분

　지방사회의 독자성을 풍부하게 드러내던 금동관모 등의 위세품이 사라지고
은제관식이 새롭게 등장한 것은 지방사회의 독자성 배척은 물론, 일원적 지배
체제가 구축되었음을 의미하는 것으로 볼 수 있다. 이러한 환경은 적어도 혼
란한 웅진도읍기의 초·중반기를 거치면서 형성된 것으로 웅진 도읍말기에 이
르면 국왕 중심의 일원적 통치체제가 마련되었음을 보여주는 것이다.

## 3) 대통사 창건

　백제는 384년에 불교를 공인하기에 이르지만 이후 연이은 국가적 위기로
말미암아 불교의 위세를 크게 정립할 수가 없었고, 그러한 정황은 웅진도읍

초기도 마찬가지였다. 그러나 무령왕 즈음에 새롭게 정립된 왕권을 토대로 백제가 다시금 강국으로 부상하기에 이르렀고, 이후의 성왕은 즉위 직후 대통사를 창건함으로써 백제의 불교 발전에 새로운 전기를 맞는다. 이를 증명하듯이 웅진지역에는 대통사지로 전하는 유적과 유물이 남아있다. 백제 불교유적으로서 대통사지는 웅진천도 후 불교 재흥의 상징으로 볼 수 있을 것이다. 다만 사찰의 존재가 인지되긴 하지만, 그 실체가 불분명하다는 한계가 있기는 하다. 또한 대통사지와 관련된 유물이 알려져 있지만 그 진위에 의문이 많기에 그 정황에 대한 올바른 인식도 필요하다고 여겨진다.

백제에 불교가 전해진 시기는 구체적이지 않으나, 왕실에서 불교를 공인한 것은 침류왕 원년인 384년으로 그 다음 해에 한산에 사찰을 창건하였다는 내용이 『삼국사기』에 기록되어 있다.[8] 이러한 기록은 『삼국유사』에서도 확인된다.[9] 그러나 백제가 한성에서 웅진으로 천도한 이후까지 백제 불교에 대한 내용은 구체적이지 않다. 때문에 백제 불교는 문헌기록보다 불교관련 유적의 탐색을 통해 이해될 수 있다고 보는 것이 일반적 인식이었다. 따라서 백제 사찰터를 비롯한 관련 유적 유물의 확인은 백제불교의 이해를 위한 관건일 수밖에 없었고, 이를 탐색하기 위한 다양한 노력이 경주되어 왔던 것이다.[10]

그러나 백제사회에 불교가 수용된 것이 한성도읍기라는 점에도 불구하고 당시에 창건된 사찰이나 불상·탑 등 불교 문화재에 대한 내용은 거의 알려져 있지 않다. 특히 불교 공인 후에 한성에 사찰이 창건되었다고 알려져 있는데[11] 그 실상에 대한 정보는 전혀 확인되지 않으며, 그 이외의 사찰을 창건하였다는 기록도 더 이상 확인되지도 않는다. 때문에 백제가 한성시대에 얼마나 많

---

8) 『三國史記』卷24, 百濟本紀 第2, 枕流王 二年, "春二月, 創佛寺於漢山, 度僧十人."

9) 『三國遺事』卷3, 興法 第3, 難陀闢濟條. "百濟本記云…明年乙酉 創佛寺於新都漢山州 度僧十人 此百濟佛法之始…"

10) 李南奭, 2014, 『泗沘時代의 百濟考古學』의 <百濟 佛敎遺蹟 資料> 참고.

11) 『三國史記』, 「百濟本紀」, 枕流王 二年, 春二月, 創佛寺於漢山, 度僧十人.

은 사찰을 창건하였는지는 알 수 없으며, 당시의 사찰이 어떠한 구조였는지에 대해서도 알 수가 없는 형편이다.

웅진에 도읍하던 시기의 불교에 관한 기록도 별반 다르지 않다.『삼국유사』에 성왕 5년에 대통사의 창건을 전하는 것과『삼국유사』의 원종흥법조의 말미에 "대통 원년인 정미년에 양의 황제를 위하여 웅천주에 사찰을 창건하였는데 대통사라 이름 하였다"라는 기록만이[12] 전하고 있을 뿐이다. 이러한 내용이 백제의 웅진 도읍시기 사찰 조영에 대한 최초의 기록이다. 따라서 간단한 기록임에도 불구하고 백제의 웅진도읍기 불교 환경을 이해하는 데 적극적인 자료로 활용되어 왔던 것이다.

그러나『삼국유사』의 원종흥법조의 내용은 백제와 관련된 것이 아니라 신라와 관련된 것이라는 사실을 주목하여야 할 것이다. 때문에 이 기록이 백제, 특히 백제의 웅진도읍기 불교 실상을 얼마나 정확하게 전하는 것인가에 대한 의문이 없지 않기도 하다. 그럼에도『삼국유사』의 내용 중, 웅천주가 백제의 고지이고, 그 곳에 대통사가 창건된 시점이 중국 양무제의 년호로 大通年이라 기록된 사실로 미루어, 대통사가 백제시대 성왕에 의해 창건되었다고 보는데 전혀 문제가 없지 않은가 여겨진다.

결국『삼국유사』의 기록만을 토대로 본다면 대통사는 백제의 성왕 5년인 527년, 혹은 중대통 원년인 529년에 창건된 사찰로 봄에 문제가 없다. 또한 기록만으로 볼 경우 그것이 백제의 도읍지였던 웅진에 있었다고 보는데 구태여 의혹을 가질 필요도 없을 것이다. 다만『삼국유사』에 창건 기록은 남아 있으나, 그 위치가 어디인가에 대해서는 별다른 설명이 없어 정확한 위치를 알 수 없다는 아쉬움이 있기는 하다.

그런데 대통사란 사찰이 어디에 있는가에 대해서 구체적 기록을 찾기는 어렵지만, 공주지역에는 대통사지로 알려진 유적이 존재한다. 때문에 이 유적은

---

12)『三國遺事』卷3, 興法 第3, "又於大通元年丁未, 爲梁帝創寺於熊川州名大通寺."

여러모로 중요성을 부여할 수 있는 것이기도 하다. 백제가 웅진으로 천도한 다음 한성시대와 마찬가지로 수도 주변에 또 다시 사찰을 건립하였던 것으로 믿어왔기 때문이다. 이로 보면 대통사를 백제의 웅진시대를 대표하는 사찰로 보아도 과언이 아니기에 해당 유적도 그러한 성격의 것으로 볼 수 있는 것이기도 하다.

그리고 대통사가 웅천주인 지금의 공주지역에 자리한다는 개략적 기록만이 남아 있음에도, 『삼국유사』의 관련 기록에 근거한 대통사의 위치 비정은 이미 일제 강점기부터 이루어져 왔다. 당시 공주지역 일원에 남아 있는 불교유적의 조사를 토대로 백제의 가람에 대한 견해가 제기된바 있음이[13] 그것이다. 이는 공주지역의 불교유적이 산지의 혈사와 평지의 당탑식 가람이 존재한다는 점에 착안하여, 백제시대의 가람이 초기에는 산지의 혈사가 중심을 이루다가 점차 평지의 당탑식 가람으로 전개되었다고 본 것과 관련 있다. 더불어 평지의 당탑식 가람으로 대통사를 예로 들고 있으며, 대통사와 관련된 고고학자료 예컨대 "대통"명이 있는 것으로 기

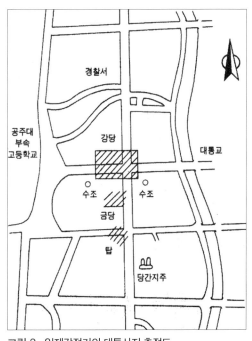

그림 2  일제강점기의 대통사지 추정도
공주대학교박물관, 2000, 『大通寺址』 도면

13) 輕部慈恩, 1946, 『百濟美術』, 寶雲舍.

와라든가, 8엽 연화문 수막새기와, 당간지주 등의 자료를 토대로 대통사의 위치를 가늠하기도 하였다.[14] 사실, 웅진 도읍시기의 백제불교 정황에 대한 이해에는 대통사지라는 불교유적이 중심에 있음을 부인하기 어려울 것이다. 관련 유물이 전하고 있을 뿐만 아니라 사지로 알려진 위치에 당간지주가 자리하고 있으며, 반출된 것으로 전하는 석조라든가 "大通"명의 평기와, 연화문 막새기와 등의 유물이 실증자료로 존재하고 있기 때문이다.

그런데 해당 유적은 대통사라는 사찰이 위치하였던 곳이라 믿어오면서도 고고학적으로 구체적 조사가 진행된 바가 없다는 문제가 있었다. 때문에 한동안 대통사의 가람배치나 구조, 규모 등에 대해서는 구체성을 갖추지 않았던 상황이었고, 단순히 당간지주가 위치한 지역을 대통사지로 인식하여 왔던 것이다. 그러다가 이 유적의 중요성을 인식케 되어 당간지주를 중심으로 한 주변지역에 학술조사가 진행되었는데, 2000년도에 진행된 약 2,000여 평의 면적에 대한 시굴조사가 그것이다.[15]

그러나 조사결과 기왕에 대통사지로 알려진 지역은 사지로 보기 어렵다는 것이 확인되었다. 비록 그 지역에 당간지주가 위치하고 대통사와 관련된 것으로 보이는 유물이 반출된 곳이긴 하나, 조사결과 사지와 관련된 유구 혹은 유물이 전혀 확인되지 않았기 때문이다. 특히 표면에는 민가가 조성되면서 건축부재가 매우 두껍게 덮여 있었으나, 사지의 존재를 입증할 만한 유물이 전혀 확인되지 않았다. 뿐만 아니라 토층을 통해서도 사찰의 존재를 입증할 수 없었는데, 이는 조사지역 전체에 걸쳐 사찰이 있어야 할 지표하 2m 깊이에서 모래층이 확인되었기 때문이다.

본래 대통사지라 알려진 곳 일대를 사역으로 인식하게 하였던 것은 그곳에 있던 당간지주 때문이었다. 당간지주의 잔존현황은 높이 329cm로 당간은 이

---

14) 輕部慈恩, 1972, 『百濟遺跡の硏究』, 吉川弘文館.
15) 李南奭·徐程錫, 2000, 『大通寺址』, 公州大學校博物館·公州市.

미 유실되고 네모꼴의 지주만 동서로 남아있으며, 지대석은 땅에 묻혀 구체적이지 않지만 막돌을 깔아서 만든 것임을 알 수 있다. 기단은 지대석 위에 조성한 단층기단인데 장방형의 형태이고, 기단의 상단에는 별다른 문양이나 장식이 없지만 각 측면에는 안상이 조각되어 있다. 안상의 수법으로

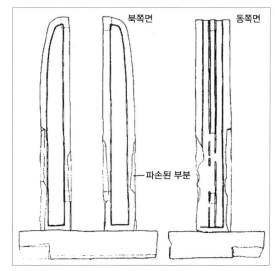

그림 3　대통사지 당간지주
공주대학교박물관, 2000, 「大通寺址」 도면

보아 이 당간지주는 통일신라시대에 만들어진 것으로 이해되는 것이기도 하다.16)

　그런데 당간지주의 지대석 아래에 대한 시굴조사를 실시한 결과, 그리 오래되지 않은 우물이 지대석 아래에 있음이 확인되었다. 우물은 직경 약 1.5m 크기의 원형으로 강돌을 이용하여 쌓은 것인데, 이를 의도적으로 폐쇄하고 그 위에 당간지주를 올린 것이 확인된 것이다. 이로 보면 당간지주는 일제강점기 초반 즈음에 어디선가 현재 위치로 옮겨진 것으로 판단할 수 있다. 즉 대통사지 위치의 유일한 지표였던 당간지주마저 근대에 다른 곳에서 옮겨온 것이 확인된 것이다.

　대통사가 웅진도읍 말기에 성왕에 의해 창건된 사찰은 분명하다. 비록 대통사의 위치는 정확하지 않지만, 관련유물로 석조와 막새기와, 명문기와 등이

16) 李南奭, 2002, 「百濟 大通寺址와 그 出土遺物」『湖西考古學』6 · 7, 湖西考古學會, 282쪽.

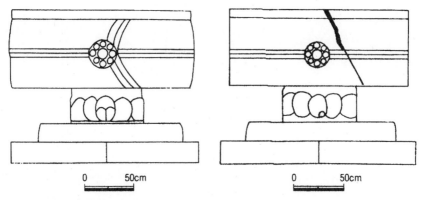

그림 4  대통사 관련유물 <석조> 공주대학교박물관, 2000, 『大通寺址』 도면

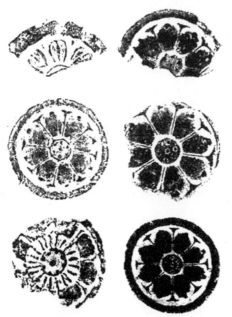

그림 5  대통사 관련유물<막새기와> 아연출판부, 2012, 『공주 대통사지와 백제』, p.155 도면

전하기 때문이다. 석조는 용도가 불분명하나, 반죽동에서 옮겨져 국립공주박물관에 소장된 것으로 각각 보물 제148호와 제149호로 지정된 중동 석조와 반죽동 석조가 그것이다.17) 이들 유물은 대부분 대통사지와 관련된 것으로 판단되는 것이나, 여기저기에 흩어져 있던 것이기도 하다.

중동 석조는 주연의 일부와 탱석·대석 등이 파괴되어 보수된 상태이다. 석조를 받치고 있는 간주석은 없어졌으나

17) 韓國文化財保護協會, 1986, 『文化財大觀:石造物』 6, 寶物4, 大學堂.

반죽동 석조를 모방하여 보수된 것인데, 원주형의 외면에 단엽 12판의 복연문을 양각하였다. 반죽동 석조는 중동 석조보다 약간 크지만 전체적인 형태와 장식 수법으로 미루어 하나의 세트임을 알 수 있다. 석조는 대좌 위에 놓여 있으며, 지대석 이외의 각 부분은 원형을 기본으로 하고 있다. 탱석은 외면 상부에 약간의 평면 간지를 남기고 나머지 전면에 12엽의 연화문이 양각되어 있다. 원형 석조는 하나의 돌로 내부를 파내어 완성한 것으로 중앙에 두 줄의 선대를 굵게 조각하여 돌리고, 그 선문상에 같은 간격으로 4곳에 연화문의 원좌를 배치한 것이다.

　기와는 관련 기록과 실물이 많은데, 일제강점기에 수습되어 실물이 전하지 않는 것들도 많다. 이중에 일부는 백제시대의 것은 분명하나 그것이 대통사와 직접 관련된 것인가의 의문이 있는 것도 적지 않다.18) 종류는 막새기와와 연목와, 그리고 망새기와 명문기와들이 확인된다. 아무튼 대통사지 출토품으로 전하는 기와는 일제 강점기에 수습된 것으로 수막새기와 3점과 암막새 1점, 그리고 망새기와가

그림 6　대통명 기와　국립공주박물관, 2010, 『공주박물관도록』, p.234 사진

---

18) 이는 일제강점기 輕部慈恩에 의해 소개된 것이다. 그런데 輕部慈恩이 발표한 자료는 百濟美術(寶雲舍 刊 東洋美術叢書, 1946)과 百濟遺蹟の硏究(吉川弘文館 刊 1972)의 2종이 있는데, 전자에는 3점이 있고, 후자에는 7점이 있다. 그런데 후자에 제시된 7점 중에 4점은 신원사 출토품이라던가 미륵사지 출토품이 대통사지 출토품으로 기록되어 혼란을 준다.

있고, 여기에 문자기와가 있다. 그리고 이후에 수습된 기와는 수막새기와 6점이 전하는데, 9점 모두가 대통사지라는 사지와 관련된 것으로 보기는 어렵다는 것이다.

요컨대, 대통사의 위치를 분명하게 판단하기는 어렵지만 관련 유물이나 기록으로 미루어 6세기 전반대 성왕에 의해 창건되었다는 사실은 부정하기 어려울 것이다. 따라서 대통사는 백제가 금강유역에 도읍한 이후 처음 창건한 사찰로 보는데 문제가 없다. 비록 백제의 불교 공인이 384년에 이루어졌다 하더라도 계속된 국가 위기로 북교 공인의 본래적 목적을 달성할 수 없었던 것이다. 그러나 웅진천도 이후 혼란된 정국의 수습, 나아가 강력한 왕권의 확립과 함께 갱위강국을 이룩하면서 국가통치의 이데올로기로서 불교를 전면에 부각시키는데 그 물증적 자료가 대통사지가 아닌가 여겨진다.


## 4) 사비천도

천도는 국가의 중심지를 옮기는 사건이다. 그것은 대외적으로 군사적 요인에 의한 것일 수도 있고, 대내적으로 정치와 사회적 요인에 의해 나타나는 것일 수 있다. 어떤 경우든 천도에 따른 영향이 결코 적지 않다는 것은 주지된 사실이다.[19] 한반도 고대사회의 천도도 대체로 대·내외적인 원인에서 비롯된다. 대외적인 것은 군사적 측면에서 원인을 찾아야 하고, 대내적인 것은 정치적 측면이 강조되는데, 발전을 위한 전략적 차원이거나 세력 간의 갈등에서 비롯되는 것이 대부분이다.

천도에 대한 역사는 전자의 경우 백제의 웅진천도가 대표적 사례이고, 후자는 고구려 장수왕의 평양 천도라던가 백제 성왕의 사비천도, 그리고 신라 신

---

19) 金瑛河, 2004, 「古代 遷都의 역사적 의미」『韓國古代史研究』 36, 韓國古代史學會.

문왕의 달구벌 천도 계획을 그 예로 들 수 있을 것이다. 특히 후자의 경우는 국가체제 변화의 수렴, 정치체제의 정비와 정치세력의 교체 등 정치적 측면이 강조되는 것이기도 하다.

백제의 도읍 이동은 이미 한성에 도읍을 정한 후 온조왕의 하북에서 하남으로의 이동, 근초고왕의 위례에서 한산으로의 도읍을 옮긴 사실이 알려져 있다.[20] 더불어 개로왕 때 고구려의 침략에 의한 475년의 웅진천도, 웅진도읍 60여 년 후의 사비천도가 전하고 있는 것이다. 우선 하북에서 하남으로의 이동은 초기 국가정착과정에서 이룩된 사건이며, 위례성에서 한산으로 도읍을 옮긴 것은 근초고왕의 북진에 의한 고구려와의 상쟁 과정에서 보다 군사적 방어가 유리한 거점 확보를 위한 것으로 해석하는 것이[21] 일반적이다. 이와 같은 도읍의 천도는 백제의 초기적 정황이며, 한성이란 지역에 국한되어 이루어진 것이기에 그 의미를 크게 추구하기는 어려울 것이다. 반면에 웅진천도와 사비천도는 한성기의 천도에 비하면 역사적 의미가 적지 않은 것이다. 웅진천도는 대외적 원인에 의해, 사비천도는 대내적 원인에서 비롯되어 각각 나름의 역사배경을 가지고 있기 때문이다.

백제의 사비천도는 웅진에 도읍을 정한지 64여년 만에 이루어진 것으로, 도읍기간이나 천도과정 등을 고려하면 비교적 단기간에 이루어진 점이 주목된다. 이에 대해서는 긴급한 상황 속에서 웅진천도가 이루어졌기에 웅진이 도읍지로서 부적합하다는 점을 지적하며 사비천도의 타당성을 부여하는 경우가 많다.[22] 당시 도읍지 웅진은 금강의 범람에 의한 홍수 문제, 가용토지의 부족

---

20) 『三國史記』 卷23, 百濟本紀 第1, 始祖 溫祚王, “…況今妖祥屢見, 國母弃養, 勢不自安. 必將遷國. 予昨出巡, 觀漢水之南, 土壤膏腴. 土都於彼, 以圖久安之計.” 『三國史記』 卷24, 百濟本紀 第2, 近肖古王, “移都漢山”

21) 盧重國, 1988, 『百濟政治史研究』, 一潮閣.

22) 강종원, 2007, 「사비천도의 단행과 왕권중심의 지배체제 확립」 『百濟文化史大系 研究叢書』, 忠淸南道歷史文化研究院, 262쪽.

등의 문제를 포함하고 있어, 도성으로 기능을 수행하기에는 한계가 많다는 지적이 빈번하게 이루어지는 것이다. 이에 따라 사비천도의 직접 원인으로 웅진 지역의 지리적 협소성을 필연적으로 도출하며 그것을 천도의 배경으로 보는 것이 일반적 인식이다.

물론 이러한 논거는 백제왕실이 왕권강화나 국가발전을 위하여 사비천도를 계획되었다는 추정으로 이어지는 것이기도 하다. 그러면서 동성왕이 사비 지역에 잦은 전렵을 실행하는 즈음부터 사비천도가 시도되었다고 보기도 한다.[23] 이러한 논지의 연장선상에서 백제가 동성왕과 무령왕을 거치면서 어느 정도 불안한 사회상을 극복하고, 국력회복을 기회로 국가동력을 보다 확충시키기 위한 수단으로 협소한 공주를 벗어나 사비로 천도하게 되었다던가, 웅진 시대에 연이어 일어난 왕의 피살·반란 등과 같은 내분에 종지부를 찍기 위하여 사비천도가 이루어졌다는 이해로 진전도 이루어진다.

앞서 지적한 것처럼 사비천도 배경의 인식 중, 웅진천도 후에 곧바로 천도의 준비와 기획이 이루어졌다는 결론에 대해서는 의문이 없지 않다. 사비천도의 단초를 동성왕 6년의 사비전렵에서 찾을 경우, 그 내용이 웅진천도 후 약 10여 년이 경과된 즈음의 사실이란 점에서 그러하다. 천도 초기의 불안한 정정 속에서 어떻게 그처럼 신속하게 천도에 대한 계획과 준비가 이루어졌을까 하는 의문이 제기될 수밖에 없는 것이 현실이다. 특히 웅진천도의 주체가 왕실이었고 이어 그들을 중심으로 다시금 천도가 획책되었다면, 웅진으로 천도한 직후에 곧바로 사비로의 천도를 단행하는 이유가 무엇인지 설명되어야 할 것이 아닌가 여겨진다.

---

23) 盧重國, 1978, 「百濟王室의 南遷과 支配勢力의 變遷」『韓國史論』4, 91쪽.
兪元載, 1995, 「熊津時代의 泗沘經營」『百濟文化』24, 公州大學校 百濟文化研究所, 27~36쪽.
심정보, 2000, 「百濟 泗沘都城의 城郭築造時期에 對하여」『泗沘都城과 百濟의 城郭』, 서경문화사.

물론 사비의 지정학적 위치가 웅진과는 다르게 남쪽의 개활지인 평야지대이며 서해로 향하는 교통상의 요지, 그리고 외적방어에 유리한 지역이었으므로 도읍으로서 적합성이 제시되지만[24] 웅진으로 천도한 직후에 웅진지역이 도읍지로 부적합함을 인지하였고, 다시금 사비로 천도를 준비하였다는 설명은 당시의 정치·사회 환경으로 미루어 어색함이 많은 것이 사실이다. 특히 이러한 논거에는 웅진으로 천도할 수밖에 없었던 백제의 대내적 환경, 즉 웅진천도 전야의 정치적 정황이 전혀 고려되지 않았다는 문제도 있지 않은가 생각된다. 천도가 강력한 왕권확립의 결과로 이루어진 것이기 보다는 왕권확립을 목표 삼아 실행되었다던가, 혹은 왕권강화의 과정적 요소로 이루어졌다고 보는 견해가[25] 많다는 것도 주목된다. 이러한 논의의 배경은 사비천도의 직접적 원인을 웅진지역의 환경이 도읍지로서 부적합하다는 것에서 비롯된다. 뿐만 아니라 정치적 측면에서는 사비천도를 계기로 혼란 극복이나 왕권 강화를 도모할 수 있다는 논거가 전제되는 경우도 없지 않다.[26] 이는 천도를 통하여 왕권강화를 이룩할 수 있다는 논리로 천도가 하나의 정치적 행위로 왕권강화와 국력중흥의 수단으로 실행되었다는 것이다. 그와 관련된 역사적 사실로 백제가 사비천도를 통해서 웅진도읍기의 지루한 귀족내분을 종식시켰고, 22부사를 설치하거나 5부 5방제를 실시하며 16관등제의 확립을 통한 국가 권력의 확립이 가능하게 되었다는 점을 함께 지적하기도 한다.[27]

　또한 백제가 동성왕대 이후 실세귀족의 득세가 크게 나타나자 왕권 중심의 정치 운영이 필요하게 되어 이를 위한 조처로 사비천도를 단행하였다고 보기도 한다.[28] 웅진천도 직후에 야기된 왕권 쇠약의 극복, 신·구 귀족 간의 갈등

---

24) 김영심, 2000, 「泗沘都城의 行政區域 編制」『泗沘都城과 百濟의 城郭』, 111쪽.
25) 김주성, 1995, 「泗沘遷都와 支配體制의 改編」『韓國史』6, 國史編纂委員會.
26) 노중국, 1978, 앞의 글.
27) 김영심, 2000, 앞의 글.
28) 梁起錫, 1991, 「百濟 聖王代의 政治改革과 그 性格」『韓國古代史硏究』4, 韓國古代

해결을 위한 국가체제의 일신 등과 같은 특단의 조치로 사비천도가 이루어졌다는 이해도 결국은 천도 자체가 왕권강화를 위해 이루어졌다는 점을 강조하는 것들로 볼 수 있다.

사비천도가 왕권강화를 위해 진행되었다는 논거에는 반드시 천도계획이나 실행시기 추정이 병행되어 고찰되고 있기도 하다. 그러면서 왕권강화를 위한 천도 준비는 웅진도읍 초반부터 이루어졌다고 보는 것이다. 백제의 웅진시대 정황을 알려주는 『삼국사기』의 사비지역 전렵기사, 특히 동성왕 무렵에 실행된 기사에 주목하여, 이를 근거로 왕권강화를 위해 사비천도가 획책되었다고 보는 것과 관련된 것이기도 하다. 또한 한성 함락 이후 왕권의 실추를 만회하기 위하여 웅진도읍 기간에 지속적으로 사비천도가 추진된 것으로 확대 해석되기도 한다.

그러나 백제의 사비천도는 안정된 대내적 환경에서 비롯된 것이다. 따라서 천도 자체가 순수하게 내재적 변화에 기인하였다는 점에 의문을 둘 필요는 없다. 더불어 한 나라가 도읍을 옮기는데 필연적으로 그에 따르는 다양한 배경이 조성되어야 한다는 것에 의문을 제기할 필요도 없다. 이를 위해 가장 우선시 되어야 할 것은 천도의 실천에 요구되는 강력한 힘, 즉 천도의 주체인 왕권 확립이 우선적으로 전제되어야 하지 않는가 여겨진다. 물론 천도 실행이나 결과의 궁극적 지향점도 왕권강화일 것이란 사실은 부인하기 어렵지만, 천도란 중차대한 사건의 실행 또한 강력한 왕권의 확립이 선행되어야 한다는 점을 반드시 유념해야 할 것이다.

천도가 대내적 환경에서 비롯되고, 나아가 왕실에 의해 천도가 추진될 경우 강력한 왕권의 확립은 필수조건이다. 이는 천도가 국가체제의 변화를 수렴하고 그러한 변화를 토대로 나타날 수밖에 없는 것이기 때문이다. 다시 말하면 천도는 대내적 체제 정비와 정치세력의 교체 등을 토대로 이룩될 수 있다는 점

史學會.

을 유념하고, 그에 따라 사비천도의 배경에 강력한 왕권 확립이 있었음을 전제하여야 할 것이다.

사비천도의 배경으로 웅진도읍기에 이루어진 동성왕·무령왕 즈음의 정치적 안정과 경제 성장을 바탕으로 성왕대에 사비천도가 이루어졌다는 인식이[29] 있었음을 보았다. 또한 천도를 기점으로 국호를 '남부여'로 정한 것은 부여적 전통의 확립과 함께 새로운 전성기를 구가하겠다는 목적임을 지적하기도 한다.[30] 이는 천도를 통해 보다 전제왕권을 강화하겠다는 정치적 결단으로 보이는 점에서 사비천도가 이미 확립된 왕권을 더욱 강화하겠다는 이해로 인식할 수 있기는 하다. 그리고 최근에는 동성왕의 지방지배와 왕권강화 그리고 무령왕의 농업생산력 증대 등의 치세를 통해, 백제가 호남평야의 농업생산력 장악에 유리하도록 국가의 중심축을 남쪽으로 옮기고 해상교통에 유리한 지역을 선정하고자 하였으며, 나아가 웅진의 토착세력으로부터 탈피하여 왕권을 더욱 강화하겠다는 의도에서 천도가 실시되었다는,[31] 기존보다 진일보한 인식이 나타나기도 하였다.

그리고 이러한 입장은 웅진도읍기의 왕권 강화가 무령왕 이후인 성왕대나 가능하고, 천도계획의 시점도 기왕의 웅진도읍 초반부에 나타나는 사비지역의 전렵기사를 근거하던 것과 상당한 시각차를 보이는 것이다. 다만 웅진도읍기의 왕권확립이나 강화의 내용, 즉 백제의 사비천도 배경이 되는 환경이 어떻게 정립되었는가의 문제는 거의 천착되지 않았다는 한계가 있지 않은가 여겨진다. 예컨대 동성왕대의 지방지배와 왕권강화가 언급되었으나, 백가의 가림성 반란으로 비추어 그 사실은 허상임을 알 수 있다. 또한 무령왕의 농업생산력 증대 등의 정치행위도 왕권의 확립이 전제된 후에나 가능한 것이기에 그

---

29) 이남석, 2010, 앞의 글.

30) 정재윤, 2008, 「仇台 始祖說의 成立背景과 그 意味」『韓國古代史研究』 51, 韓國古代 史學會.

31) 李道學, 2003, 「百濟 泗沘 遷都의 再檢討」『東國史學』 39, 東國史學會4, 5~46쪽.

러한 내용을 천도배경의 직접적 원인으로 보기에는 논리적 한계를 드러내지 않는가 생각되기 때문이다.

백제의 사비천도에 대한 인식은 배경에 대한 시각차 외에 그것을 계획적 천도로 보는 점은 대체로 공통적이다. 그러나 웅진천도의 불합리성을 이유로 사비천도가 왕권강화를 위한 불요불급한 전제였다던가, 혼란 극복과 왕권 확립을 토대로 천도가 실현되었다는 입장은 체계적 이해로 보기에는 한계가 있기도 하다. 즉 사비천도 환경의 조성이 웅진 도읍 60여 년의 기간에 이룩되었음은 분명하지만, 그 과정이나 결과의 이해에 요령을 얻기는 아직 어렵기 때문이다.

백제의 사비천도는 60여 년의 웅진도읍 기간을 바탕으로 실행된 것이고, 도읍으로서 웅진의 한계를 절감하였기에 이루어진 것이란 점은 주지된 사실이다. 천도의 기획이나 시점에 대해서는 강력한 왕권의 확립이 전제된 다음에나 가능한 것으로 보아야 할 것이다. 그러나 기록상 백제의 사비천도에 대한 실상은 538년에 실행되었다는 사실 외에는 전혀 알 수가 없다. 때문에 웅진에 도읍하면서 다음 도읍지 사비와 관련된 기록이 나타나면 곧바로 천도와 결부된 행위로 이해하였고, 이를 토대로 다양한 추론이 전개되었던 것이다. 이러한 천도의 시점 추정은 천도자체에 내포된 복합성과 함께 동시기 백제사회가 직면한 문제점 등을 경시한 감이 없지 않기도 하다. 따라서 전렵기사와 관련된 경우는 전렵에 대한 재음미와 시대성 등에 의거할 때 천도와 직접 연계하여 이해하기 어렵다는 반론이 있는가 하면, 가림성 축조도 전후 맥락의 부조화와 정황의 애매함 등으로 구체성이 결여된 것으로 비판된 바 있기도 하다. 물론 이러한 반론에서도 사비천도의 배경을 직접적으로 언급한 것은 아니고 다양한 추론의 전제에서 비롯된 것이기에, 문제 해결을 위해서는 천도과정에 대한 구체적 시간적 경과의 이해가 필요할 것이다.

도읍의 천도가 왕권 확립이 전제된 다음에서야 가능하다면, 백제의 사비천도는 이전 도읍지인 웅진에서 강력한 왕권의 확립이라는 조건이 충족되었음을 보여주는 것이다. 나아가 구도읍인 웅진에서 사비로의 천도는 왕권강화와 같은 정치·사회적 환경의 변화로 기왕의 도읍에 대한 부적합성이 드러나 부득이 천도를 단행하였을 것이란 측면을 주목하여야 할 것이다. 최근 고고학적 조사를 통해 백제가 538년에 천도하기 이전의 사비지역은 황무지였다는 견해가 피력되면서, 사비지역의 도읍조성이 천도시점을 기준으로 크게 상향되기는 어렵다는 이해가 마련된 바 있다. 이는 신 도읍의 건설도 종국에는 왕권의 확립과 강화를 통한 국력안정 및 국가 역량의 축적으로 가능하였다는 것으로, 이를 통해 천도 시간에 대한 시각의 수정이 이루어지는 것을 주목할 수 있다. 때문에 사비천도의 시간과 배경에 대한 인식의 새로운 정립이 요구되는 것이다.

새로운 도읍으로서 사비지역에 대한 개발은 백제가 웅진에 도읍하던 시기, 그것도 왕권의 안정을 바탕으로 국력증진이 이룩된 다음에 이루어졌다고 결론할 수 있다. 도읍 건설의 소요재원이나 역량을 고려할 경우 백제는 웅진도읍기에 왕권 확립은 물론이고, 왕권강화와 함께 국력증진이 이룩되었음을 추정할 수 있을 것이다. 문제는 그러한 정황을 직접적으로 추론할 수 있는 기록자료가 거의 확인되지 않는다는 점이다. 그러나 천도 추진과정에 대한 기록의 부재와는 달리 고고학 자료는 새로운 도읍지 사비의 건설 현황을 추정할 수 있는 것들이 적지 않게 남아 있어 주목되기는 한다. 즉 고고학 자료에 의거하면 성왕대에 이르러 사비천도가 기획되고 추진된 것이 아닌가 추정될 수 있다는 것이다.[32] 도읍을 옮긴다는 것은 강력한 왕권의 성립과 관련 있을 수밖에 없으며, 백제의 사비천도도 국가의 역량강화에서 비롯된 자의적 천도이기에 왕권강화는 물론 그에 합당한 국력의 성장과 조건의 성숙이 전제되었을 것이다. 이러한 논리는 고고학 자료와도 상통하는 것으로 사비천도를 위한 안정된 환경은 무령왕을 거쳐 성왕대에 이르러 완성되었고, 그에 따라 천도가 추진되었다고 봄에 문제가 없을 것이다.

---

32) 盧重國, 1978, 앞의 글, 91쪽.

## 5) 맺음말

6세기 전반의 백제사는 무령왕의 등장을 계기로 정치적 안정을 구축하면서, 새로운 도약의 발판을 마련하여 갱위강국을 선언하는 것으로 설명될 수 있다. 이어 등장한 성왕은 안정된 체제의 구축에 박차를 가하는데, 이로써 백제는 명실상부한 고대 중앙집권적 전제왕권으로 설명되는 국가체제가 확립된다. 백제사에서 성왕의 존재는 사비천도의 주역이란 점에 크게 초점된다. 한성시대의 국가체제는 서기 475년 고구려의 침입으로 완전 붕괴된다. 이어 웅진천도 후의 혼란을 수습한 무령왕을 이어 등장한 성왕 대에는 새로운 국가체제를 갖추었다. 이러한 면모는 고고학적 환경 즉 6세기 전반의 묘제환경에 그대로 반영되어 있다.

6세기 전반의 백제 고고학적 환경에서 가장 주목되는 것은 다양성을 특징으로 하는 지방 고유의 문화가 위축되는 반면에 획일화된 문화의 중앙 집중현상이 크게 나타난다는 점이다. 특히 분묘의 경우 6세기대에 이르면 다양한 묘제가 지양되고 중앙사회의 대표적 묘제인 석실묘로 통일되는 것으로 미루어 정치, 사회적 통일을 가져온 것으로 볼 수 있는데, 그러한 정황이 웅진도읍기 간에 이룩되었다는 것이다.

웅진도읍기의 백제 정치, 사회의 변화는 집권적 통치체제의 마련으로 귀결될 수 있을 것인데, 한성후기에 갖추어진 담로체제가 방군성체제로 전환된 것을 특징으로 볼 수 있을 것이다. 더불어 일찍 공인되었음에도 5세기 전반의 정치, 사회의 불안정에 기능을 발휘하지 못했던 불교가 웅진도읍 후반에 전면에 등장하는 것도 정치, 사회환경의 변화를 대변하는 것이다.

결국 사비천도와 불교의 중흥으로 대표되는 성왕이 백제 중흥의 군주로 크게 부각된 것은 웅진도읍기에 이룩된 정치 안정을 토대로 중앙 집권화된 국가체제를 확립하였기 때문이다. 이를 위해 성왕은 강화된 왕권의 안정을 도모하기 위하여 불교의 중흥을 도모하는데, 대통사의 창건이 이를 상징하는 것이다. 이후 성왕은 강화된 왕권을 토대로 보다 진일보한 국가체제의 구축을 위해 사비로 천도를 단행하였음은 물론이다.

유적과 유물로 본
웅진시대의 백제

IV

# 백제 웅진에서
# 쇠망

유적과 유물로 본 웅진시대의 백제

IV. 백제 웅진에서 쇠망

# 1. 의자왕의 대당항쟁

•

•

## 1) 머리말

의자왕에 대한 평가는 다양하다. 대부분 『삼국사기』가 전하는 패망국의 군주로서 기술된 면모에 근거한 것이고, 그 결과 폭군이기에 결국은 국가멸망에 이르렀다는 평가가 그것이다. 그리고 나당군과 항쟁부분도 단지 승자의 기록을 토대로 의자왕이 무기력하게 항복한 것으로 전할 뿐이다. 그런데 최근 공주 공산성 성안마을의 백제 유적과 유물에서는 660년 웅진성에서 치열한 전투가 있었던 흔적과 함께 전승을 기원하는 의례의 모습도 추론할 수 있어 웅진성에서 전개된 의자왕의 투쟁적 모습을 새롭게 엿볼 수 있다.

공주 공산성은 백제의 웅진성으로 웅진도읍기의 특수환경으로 산성임에도 도성과 왕성의 기능을 갖추었던 거성으로 인정할 수 있다.[1] 거성으로서의 모습은 공산성에 대한 오랜 발굴조사 결과 축적된 자료에 의해 내린 결론이기도 하다. 그런데 최근에 관련시설로 분류되는 성안마을 유적에 대한 발굴조사가 진행되었고 거기에서 대규모의 관아시설과 생활시설, 다양한 공방시설 및 취

---

1) 이남석, 2013, 『熊津城 公山城』, 공주대학교박물관·공주시.

사시설 외에 그에 부수되어 잔존된 용수 저장을 위한 몇 개의 연못 등이 확인되었다.[2] 특히 그중에서 2011년과[3] 2014년에[4] 걸쳐 발굴 조사된 연못에서는 의도적으로 매납한 다양한 무기류가 출토되었다.

옻칠 갑옷을 비롯하여 철제 찰 갑옷 그리고 옻칠 마갑과 금으로 도금한 규두대도를 비롯하여 다양한 마구류가 출토되었다. 그리고 옻칠 갑옷의 명문에서 서기 645년의 내용도 확인되어[5] 이들 유물은 서기 645년 이후의 정황을 간직한 것도 알 수 있다. 이들 유물은 그 내용과 유적의 정황, 주변의 다양한 역사적 의미를 종합하건데 서기 660년의 나당군과 전쟁과정에서 진행된 의례 행위의 잔존물로 판단된다.

사실, 서기 660년 대규모 나당연합군의 급습은 아무런 방비가 없던 백제로서는 중과부적일 수밖에 없었다. 백강의 하구에 상륙한 당나라 군대를 막을 수 없었을 뿐만 아니라 계백의 5천 결사대도 황산벌에서 김유신의 보급부대를 막지 못하였기에 의자왕은 부득이 도읍지 사비를 버리고 웅진으로 피난할 수밖에 없었다. 그 이후의 정황은 살필 수가 없었는데 공산성 성안마을의 연못에서 출토된 유물을 통해 새로운 역사정황을 복원할 수 있게 되었다.

공산성 성안마을 백제유적 중에 갑옷출토 연못의 현황을 살피고 거기에서 출토된 옻칠 갑옷 등의 유물의 의미를 점검하면서 그것이 지닌 역사성을 음미하여 보고자 한다. 더불어 이들 유물은 전승의례와 관련된 것이란 점을 주목하여 그와 관련한 의자왕의 나당군과 항전의 모습을 보다 새롭게 인식하여 보겠다. 이는 660년 무렵의 삼국통일 전야 정황의 재인식으로 연결될 수 있으면서, 나아가 사비천도 후 웅진성인 공산성의 기능에 대한 또 다른 면모도 살펴보도록 하겠다.

---

2)  공주대학교박물관, 2015, 「公山城성안마을내유적8차발굴조사 약보고서」.
3)  공주대학교박물관, 2011, 「公山城성안마을내유적4차발굴조사 약보고서」.
4)  공주대학교박물관, 2014, 「公山城성안마을내유적7차발굴조사 약보고서」.
5)  李南奭, 2012, 「公山城出土 百濟 漆利甲의 銘文」『목간과 문자』 9, 한국목간학회.

## 2) 공산성 갑옷출토 연못

의자왕의 면모를 새롭게 조명할 수 있는 유물이 발견된 유적은 공주 공산성의 성안마을 유적이다. 성안마을 유적은 최근에 발굴조사가 진행 중인데 왕궁 관련 시설이 잔존하는 것으로 웅진성인 공산성 내에서 가장 우수한 입지환경을 가진 지역에 자리하고 있다.[6] 약 1만여 평의 가용면적에 지하 6m 정도에 묻혀 있던 백제유적은 2011년부터 2015년도까지 발굴조사가 진행되었고,

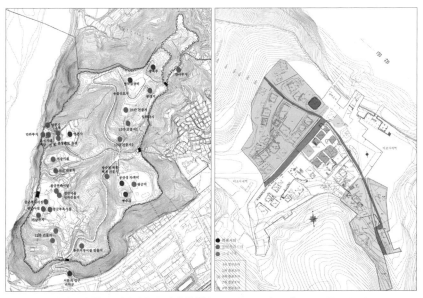

**그림 1  공산성의 현황과 성안마을 유적의 현황(2011~2015년 조사)** 공주대학교박물관, 2013,
『웅진성 공산성』도면과 2015, 「사적 12호 공산성 성안마을 유적 발굴조사 약보고서」 재편집

---

6) 성안마을 발굴조사는 2015년도까지 8차에 걸쳐 진행되었고, 이중에 1~3차는 표면 층에 있는 조선시대의 유구를 대상으로 진행한 것이나 4~8차는 조선시대 유구의 아래층에 있는 백제시대의 유구에 대한 조사로 전체 백제유적 산포범위의 약 70%에 대한 발굴조사가 완료된 것이다.

결과 지금까지 알려진 백제시대 유적 중, 최대 규모의 국가 관부시설이 확인되어 있다.

성안마을의 왕궁관련 유적은 공산성 북서쪽의 곡간분지에 입지한다. 공주의 남쪽 표고 110m 정도의 높이로 자리한 공산 주봉에서 북쪽의 금강으로 흘러내린 3개의 가지능선 사이의 계곡 중에 서쪽에 위치한 넓은 곡간 분지에 유적이 위치한다. 지형적으로 성안마을 지역은 북향의 경사를 이루면서 그 말단이 금강에 접하는 지형지세를 갖추고 있으며, 강과는 약 10m 정도의 표고 차이를 보인다. 곡간분지는 동·서간 약 250m 정도, 남·북간 250m 정도의 범위에 남쪽 중앙에 또 다른 가지능선의 구릉이 자리하고 있는데, 전체 면적은 약 1만여 평을 상회하는 정도이다.

성안마을에서 발굴조사된 백제시대의 유적은 시기적으로 서기 475년의 천도 직후에 조성된 것, 천도 후 얼마 지나지 않아 대규모로 개축하여 조성한 것, 그리고 사비로 천도한 후에 이루어진 것으로 구분할 수 있는 것이다. 그리고 유구의 내용은 대체로 건물지가 중심을 이루지만 건물을 조성하기 전의 기반시설로써 각종의 도로와 배수시설, 축대시설 등도 남아 있다. 더불어 용수 저장시설인 연못이나 저장시설인 목곽고 등도 확인되었는데 왕궁관련 시설로 볼 수 있는 성안마을의 백제유적은 천도 직후의 유구와 함께 웅진도읍 중반 무렵의 것이 중심을 이룬 것이다. 전체 지역은 경사면을 따라 축대를 시설하여 대지를 조성하였는데, 곡간분지이기에 중심부는 가장 낮은 지역에 자리한다.

성안마을의 왕궁관련 유적은 중앙에 남·북간으로 약 70m 이상 되는 너비 6m 도로를 반듯하게 조성하였고, 그 좌우로 배수시설을 갖추고 있는 것이다. 그리고 중심도로를 기점으로 서쪽으로 모두 5단의 대지가 조성되어 있고, 남쪽으로 넓게 3단 정도, 그리고 동쪽도 넓고 크게 축단을 두어 조성된 대지상에 일정한 간격을 두고 건물이 배치되어 있다. 건물의 형태는 적심이나 초석을 거의 사용하지 않는 방식, 즉 굴립주나 벽주 혹은 판축 기단만 조성한 방식의 것이 확인되는데, 건물지의 평면은 방형이 대부분이나 규모가 큰 건물지는 장방형의 것도 있고, 아울러 6각형의 건물지도 조사되어 있다. 이 6각형 건물지는 벽주시설을 갖추고 있는 것이기도 하다.

전체 건물지는 각각의 위치에서 서로 일정한 그룹을 이루어 기능별로 구분되었던 것으로 추정할 수 있다. 그중에서 중앙의 중심도로 서쪽 2단과 3단에 있는 건물이 가장 주목되기도 한다. 즉 2동의 건물은 각기 소형의 부속건물을 거느린 장방형 평면을 가진 것인데, 건물자체의 규모가 매우 크다는 점 외에 가운데에 넓은 마당을 두고 있기 때문에 전체 유적 내에서 가장 핵심 기능을 담당하였던 건물이 아닌가 추정한다. 건물지 외에 2기의 연못과 1기의 나무로 만든 저장시설인 목곽고, 그리고 공방이나 취사장으로 판단될 수 있는 유구도 조사되어 있다.

2개의 연못 중에 하나는 평면이 말각 방형의 것으로, 석축하여 조성한 것이다. 그리고 다른 하나는 동·서간이 약간 긴 장방형 평면인데, 지반을 파고 벽체를 목재로 만든 것으로 앞의 것과는 축조방식과 재료상에서 차이가 있다. 그리고 석축으로 조성한 연못은 전체 유적의 서북쪽에 성곽에 인접하여 자리한 것인데, 목재로 조성한 연못은 유적의 한가운데에서 약간 북쪽으로 치우쳐 자리한 모습이다. 특히 목재로 조성된 연못은 깊이 3m 정도의 것으로 상면은 동·서간 지름 15m에 남·북간 지름 10m이나 바닥은 동·서간 지름 5m로 상당히 좁혀진 형상으로 위가 넓고 아래가 좁은 모습이다. 이 연못은 한가운데의 깊이 1m 정도까지 통일신라시대의 유물이 포함된 상태였는데, 다시 그 아래층은 목질 등의 유기물 층이 두껍게 덮여 있었고, 다시 그 아래에서 서기 645년의 명문을 가진 옻칠 갑옷을 비롯하여 철제의 찰갑이나 옻칠 마갑, 그리고 마구와 무기 등의 백제시대 유물이 세트로 매납된 것이기도 하다.

한편, 성안마을의 왕궁 관련시설 유적은 규모에 걸맞게 다양한 유물이 수습되어 있다. 다만 유물은 양적으로는 크게 돋보이지 않으나 관련시설인 건물에 사용되었을 다량의 기와편과 함께 생활용구로 볼 수 있는 다양한 토기편, 그리고 각종의 무기류를 비롯하여 특이한 유물도 적지 않다. 그리고 유물은 웅진도읍기에 사용된 것은 물론이고 사비천도 후의 것도 비교적 많은 편이다.

그림 2 공산성 성안마을 유적 <2011년 조사-연못 및 출토갑옷 명문>

그림 3  공산성 성안마을 유적 <2014년 조사-연못>

그림 4  공산성 성안마을 유적 <2015년 조사-연못 전경>

그러나 대부분 폐기품의 형태로 있어 앞서 언급된 옻칠 갑옷이 출토된 연못에 남겨진 유물과 차이를 보인다. 즉 연못에서 출토된 유물은 그것을 의도적으로 매납된 것이기에 정형적 형상을 갖추어 세트를 이루고 있음이 그것이다.

연못의 바닥에 남겨진 바구니 그리고 그 위에 퇴적된 점토층은 적어도 서기 645년 이전의 것이기에 연못의 조성이 백제의 웅진시대나 혹은 사비도읍기의 전반 무렵에 조성된 것을 알 수 있게 한다. 그러다가 645년 이후의 어느 시점에 세트를 이룬 옻칠 갑옷과 철 찰갑, 그리고 마갑과 마구 및 무기류가 매납되었다고 볼 수 있다. 이후 그 위에 유기물 층이 두껍게 쌓여 아래의 유물이 감추어졌는데 물웅덩이처럼 남겨져 있던 연못에 다시금 통일신라시대에 이르러 생활 폐기물이 유입되었다는 정황도 확인할 수 있다. 연못에 매납된 유물의 잔존정황을 보면 전체는 연못 내부의 서남쪽에서 남쪽 구역에 산포된 형상으로 있었다. 연못의 남쪽 상단에서 1m의 깊이에 그 흔적이 나타났었고, 깊이

그림 5　연못의 유물 노출광경 <2014년 조사>

2m에 너비 5m의 범위로 흩어져 있었다. 그러나 품목에 따라 나름의 위치를 갖추고 있기도 하다. 연못의 한가운데의 가장 낮은 위치에 옻칠로 만든 마갑이 남아 있었다. 그 위에 철제의 찰갑이나 각종 무기류가 있으며, 다시 그 위에 옻칠의 찰갑이 있는데, 철제의 찰갑이나 철제 마구류 및 무기는 연못의 서남쪽 벽체의 경사면에 따라 아래로 흐르듯이 흩어져 있다. 특히 옻칠 갑옷은 상당히 흩어진 모습을 보인다.

　매납한 물품의 현황을 보면, 우선 옻칠 갑옷의 경우 상당히 두껍게 옻칠된 것과 보다 얇게 옻칠된 것으로 구분할 수 있어 옻칠 갑옷은 2종이었던 것으로 판단된다. 더불어 옻칠 마갑도 가장 아래층에 한 벌의 옻칠 갑옷이 원위치를 유지하고, 이외에 서남쪽으로 넓게 산포된 또 다른 옻칠 갑옷이 있어 혹시 두벌의 옻칠 갑옷이 매납된 것이 아닌가 추정하나 구체적이지는 않다. 한편 철제 찰갑은 갑옷과 함께 갑주로 판단할 수 있는 것도 있는데, 수량이나 산포된 범위로 미루어 이것도 두벌의 갑옷이 아닌가 여겨진다. 이외에 마구류는 제어구보다 장식구나 안장의 장식과 함께 깃대를 꽂는 기생이라든가 마면주의 존재가 눈에 띈다. 또한 철제의 대도 외에 금장으로 장식한 규두대도도 있고,

그림 6　성안마을 출토 <2011년 조사-토기류와 화살촉>

그림 7  성안마을 출토 <목기류>

다량의 화살촉과 마름쇠 한덩이도 남아 있었다.

　요컨대 공산성 성안마을의 백제 유적은 백제의 웅진도읍기 왕궁관련시설로
볼 수 있는 규모와 내용을 갖춘 것이다. 특히 유적 내의 거의 중앙부에 목재
를 사용하여 조성한 연못에는 의도적으로 매납한 것으로 볼 수 있는 옻칠 갑
옷을 비롯한 철제 갑옷이나 마갑 등의 다양한 유물이 세트를 이루어 남겨져 있
었다. 더불어 이들 유물 중에 옻칠 갑옷의 명문에 서기 475년인 정관 19년을
기록하고 있기에 매납유물이 645년 이후의 백제시대에 의도적 매납을 알려
준다.


## 3) 연못출토 매납 유물과 그 의미

　공산성 성안마을 백제 유적에서 출토된 유물 중에 특히 연못에 남겨진 매
납 유물은 가장 상층에 위치한 옻칠 갑옷에 남겨진 명문을 토대로 그것이 서

기 645년 이후에 제작된 것을 알 수 있다. 그리고 유적의 잔존정황으로 미루어 이들 유물은 서기 645년 이후의 어느 시점에 의도적으로 매납한 것도 알 수 있는데, 유물이 모두 전쟁과 관련있는 무기류이고, 그것도 연못에 매납되어 있다는 특징을 우선 지적할 수 있을 것이다.

다양한 무기류가 그것도 세트로 갖추어 왜 연못에 의도적으로 매납하였는 가에 대해서는 다양한 추론이 가능하겠지만 아무래도 전쟁과 관련된 의례의 결과가 아닌가 여겨진다. 이는 전승을 기원하는 의례를 거행한 후에 갑옷 등의 무기류를 연못에 매납하는 관습이 있었음을[7] 반증하는 것이 아닌가 추정

그림 8  공산성 성안마을 유적 <2011년 조사–찰갑 출토현황>

---

7)  백종오, 2015, 「韓日古代集水遺構出土遺物의 儀禮性研究」『先史와 古代』 46, 韓國古代學會.

그림 9 공산성 성안마을 유적 <2011년 조사-마갑 출토현황>

하면서, 공산성에서 서기 645년 이후의 백제시대 어느 시점에 치열한 전쟁과 관련하여 이들 유물이 매납된 것으로 볼 수밖에 없기 때문이다. 그리고 그 전쟁은 백제시대에 한정될 수밖에 없기에 아무래도 660년 백제를 침공한 나당군과 의자왕과의 전쟁을 짐작할 수밖에 없을 것이다. 이러한 추론이 가능하다면 공산성 성안마을의 왕궁유적 내의 연못에서 출토된 의도적 매납 유물들은 660년 백제 의자왕이 나당군과의 전쟁을 목전에 두고 거행한 전승의례의 결과로 남겨진 것으로 보는데 문제가 없을 것이다.

그리고 유물 자체는 7세기대 전반 무렵 백제문화의 실상을 대변하는 것으로 보는데 문제가 없고, 나아가 그러한 매납행위를 통해서 백제 멸망기의 나름의 긴박한 정황을 추론할 수 있게 하면서 또 다른 측면에서 백제의 물질문화 수준이 범상치 않음을 단적으로 보여는 물품으로 볼 수 있지 않은가 여겨진다. 유물 중에 가장 주목될 수 있는 것이 옻칠 갑옷일 것이다. 본래 옻칠공

예는 중국의 춘추시대에 성행한 것으로[8] 미루어 오랜 역사를 가지고 있음을 알 수 있다. 우리나라의 경우 서북한 지역의 낙랑 유적에서 칠 제품이 풍부하게 출토되어[9] 이를 통해 중국의 칠공예 산업이 한반도에 유입되었음도 알 수 있다. 그리고 삼국시대 이후의 유적에서 간헐적이지만 칠제품이 출토되어[10] 그 존재를 인정할 수 있기는 하다. 그러나 그정황을 구체적으로 살필 수는 없었는데 공산성 성안마을 출토 옻칠 갑옷의 존재는 백제의 칠공예 산업이 매우 높은 수준이었다는 것을 단적으로 보여주는 증거로 봄에 문제가 없을 것이다. 물론 서기 639년 즈음에 백제가 금칠제로 알려진 옻칠 갑옷을 다량으로 제작하여 중국 당나라의 태종에게 전해준 사실로[11] 미루어 백제 옻칠공예산업이 만만치 않은 수준이었다는 사실을 물적 자료로 입증하는 계기도 마련되었다고 볼 수 있다. 백제의 칠공예 산업은 매우 높은 수준이었음을 추정할 수 있었지만, 그 시체적 증거가 공산성 연못 유적에서 확인되었다는 점에 커다란 의미를 부여할 수 있을 것이다.

한편, 공산성 연못 출토의 옻칠 갑옷은 갑옷 자체를 가죽으로 제작한 다음에 그 위에 옻칠한 것이나 가죽은 전부 부식되고 표면에 칠한 옻칠만 남아 있는 것이다. 특히 찰갑의 형태, 즉 작은 비늘조각형태의 찰갑을 줄로 연결하여 갑옷을 만든 것인데, 2종류의 옻칠 갑옷이 있었던 것으로 확인된다. 그중에 하나는 옻칠 자체가 아주 두껍게 이루어진 것으로 적어도 10회 이상 도포한 것인데, 비록 가죽이 부식되어 없어졌음에도 칠자체가 철 찰갑 형태로 남아 있기도 하다. 그리고 다른 하나는 칠이 4회 정도 덧칠되었기에 종이처럼 얇게 남아 형체를 보존하기도 어려운 것이나 찰갑의 모습은 간취할 수 있는 것이다.

---

8) 陳振裕, 1997, 『中國漆器全集』第1卷 先秦, 禮建美術出版社, 1~5쪽.
9) 王朝文, 2000, 「漆器의 産地和製造」『中國美術史』秦漢卷, 明天出版社, 37~38쪽 참고.
10) 韓鴻烈, 1995, 「韓國 漆器手工業의 地域的 展開過程에 관한 硏究」『社會科學硏究』8, 133~173쪽.
11) 『三國史記』卷27, 百濟本紀 第5, "四十年, 冬十月, 又遣使於唐, 獻金甲·雕斧."

다만, 옻칠 갑옷의 형상은 발굴자료의 보존처리나 분류가 마무리되지 않았지만 구체적으로 복원하기는 어렵다고 여겨진다. 그러나 찰갑편 자체로 미루어 대단히 화려한 의례복이었던 것으로 추정할 수 있는데, 찰갑편의 형태별 종류가 적어도 25종 이상으로 집계되는 것에 근거하는 것이기는 하다. 여기에 갑옷의 하단부는 넓고 큰 찰갑편을 사용하여 위로 갈수록 부위별로 작고 정교한 혹은 장식적 형태의 찰갑을 사용한 것으로 판단되고, 일부의 잔존 찰갑은 어깨의 견장을 꾸민 것으로 추정되는 것도 있는 점도 근거하는 것이다. 그러나 갑옷 자체를 반코트 형태의 것으로 추정할 수 있을 뿐이다.

한편 이 옻칠 갑옷의 일부에는 명문이 남겨져 있음이 가장 주목되는 내용이다. 남겨진 명문들은 가슴부위에 사용된 길이 4~8cm의 찰갑에 종으로 6자씩 한자를 주칠로 기록한 것이고 확인된 명문은 약 60여 자에 이르는 것으로 알려져 있는데, 전체 내용의 연결은 어렵지만 백제의 외교관련 관직이나 고위 관직 그리고 관직명 등이 있어 특정의 역사사실을 적은 것으로 추정할 수 있기는 하다.12) 특히 명문 중에는 중국 당나라의 연호인 정관, 즉 정관 19년인 서기 645년에 발생한 역사적 사실을 남기고 있음은 앞서 언급한 바가 있다.

옻칠 갑옷 외에 또 다른 갑옷인 철제의 찰갑도 크게 주목될 수 있는 것이다. 사실 백제의 갑옷자료는 상대적 빈곤이 두드러진 편으로 서울의 몽촌토성 출토의 골갑 외에13) 일부 자료가 남아 있을 뿐인데,14) 2011년도 발굴조사과정에서 일부가 수습되었고 이어 2014년도의 발굴에서 다량이 수습되어 백제의 갑주문화에 대한 새로운 조명이 가능케 된 것이 아닌가 여겨진다. 발굴된 철제 갑옷의 보존 등의 조치 후에 구체적 형상이 복원될 수 있겠지만 우선 출토된 갑옷이 두벌로 보아야 할지 아니면 한 벌의 갑옷인지의 판단이 필요하기는

---

12) 李南奭, 2012, 앞의 글.
   이현숙, 2015, 「公山城 新出土 銘文資料」『목간과 문자』, 한국목간학회, 183~186쪽.
13) 金元龍, 1987, 『夢村土城：東北地區發掘報告』, 서울大學校博物館 · 서울特別市.
14) 백종오, 2015, 앞의 글.

하다. 그러나 옻칠 갑옷이나 마갑이 각각 두벌씩 있는 것으로 미루어 같은 성격의 것이 아닌가 추정된다. 이 철제 찰갑도 찰편의 형상이 매우 다양하다. 아주 작은 것에서 그 5배 크기의 것도 있어 갑옷의 형태가 매우 화려한 것임은 알 수 있다. 다만 갑옷의 복원된 모습을 아직은 추구하기가 어렵다.

한편 마구류로 마갑은 앞서 언급한 것처럼 가죽에 옻칠하여 제작한 것으로 백

그림 10   연못 출토 명문 찰갑편

제 지역에서는 처음 출토된 것으로 볼 수 있다. 대체로 큰 조각으로 남겨져 있는 것인데, 4~5회의 옻칠이 이루어진 것이기에 얇은 조각으로 수습되지만 상당부분은 원상태를 유지하고 있어 전체적 모습의 유추 복원이 가능하다. 이외의 마구류는 마면주도 한쌍 있는데[15] 철판으로 조성한 매우 정교한 것이다. 또한 깃발을 달기 위해 깃대를 세워 만든 기생이라든가[16] 방울장식인 마령 등

---

15) 동형의 마면주가 가야의 옥전고분에서 출토된 바가 있는데, M3호분에서 확인된 2점이 있다.
　　慶尙大學校博物館, 1986, 『陜川 玉田古墳群 : 1次發掘調査槪報』.
　　慶尙大學校博物館, 1988, 『陜川 玉田古墳群 -木槨墓-』.
　　慶尙大學校博物館, 1990, 『陜川 玉田古墳群Ⅱ -M3號墳-』.

16) 忠淸埋藏文化財硏究院, 2001, 『瑞山 餘美里遺蹟』, 여미리출토 토기 문양에서 확인된 사례. 부여 쌍북리 154-10번지 사비 공방 유적에서 출토된 사례 등이 있다.

도 있다. 다만 마구의 필수 품목으로 볼 수 있는 제어구인 재갈이나 등자 그리고 안교장식 등이 남아 있지 않은데 이들은 세트를 갖추는 품목에 포함되지 않았기 때문으로 여겨진다.

이외에 출토유물인 무기류로서 칼과 화살촉 그리고 마름쇠 등도 주목될 수 있는 것이다. 칼의 경우 환두장식이 없는 대도와 자루를 금도금한 금장 규두도가 있으며, 규두도의 경우 무령왕릉 출토품 등과[17] 대비될 수 있는 것이다. 이외에 삼지창 형태의 작은 창이 있는데 생소한 형태의 것이고, 긴 창도 갖추어져 있다. 그리고 화살촉의 경우 수십점이 묶인 형태 그대로 화살통에 넣은 채 남겨져 있고, 일부 화살촉은 화살대가 남아 있기도 하다. 이외에 마름쇠의 경우 한주먹쯤의 분량으로 뭉쳐져 있는데 부여 부소산성 출토의 마름쇠와[18] 형태가 비슷한 것이기도 하다.

이상의 유물은 목조시설을 갖춘 연못에 매납되었던 것으로, 비록 흩어진 형태로 있었지만 물속에 매납하였기에 남겨진 정황으로 여겨진다. 본래는 일정한 품목을 세트로 갖추어 의도적으로 매납된 것임을 알 수 있다. 여기에 잔존 정황이 연못의 가장자리에서 안으로 흘러내린 모습으로 있어 의도적으로 물에 넣었다는 사실도 유추할 수 있다. 때문에 일부 옻칠 갑옷 중에 마갑의 경우 가죽이란 재질의 특성으로 흩어짐이 크게 이루어진 반면에 철제의 찰갑은 일정한 범위에 몰려 있던 것이 아닌가 추정된다.

연못에 의도적으로 매납한 이들 무기류는 당대로 보면 최고의 품질과 품목으로 보는데 문제가 없을 것이다. 옻칠 갑옷의 경우 그 존재만으로 무궁한 가치를 인정할 수 있을 것인데, 갑옷의 형상도 찰편의 다양함으로 미루어 상당한 품격을 갖춘 화려한 것으로 봄에 문제가 없기 때문이다. 이는 철제의 찰갑도 마찬가지로 함께 매납된 금장의 규형도나 쇠창 등의 형태에서 고품격의 모

---

17) 文化財管理局, 1973, 『武寧王陵』.
18) 國立夫餘文化財研究所, 2003, 『扶蘇山城』.

습을 간취하기 어렵지 않을 것이다. 즉 이들 유물은 당대의 최고급품으로 봄에 문제가 없을 것이다. 그리고 이들 최고급품의 무기류가 세트로 묶여서 연못에 남겨져 있음은 우연한 폐기나 잔존보다는 의도적 행위에 의한 매납 결과로 볼 수 있을 것이다.

본래 발굴된 유물의 잔존 정황은 무덤의 부장품처럼 일정한 의례나 의식의 결과로 남겨진 것과 특정 시설물의 부속품으로 남겨진 것도 있지만 대체로 생활과정에서 방기된 폐기물이 대부분이다. 반면에 특수한 환경으로 말미암아 의도적 퇴장의 결과로 남겨진 것도 적지 않은데 예컨대 귀중품을 숨기기 위해 퇴장시키는 것으로 부여 능사출토의 금동향로를[19] 꼽을 수 있을 것이다. 그리고 의례나 제사 후에 특정 품목을 수장하거나 묻어 퇴장시키기도 하는데, 공산성 연못의 각종 무기류가 그것이다. 특히 후자의 행위로 남겨진 유물은 행위의 특수한 목적이 있기에 그 의미가 자못 클 수밖에 없을 것이다.

공산성 왕궁 관련시설 내 연못에서 수습된 유물은 성격이 무기류라는 점에서 일단 전승과 관련한 의례를 추정할 수 있으며, 왕궁이란 특수한 공간에서 그러한 행위가 이루어졌다는 점을 유의할 필요가 있을 것이다. 이는 옻칠 갑옷에 남겨진 명문 즉 정관 19년인 서기 645년이란 기록을 고려할 때, 서기 660년 나당군의 침입에 백제 의자왕이 사비를 뒤로하고 웅진으로 피난하였다는 사실을[20] 상기할 경우 문제가 없지 않은가 여겨진다. 나아가 발굴된 유적에서 치열한 전쟁을 보여주는 흔적이 많다는 사실은[21] 성안마을 백제왕궁시설의 폐허화가 치열한 전투의 결과라는 것도 알 수 있기 때문이다.

---

19) 금동향로는 상자에 넣어 땅을 파고 의도적으로 묻어두었던 것으로 알려져 있다.

20) 『三國史記』卷28, 百濟本紀 第6, 義慈王 二十年, "…遂與太子孝, 走北鄙."

21) 성안마을 백제유적은 대부분 화재로 파괴된 흔적으로 있었고, 특히 건물의 잔해속에 철제의 화살촉이 흩어진 형태로 있어 전쟁 중에 화재를 동반한 파괴가 있었음을 추정할 수 있음이 그것이다.

## 4) 의자왕 승전 기원

　백제사에서 의자왕의 평가는 다양하다. 그러나 관련기록의 역사적 입장을 고려하여 분석할 경우 의자왕의 평가에 조금은 신중할 필요가 있다고 생각된다. 즉위와 더불어 효성 깊고 영민한 인물로[22] 평가되었던 의자왕이었기에 그러하다. 그는 재위기간동안 국가기강의 확립은 물론이고 대외적 국가위신 회복과 요동치는 국제정세에 나름의 대책도 마련했다고 여겨진다. 그러나 결국은 국가적 위기에 직면하게 되었고, 나름의 대응수단을 마련하지만, 국가 패망의 결과로 매듭되었을 뿐이다. 그런데 의자왕에 대해서 배경이나 과정에 대한 가부의 평가는 생략하고 오히려 패망국 군주라는 허물을 덮어 모두를 그의 개인적 실정으로 치부될 수 있는가는 의문이 없지 않기도 하다. 앞서 살핀 것처럼 공산성 연못의 매납 유물에서 서기 660년 나당군의 침입에 대처한 의자왕의 또 다른 면모를 발견할 수 있는 점도 고려되어야 할 것이다.

　그리고 서기 660년 나당 연합군의 백제 침공으로 백제의 멸망과 이어 나타난 고구려의 멸망으로 말미암아 결국 신라에 의한 삼국통일로 귀결된 역사 정황도 그 배경이나 과정 그리고 결과에 대한 폭넓은 이해가 필요하지 않은가 생각된다. 삼국통일에 초점하여 그 주인공을 신라로 보면서 그처럼 복잡한 배경과 과정을 단순히 신라의 의지와 그에 의해 주도된 과정으로 볼 수는 없기 때문이다. 6세기 중반부터 나타난 신라와 백제의 갈등은 7세기에 이르러 백제의 지속적 신라 압박을 초래하고 이에 신라는 고구려와 당에 도움을 요청하는 정황을 결코 도외시할 수도 없기 때문이기도 하다.

　여기에 중국은 위진 남북조기라는 오랜 분열과 혼란의 시기가 수나라에 의해 통일된다. 이어 당나라에 의해 통일왕조의 기틀이 굳건하게 마련되면서 동아시아의 국제질서를 중국 중심으로 재편할 필요가 있는 중국으로서 고구려

---

22) 『三國史記』 卷28, 百濟本紀 第6, 義慈王, "…事親以孝, 與兄弟以友, 時號海東曾子."

는 극복의 대상이었다는 점도 유념되어야 할 것이다. 때문에 수나라는 국가역량의 총동원한 군사작전을 전개하여 고구려 정복에 나서지만 성공하지 못하고 결국은 국가 멸망에 이르렀다고 볼 수 있기 때문이다. 그러한 입장은 당나라의 등장 한 후에도 변함이 없었다는 것을 당태종 이후에 지속된 고구려와의 전쟁에서 알 수 있을 것이다. 그러나 수나라도 당나라도 고구려 정복에 성공하지 못한 것은 고구려 역량의 강대함 외에도 보급문제라는 군사 전략상의 불리함이 있었기에, 결국 배후의 신라를 이용하였다는 점을 상기하여야 할 것이다.

백제의 지속적 압박에 시달리던 신라와의 연합을 위해 당나라는 신라가 직면한 현실적 숙제인 백제에 대한 제재가 필요하였기에, 당나라는 660년 그처럼 비밀스럽고 신속한 군사작전을 전개하여 백제를 침공하였던 것이 아닌가 생각된다. 그리고 당군 13만의 백제 하류 상륙과 더불어 만나기로 하였던 김유신의 5만 군대가 보급부대였다는 사실, 전쟁 전에 치밀한 도상적 군사작전을 전개하였던 것, 백제 멸망 이후 당나라의 군대가 곧바로 평양성을 공격하면서 신라 보급부대가 동원되는 정황은 백제 멸망을 단순히 의자왕의 실정만으로 치부할 수 있을까라는 자연스런 의문이 제기될 수 있을 것이다.

사실, 서기 660년 나당군의 침입에 직면한 의자왕은 계백으로 하여금 신라군을 막고 나아가 백강에 상륙한 당군을 저지하기 위해 노력하지만 모두 수포로 돌아가고, 나당군이 사비도성으로 밀려옴에 부득이 웅진으로 피난케 된다.[23] 물론 피난의 사실 이외의 정황을 살피기는 어렵지만 항복이 아닌 피난이라는 사실과 함께 웅진성이란 천혜의 요충지를 선택한 것으로 미루어 적과의 일전을 각오하였다고 봄에 문제가 없을 것이다.

그런데 의자왕의 피난처인 공산성은 백제 웅진성이었고, 사비도읍기에 북방의 거점인 치성이기도 하다. 웅진은 서기 538년 사비로 도읍을 옮긴 이후에

---

23) 이에 대해서는 『三國史記』 卷28의 百濟本紀 第6, "…遂與太子孝, 走北鄙."의 기사가 확인된다.

백제의 북방성으로 기능한다.[24] 백제는 웅진도읍 말기의 강화된 왕권을 바탕으로 지방사회를 직접적으로 통제하면서 통제방식을 방군성제로 편제하여 진행한다. 즉 이전의 담로에 의해 간접적으로 위임 통치되던 지방사회를 5개로 구분하여 방을 설치하고 그 아래에 군을 두고 군 아래에 다시 성을 두어 일목연한 지방통제 방식을 마련하였는데, 이전의 도읍지였던 웅진을 5방의 하나인 북방성으로 삼은 것이다. 이로 보면 웅진성인 공산성의 군사적 요충지로서의 가치는 웅진도읍기만이 아니라 사비 도읍기에도 여전하였음을 알 수 있다.

웅진성은 천혜의 군사적 요충지로서 기능이 여전하였기에 사비천도 후에도 북방의 거점성으로 활용되었다고 볼 수 있다. 따라서 웅진성은 웅진 도읍시기에 왕성으로서의 기능을 여전히 유지하였던 것으로 여겨진다. 이는 7세기 전반 무렵 무왕의 재위시절 사비도성의 궁궐 수리가 필요함에 왕이 약 3개월간 웅진에 옮겨 거처하는 것으로도[25] 알 수 있다. 즉 웅진성은 군사적 측면에서 천혜의 요충지라는 특수성 외에 여전히 왕이 머물 수 있는 궁궐과 같은 시설을 보유하고 있었던 것으로 여겨진다.

웅진성인 공산성 내 유적은 대체로 천도 즈음인 서기 475년부터 각종 시설물이 마련되어 도읍 기간에 사용된 것이다. 이는 성내에서 발굴 조사된 유적이 대체로 5세기 말에서 6세기 전반 무렵으로 편년됨에서 알 수 있다. 그런데 부분적으로 사비도읍기인 6세기 후반 무렵에서 7세기의 어간으로 판단되는 유적도 적지 않다. 그 대표적 유적이 성안마을의 백제유적 즉 백제 왕궁관련 시설로 보는 것이다. 성안마을로 불렸던 왕궁관련시설은 약 1만여 평의 면적으로 웅진성 전체의 약 20%의 범위이다. 특히 웅진성이 산성으로 대부분 험준한 산지인데 비해서 왕궁관련시설이 위치한 지역은 곡간 분지로 전체 면적의 80% 정도는 거의 평지로 남겨져 있는 지역이다. 때문에 이 지역은 백제는

---

24) 『翰苑』蕃夷部 百濟, "…有能津城, 一名固麻城, 城方一里半, 此其北方也."
25) 『三國史記』卷27, 百濟本紀 卷5, 武王, "三十一年, 春二月, 重修泗沘之宮. 王幸熊津城."

물론이고 이후 신라나 조선시대의 유적도 중복되어 있다고 여겨진다.

그런데 여기의 백제 왕궁 관련시설은 웅진도읍기에 확인된 백제 유적으로서는 최대의 면적과 최고의 품격을 갖추고 있음과 함께 도시적 면모를 구비하고 있어 왕이 머무는 공간으로 볼 수도 있으며, 그에 적합한 다양한 시설을 갖추고 있다고 볼 수 있을 것이다. 이는 앞서 살핀 것처럼 약 60여 동의 기와를 사용한 건물지는 일정한 권역을 이루면서 일정한 기능을 하였을 것으로 추정된다. 특히 이들 시설은 사비 도읍기에도 여전히 기능한 것으로 여겨지기 때문이다. 물론 그 한가운데에 각종 갑옷과 무기류가 매납된 연못이 있기도 하다.

결국, 의자왕의 웅진성 피난은 공산성의 지정학적 이점에 의지한 것이다. 갑작스런 대규모 군사침략에 직면한 의자왕은 중과부적의 열세 속에 부득이 사비도성을 뒤로하고 웅진으로 피난한 것은 천혜의 요충지 웅진성에서 항전이 가능할 것으로 여겼기 때문일 것이다. 아마도 남은 역량을 총결집하여 항전태세를 갖추었을 것이다. 나아가 적과의 일전을 앞두고 공산성 내 연못에서 승전을 기원하는 의례까지 거행하지만, 결과는 성내 유적에서 전쟁으로 불탄 흔적만 남은 것으로 미루어 치열한 전투를 전개하였음에도 불구하고 중과부적으로 항복할 수밖에 없었음을 짐작하기 어렵지 않다. 이 사실을 역사서는 매우 간단하게 전한다. 나당군의 침입에 의자왕은 사비도성을 버리고 웅진성에 이르러 항복했다고, 배경과 과정이 생략된 채 항복이란 결과만을 알려주는 것이다. 때문에 한나라의 주인이었던 의자왕은 적의 침입에 무기력하게 피난하고 항복한 주인공으로 인식하게 되었던 것이다.

공산성 연못 출토 갑옷 등의 의례품은 660년 나당군의 침입에 웅진으로 피난 온 의자왕이 적과의 최후의 일전을 앞두고 승전을 기원하는 의식을 거행한 후에 남긴 것이다. 공산성이 백제의 옛 왕궁일 뿐만 아니라 천험의 요새라는 점을 근거로 항전 의지를 불태우나 노도와 같은 나당군의 기습 앞에 항복을 선택할 수밖에 없었음을 발굴된 유물은 대변하고 있다.

## 5) 맺음말

사비천도 후 웅진은 백제의 북방성으로 기능한다. 웅진성인 공산성의 기능도 여전히 유지되는데, 이는 왕성인 공주 공산성 내 유적 중에 왕궁 관련시설로 분류되는 성안마을 유적의 조사결과를 통해서 알 수 있다. 유적은 대규모의 관아시설과 생활시설, 다양한 공방시설 및 취사시설 외에 그에 부수되어 잔존된 용수저장을 위한 몇 개의 연못도 포함되어 있다.

그중에서 2011년과 2014년에 걸쳐 발굴 조사된 연못에는 의도적으로 매납된 다양한 무기류가 출토되었다. 특히 무기류에는 옻칠 갑옷을 비롯하여 철제찰 갑옷, 옻칠 마갑, 금장의 규두도와 다양한 마구류가 포함되어 있다. 이 중, 옻칠 갑옷에는 명문이 확인되었는데, 명문을 통해 645년의 내용을 읽을 수 있어 이들 유물이 645년 이후의 정황을 간직한 것임을 알려준다. 연못 매납유물은 그 내용과 유적 정황, 그리고 주변의 다양한 역사적 의미를 종합하건데 서기 660년의 나당군과의 전쟁 과정에서 진행된 의례 행위의 잔존물로 판단된다.

사실 660년, 대규모 나당연합군의 급습은 아무런 방비가 없던 백제로서는 중과부적일 수밖에 없었다. 백강의 하구에 상륙한 당나라 군대를 막을 수 없었을 뿐더러, 계백의 5천 결사대도 황산벌에서 김유신의 보급부대를 막지 못하였다. 때문에 의자왕은 부득이 도읍지 사비를 버리고 웅진으로 피난할 수밖에 없었다. 백제 멸망 즈음의 의자왕에 대한 기록은 국난 앞에 무기력하게 항복한 왕으로 전한다. 그러나 공산성 왕궁 관련시설의 유적과 유물은 660년 웅진성에서 치열한 전투가 있었던 흔적을 보여주고 있다. 더불어 이들을 통해 전승을 기원하는 의례의 모습도 추론할 수 있다. 이와 같은 고고학 자료를 통해 나라를 구하기 위해 웅진성에서 드러나는 의자왕의 투쟁적 모습을 새롭게 확인할 수 있다.

# 2. 취리산 회맹과 백제 이후의 웅진

•
•

## 1) 머리말

백제의 두 번째 도읍지 웅진에는 취리산이란 유적이[1] 있다. 취리산은 백제 멸망기에 당나라가 신라와 백제로 하여금 회맹을 체결한 장소로 전하는 유적이다. 그러나 의자왕의 최후 격전지였고 나당군이 점령한 후에는 웅진부성이었던 웅진에서 취리산 회맹과[2] 같은 역사적 사건이 전개되었음에도 백제의 국운은 더 이상 이어지지 않는다.

백제의 멸망 이후 웅진은 신라 웅천주의 치소가 설치됨에 따라 다시금 중서부 지역의 거점으로 부상하게 된다. 웅진은 백제 최후의 격전지이나 나당군의 지휘부가 설치된 지역이기도 하다. 이러한 웅진지역에는 취리산 회맹이란 역사적 사건을 간직한 취리산도 자리한다. 한껏 맹위를 떨쳤던 부흥 군의 기세

---

1)   취리산 유적에 대한 글은 다음과 같다.
    公州大學校博物館, 1998, 『濟·羅會盟址 就利山』.
    이현숙, 2009, 「就利山遺蹟의 考古學的 檢討」『先史와 古代』 31, 韓國古代學會.
2)   취리산 회맹에 대해서는 다양한 검토가 이루어져 있다.
    한국고대학회, 2010, 『취리산회맹과 백제』, 혜안.

가 한풀 꺾이자 당나라는 웅진의 취리산에서 백제와 신라 간의 맹약을 주선한
다. 취리산 회맹은 당나라가 백제 잔여세력과 신라와의 회맹을 주선한 것을
통해 그들의 백제 침공이 백제의 소멸보다는 친당정권을 마련하는데 목적이
있었음을 보여주는 것이기도 하다. 그것이 백제 멸망 이후 사비가 아닌 웅진
을 거점으로 삼았던 나당 연합군이 공주의 취리산에서 회맹을 진행한 이유이
기도 하다.

그런데 회맹의 장소인 취리산이 웅진에 있다는 역사적 사실에도 불구하고
해당지역 웅진인 지금의 공주에서 어떤 산이 취리산인가에 대해서는 논란이
있다.[3] 진짜 취리산의 확인을 위해 다양한 접근이 이루어졌지만, 구체적 결론
은 갖지 못한 것으로 여겨지나 현재 취리산으로 불리는 장소가 회맹지라는 전
제에서 기왕의 논의를 점검하여 보고자 한다.

한편, 치밀한 준비를 거쳐 진행된 나당군의 백제 침공은 급작스런 것이었
고, 이에 마땅한 방비책을 마련하지 못한 백제는 의자왕의 항복으로 국운이
종결되는 듯하였다. 그러나 전국에서 운집한 부흥군의 치열한 항쟁으로 전쟁

---

3) 취리산의 위치가 어디인가에 대한 논고는 다음과 같다.
  <연미산을 회맹지로 보는 의견>
  李丙燾 譯註, 1977, 『國譯 三國史記』, 乙酉文化社, 卷6, 新羅本紀6, 文武王 上, 95쪽.
  崔根泳·嚴聖欽, 2004, 『古代韓國人名辭典 6~10世紀 在中國活動人物 中心』, 주류성.
  李漢祥·申英浩, 2001, 「鷲尾山石壇과 就利山 築壇」『國立公州博物館紀要』創刊號.
  <취리산을 회맹지로 보는 의견>
  公州郡, 1955, 『百濟古都 公州의 名勝古蹟』25, 64쪽.
  姜憲圭, 1983, 「就利山 周邊 二三 地名考」『論文集』, 公州大學校 人文科學編~100쪽.
  公州大學校博物館·公州市, 1998, 『濟·羅會盟址 就利山』.
  양종국, 2008, 『의자왕과 백제부흥운동 엿보기』, 서경문화사, 116~117쪽.
  양종국, 2009, 「웅진도독 부여륭과 신라 문무왕의 취리산 회맹지 검토」『先史와 古代』
  31, 韓國古代學會.
  <대전시 질티를 회맹지로 보는 의견>
  池憲英, 1967, 「熊嶺會盟·就利山會盟의 築壇位置에 對하여」『語文研究』5, 語文研
  究會.

은 새로운 국면에 접어들었다. 부흥군은 초기에 그 위세가 대단하였지만, 지휘부의 붕괴로 전쟁을 효과적으로 수행하지 못하고 더 이상 국가의 운명을 연장하지 못한다. 그런데 패망국의 군주로서 의자왕의 일반적 평가에 비추어 부흥군의 존재의미를 어떻게 보아야 할 것인가, 그 성격은 무엇인가에 대한 언급도 필요할 것이다.

웅진은 백제의 사비천도 후 북방성의 치소로 자리하는데, 백제 멸망 후에는 신라 웅천주의 치소로 자리매김 되어 지방의 거점으로서 위상을 갖춘다. 통일신라 즈음에 웅진에서 전개된 역사상도 살핌으로써 백제 이후 웅진의 정황에 대한 이해를 도모하여 보겠다.

## 2) 취리산 유적

취리산 유적은 웅진도독 부여융과 신라 문무왕이 665년 8월에 회맹을 맺은 역사적 장소이다. 그리고 취리산 회맹에 대해서는 다양한 검토가 이루어져 있는데, 663년 백제 부흥군과 일본군의 연합부대가 백강전투에서 나당군에 패배함으로써, 백제 부흥군은 사실상 완전히 진압된 상태였는데, 당 고종은 유인궤를 백제 땅에 머물면서 통치케 하였고, 이듬해인 664년 의자왕의 아들인 부여융을 웅진도독에 제수하고 백제에 보내어 통치케 하는데, 이러한 사실은 당나라가 그들이 멸망시킨 백제를 다시 재건한 것을 알려준다는 인식이[4] 마련되어 있다. 그리고 백제의 잔여세력과 신라와 회맹을 맺도록 조치하였는데 그 장소가 웅진의 취리산이라는 점은 이미 주지된 사실이기도 하다.

취리산이 공주에 있음은 회맹이 웅진에서 진행되었음을 분명하게 밝힌 점에서 알 수 있기도 하다. 물론 회맹에 대한 내용의 구체적 검토가 있었고,[5] 그

---

4) 양종국, 2008, 앞의 글.
5) 한국고대학회, 2010, 앞의 글.

대강을 회맹문을 통해 알 수 있음을 밝힌다. 즉 유인궤가 작성한 이 회맹문은 도입부와 서문, 본문으로 구분하여 이해한다. 그리고 도입부에서는 당나라의 칙사 유인원과 신라의 문무왕, 백제의 부여융이 당고종 인덕 2년인 665년에 웅진의 취리산 즉 지금의 공주 취리산에서 회맹을 맺는다는 내용을 적고 있다는 것, 다음 서문에서는 회맹의 유래와 그 의미를 적었고, 본문에서는 회맹의 사정을 알리며 부여 융으로 하여금 백제의 제사를 지내게 한 사실을 적었다는 것이 그것이다. 이로써 당나라는 실질적으로 백제를 부흥시켰음을 선포한 것이면서, 이후에 신라와 서로 화친하고 우호관계를 유지하도록 맹세를 시키는데, 이를 어길 경우 받게 될 재앙도 적고 있음이 지적되어 있다.[6]

당나라의 의도였지만 취리산 회맹으로 인해 취리산은 일시적이지만 백제의 새로운 출발을 알리는 역사적 장소가 되었음을 알 수 있다. 다만 웅진지역 즉 지금 공주의 어떤 산이 취리산인가라는 문제는 다소 이견이 존재한다. 공주에는 현재 취리산으로 불리는 산이 있음에도 또 다른 산을 취리산으로 보기 때문이다.[7] 이외에도 대전의 질티를 취리산으로 보는 경우도 있는데, 그러나 질티의 문제는 기록의 해석차에 기인한 것으로, 결국 취리산은 웅진인 지금의 공주에서 찾아야 한다는 의견에[8] 귀 기울여야 할 것 같다.

우선, 공주의 어떤 산이 취리산인가에 대해서는 현재 취리산으로 불리는 산과 연미산으로 불리는 산 중, 어떤 산을 회맹지 취리산으로 볼 것인가라는 의견차이가 있음을 알 수 있다. 회맹지로서 취리산은 지명이나 전언 등을 토대로 본래부터 취리산 혹은 취미산으로 불렸던 공주 쌍신동에 위치한 지금의 취리산으로 보는 것이 일반적이었다. 그러다가 최근에 연미산 정상에 석축시설이 확인되고 이를 제단으로 볼 수 있을 것이란 추론이[9] 제기되면서, 연미산을

---

6)   최광식, 2009, 「취리산 백제·신라 회맹단지의 역사적 의의」 『취리산회맹과 백제』, 혜안.
7)   李漢祥·申英浩, 2001, 「鷲尾山石壇과 就利山 築壇」 『國立公州博物館紀要』 創刊號.
8)   양종국, 2009, 앞의 글.
9)   李漢祥·申英浩, 2001, 앞의 글.

그림 1  공주 연미산 전경

그림 2  공주 취리산 전경

회맹지로 보는 견해도 제시된 것이다. 한편 회맹지 취리산의 탐색을 위하여 취리산과 연미산에 대한 각각의 발굴조사가 이루어진 바도 있지만, 조사결과만으로 어떤 산이 취리산인지를 분명하게 확인하기는 어려운 것이 현실이다.

　본래 연미산은 공주의 서북부에 위치하는 산으로, 지리적으로 공주 북쪽에 있는 금강변의 곰나루 건너편에 자리한 비교적 높은 산이다. 공주의 사방에는 비교적 높은 산들이 위치하고 있는데, 동쪽의 월성산, 남쪽에 남산, 서쪽의 일락산과 함께 북쪽에는 이 연미산이 그것이다. 반면에 취리산으로 불리는 산은 금강의 북안에 자리한 쌍신동에 있는 산이다. 연미산에 비해 낮고 초라한 모습이나 금강의 북안에 돌출 산지의 형상으로 자리한다. 즉 강변의 낮은 충적 대지상에 돌출된 모습으로 있기에 입지적 환경만으로도 특별한 시설처럼 관찰된다. 이 취리산은 회맹지로 일찍부터 인식된 것이기도 하다. 일찍이 용이 그려진 술병이나 작은 항아리 등이 수습되었다는 전언이 있어,[10] 그것을 회맹의 제사의식에 사용된 것으로 보기도 한다. 그러나 실물이 전하지 않기에 실증적 자료로 보기는 어렵다.

그런데 연미산이 회맹지일 것으로 추정된 것은 산 정상에 있는 돌로 쌓은 기단과 그 측면의 토층단면 모습, 수습된 유물 등으로 미루어 그것이 7세기대의 유적이 아닌가라는 추정으로 말미암은 것이다. 이러한 인식은 비교적 높은 산의 정상부에 노동력이 많이 드는 석축의 단을 이유 없이 조성하지는 않았을 것이란 전제와 함께, 무너진 석축 기단의 측면에 남겨진 토층에서 통일신라시대의 토성 축조법에서 관찰되는 적갈색 불탄 흙과 목탄을 섞어 다진 흔적이 남아 있는 것을 주목한 것으로 전한다. 특히 석축 기단의 측면 토층은 신라 왕경의 사찰이나 왕경유적의 대지 조성과정에 사용되는 것과 비슷하다는 의견도 추가되었다. 이외에도 주변에서 수습되는 토기편 등이 통일신라시대의 것으로 볼 수 있다는 점, 일부의 지명 표기에서 연미산을 취미산으로 한자 표기한 것도 있어 이를 취리산일 것으로 비정한 것이다.

이 연미산의 정상부분 즉 회맹의 터로 믿었던 지역에 대한 시굴성의 발굴조사가 진행된 바가 있는데,[11] 추론을 반전시킬 적극적 증거는 발견되지 않았던

---

10) 李南奭, 1998,「濟·羅會盟址 就利山」, 公州大學校博物館·忠淸南道 公州市.
11) 公州大學校 博物館, 2010,『公州 燕尾山·月尾洞 遺蹟』.

것으로 확인된다. 다만 석축기단 하단의 잔존 정황에서 유적 자체가 적어도 7세기대 즈음, 아니면 그보다 조금 늦은 시기에 조성된 것으로 나타나, 유적 자체만으로 보면 취리산일 가능성을 전혀 배제할 수 없는 정황은 여전히 남아 있게 되었다. 다만 조사결과에서 석축기단을 제단으로 볼 만한 증거가 확인되지 않았다는 것과 석축의 단시설이 있는 범위에서 의례가 진행되었음을 알려주는 어떠한 흔적도 확인되지 않았음은 주목된다.

그런데 이 연미산의 정상부에 남겨진 시설이 회맹의 유적으로 보기 어려운 정황도 발견된다. 앞서 언급된 것처럼 공주 즉 백제의 도읍지인 웅진의 사방에는 월성산과 남산, 일락산과 연미산이 감싸듯이 둘러져 도읍지를 관망하는 지세를 이루고 있다. 특히 동쪽 월성산의 경우 호남에서 서울에 이르는 조선시대의 봉수가 시설되어 있는데, 이 부분에 대한 발굴조사가 이루어진 바가 있다.[12] 유적은 조선시대의 봉수시설이 상부에 자리하고 있으면서 그 아래에 백제시대에 군사적 목적에서 조성한 시설이 남아 있는 것이다. 그런데 월성산 정상부에서 확인된 백제시대의 유적은 연미산 정상부에 잔존된 유구와 거의 비슷한 모습이라는 사실이 주목된다. 이로 보면 웅진의 사방에 있는 산 정상에 백제시대에 초소와 같은 시설이 마련된 것이 아닌가라는 추정과 함께, 이를 토대로 연미산 정상에 있는 7세기 즈음의 유적도 그러한 의미의 유적으로 볼 수 있지 않은가 생각된다.

물론 현재 취리산으로 불리는 산이 회맹이 이루어진 진짜 취리산인지의 여부를 분명하게 판단할 수 있는 자료도 찾기가 어려운 것이 현실이다. 이 산도 취미산으로 불렸다는 언급이 있는데, 이는 앞의 연미산을 취미산으로 불렀던 것과 다소 혼동을 드러내기도 한다. 취미산의 언급은 기록의 잘못으로 여겨지는 것이기도 하다. 그리고 이 취리산에 대해서도 비록 시굴성 발굴조사지

---

12) 徐程錫, 1992, 「忠南地域의 百濟山城에 關한 一研究」『百濟文化』22, 公州大學校 百濟文化研究所.

만 그 현황을 파악하기 위한 조사를 진행한 바가 있다.13) 물론 조사의 목적은 현재의 취리산이 회맹지인가의 탐색에 있었고, 따라서 산의 정상에서 그 남향면에 해당하는 조사 가능범위에 대하여 시굴조사가 진행한 것이다. 그런데 조사결과를 보면 해당지역의 상당부분은 후대에 인위적 훼손만이 발견되는데, 특히 남향면의 상당정도 범위에 걸쳐 근대이후의 무덤이 조성되면서 본래의 모습이 사라진 상태였다. 다만 정상부와 그 남향사면에 부분적으로 5세기 후반이나 6세기 전반 무렵에 조성된 것으로 판단할 수 있는 분묘가 확인되어 있을 뿐이고, 오히려 회맹의 터로 간주될 수 있는 어떠한 시설도 발견되지 않는데, 다만 부분적으로 정지된 듯한 지형은 남겨 있는 상황이었다.

결국, 백제와 신라간 회맹이 이루어진 취리산은 백제의 웅진 즉 지금의 공주에 있음이 분명하고, 그것은 현재의 취리산이나 연미산 중의 하나일 것임은 물론이다. 그러나 문헌기록 혹은 고고학적으로 어느 산이 회맹이 이루어진 진짜 취리산인지의 판단이 어렵다는 것을 알 수 있다. 다만 기왕에 취리산 회맹과 회맹지의 탐색에 대한 의견을 일독하면서 취리산의 실체가 회맹지였다는 점을 고려할 때, 쌍신동의 취리산을 회맹이 이루어진 진짜 취리산으로 보아야 한다는 의견에14) 귀 기울여야 하지 않은가 생각된다.

이는 취리산 회맹 당시의 제사대상은 하늘이 아니라 산천이었다는 점과 당시 회맹을 주관한 중국의 기준으로 볼 경우 회맹지가 연미산처럼 주변에서 가장 높은 산보다는 현재의 취리산처럼 작고 낮은 산이 후보지로 더 적합하다고 보기 때문이다. 또한 제단도 석축기단을 쌓기보다는 땅을 깎고 다듬었을 것이란 점도 유념할 필요도 있을 것이다. 여기에 취리산 회맹지의 제단은 천단보다는 지단의 성격을 가진 것으로 보아야 하는데, 본래 중국에서 지단은 북쪽에 설치되기에 취리산 회맹지도 공주의 북쪽에 위치할 가능성이 크다고 보는

---

13) 公州大學校博物館·忠淸南道 公州市, 1998, 앞의 보고서.
14) 양종국, 2009, 앞의 글.

점에서 그러하다. 이러한 사실은 중국의 춘추시대 제후들이 행한 회맹의 내용과 큰 차이가 없다는 점이 근거로 제시된다. 즉 춘추시대 천자나 제후들은 비어있는 땅을 회맹장소로 사용하였고, 높은 산을 회맹장소로 사용한 예가 보이지 않는다는 점을 참고할 필요가 있다는 것이다. 이는 실체적 장소로 전하는 중국 당대의 천단산의 예처럼 높은 산의 정상보다는 접근성이 용이한 아래의 낮은 지역에 제단을 만든 사례가 제시되는 점도 고려되어야 할 것이다.

취리산은 백제 부흥군의 노력이 수포로 돌아간 후, 당나라에 의해 백제와 신라간의 화친을 도모하는 맹약의 장소였다. 회맹은 백제의 웅진성인 지금의 공주에서 이루어졌기에 회맹단은 웅진에서 찾을 수 있는데, 이에 대해 현존의 연미산인가 취리산인가의 여부는 정황상 현재의 취리산을 회맹지 취리산으로 봄에 문제가 없다고 볼 수 있을 것이다.

취리산은 공주시가의 북단을 동서로 관통하는 금강의 북쪽 강변 대안에 홀로 낮게 솟아 있는 작은 산이다. 남쪽으로 완만한 경사가 있지만 북쪽은 거의 수직적 경사를 이루며 동서쪽은 낮게 자락을 드리운 형상이다. 산자락의 남쪽에는 많은 집들이 자리하고 그 위쪽으로 무덤도 많지만, 정상부로 모아지는 지형은 회맹단을 설치하기에 적합한 지형적 조건을 갖추었다고 봄에 문제가 없을 것이다. 즉 지형적 조건으로는 북쪽을 향한 제단 형태로 보아도 무리가 없을 것이며, 여기에 용이한 접근성 등을 고려하면 회맹지 취리산으로 인정하기에 문제는 없을 것이다.

물론 발굴조사에서 회맹을 근거할 증거가 확인되지 않았고 일부지만 백제시대 무덤이 확인된 점에 의문을 둘 수 있기도 하다. 그러나 무덤은 5세기 말에서 6세기 초반 무렵의 것으로 회맹시기와는 상당한 시간차가 있을 뿐만 아니라 웅진천도 후 정치적 안정을 이룩한 6세기 중반 이후의 시설은 전혀 확인되지 않는 점, 나아가 취리산의 정상부근은 어떤 흔적도 확인되지 않는 점을 유의할 경우 유적의 존재를 부정할 필요는 없을 것이다. 제사를 증명할 제단이나 의례도구도 전혀 확인할 수 없었지만, 이러한 부분은 지상에 설치된 시설의 고고학적 형성과정을 고려할 경우 취리산을 회맹단지로 보는데 전혀 문제가 되지 않을 것이기 때문이다.


### 3) 백제 부흥운동과 취리산 회맹


　백제 멸망기의 부흥운동의 상기할 때 먼저 부흥 운동군의 의미나 성격에 살펴볼 필요가 있을 것이다.[15] 즉 부흥은 없어진 것을 새롭게 갖추는 것이고 그것을 위한 행동이 곧 부흥운동이다. 따라서 역사상 백제의 부흥운동은 없어진 백제를 다시 찾아 세우자는 목적에서 이루어진 투쟁으로 봄에 문제가 없을 것이다. 그리고 서기 660년 나당군의 갑작스런 침략에 백제는 부지불식간에 국가의 운명을 다하는 비운을 맞았으나 곧바로 전국 각지에서 부흥군의 활동이 전개된다. 사실 부흥군의 인식에 따라 백제의 실체에 대한 이해는 다양할 수 있을 것이다.[16] 부흥운동이 의미하는 것처럼 그것이 멸망한 백제를 다시금 되찾자는 운동이었고, 전국 각지에서 수만이 모여 4년 여의 세월동안 치열한 군사적 투쟁을 전개한 운동이다. 이러한 사실만으로 백제인에게 백제라는 나라 즉 의자왕이 중심에 있는 백제 왕실은 부흥시킬 만한 가치가 있다고 여겼다고 보아야 할 것이다. 이러한 인식은 백제 멸망의 원인을 의자왕이 그의 말년에 각종 폭정을 거듭하여 백성의 원성이 컸다는 문헌기록에 전하는 실상을[17] 토대로 이해하는 것과는 크게 상반되는 것이기도 하다.

　우선, 백제 부흥운동의 실체 특히 부흥군의 성격에 대해서도 그들이 처음부

---

15) 강종원, 2003, 「百濟 黑齒家의 成立과 黑齒常之」『百濟硏究』38, 忠南大學校 百濟硏究所.
　　李道學, 2002, 「百濟復興運動'에 관한 몇 가지 檢討」『東國史學』38, 東國史學會.
16) 백제 부흥운동의 실상에 대해서는 매우 많은 연구가 이루어져 있음이 확인되는데 그 현황의 제시는 생략하겠다.
17) 『三國史記』卷28, 百濟本紀 第6, 義慈王 十六年, "春三月, 王與宮人淫荒耽樂, 飮酒不止, 佐平成忠 極諫, 王怒囚之獄中.…"

터 부흥군으로 발흥된 것인가라는 검토가 필요하다. 삼국시대사는 투쟁과 전쟁의 역사라 해도 과언이 아니듯이 삼국간의 항쟁은 반복적으로 전개되었음은 주지된 사실이다. 특히 백제는 초기부터 고구려와의 전쟁을 끊임없이 진행하였고, 후기에는 신라와 해를 거르지 않을 만큼 잦은 전쟁을 치르면서 종국에는 나당군과의 전쟁으로 국가멸망에 이른 국가이다. 이처럼 잦은 전쟁에는 막대한 전쟁물자 특히 병력이 갖추어져 있어야 할 것임은 물론이다.

사실, 고대국가의 군사체제를 분명하게 가늠할 수는 없지만, 전쟁의 수행을 위해서는 때로는 수천명 많으면 수만의 군사가 동원된다는 것은 관련 기록을 통해서 알 수 있다. 즉 전쟁을 수행하기 위해서는 적어도 그 정도의 군사력을 동원할 체제가 갖추어져 있었다는 것을 의미하는 것이기도 하다. 그러나 고대 국가체제에서 그러한 병력을 상비군으로 갖추고 있었을까는 의문이 없지 않다. 고구려는 예외일 수 있겠지만 남쪽의 백제나 신라는 인구나 산업 생산력 등의 고대사회 특유의 환경으로 미루어 규모 있는 상비군의 존재를 추정하기가 어렵기 때문이다.

『삼국사기』 등의 기록에 남겨진 백제나 신라의 전쟁 상황을 살펴보면, 한 번의 전투에 동원되는 군대의 정황을 보면 나름의 특징을 발견할 수가 있다. 예컨대 백제의 경우 전쟁에 임하면서 동원된 군사력은 근초고왕 무렵에 3만여 명이 동원되었다거나[18] 혹은 성왕대에 1만여 명의 군사력을 갖추었다는 내용을[19] 전하고 있음이 그것이다. 이로써 규모가 큰 전쟁의 경우에 적어도 몇 만 규모의 군대가 동원되었다는 사실을 알 수 있다. 그러나 이는 국가적 총력전의 상황일 것이고, 많은 수의 전쟁에서는 오히려 수천 혹은 수백의 군사가 전투에 참여하는 것이 일반적 정황이다. 보다 주목되는 것은 공격에 나서는 군

---

18) 『三國史記』 卷24, 百濟本紀 第2, 近肖古王 二十六年, "冬, 王與太子帥精兵三萬, 侵高句麗, 攻平壤城…."
19) 『三國史記』 卷26, 百濟本紀 第4, 聖王 二十八年, "春月, 王遣將軍達己, 領兵一萬, 攻取高句麗道薩城."

사력은 수만 혹은 수천의 군사력이 동원되는 경우가 대부분이지만, 반면에 적의 갑작스런 공격에 대한 방어에 참여하는 군사력은 수백명인 경우가 대부분이고, 때로는 수십명으로 기록되어 있기 때문이다. 이러한 정황은 숫자의 차이는 있지만 신라의 경우도 비슷한 정황임이 확인된다. 이는 준비된 전쟁의 경우 다수의 군사력이 동원되지만 적의 갑작스런 침입에 대처하는 긴급 상황에서 매우 적은 수의 군사력이 동원되는 것으로 미루어 당시에 규모 있는 상비군의 존재를 추정하기는 어렵지 않은가 여겨진다.

그런데 서기 660년 나당군의 기습적 공격, 그것도 13만이란 정예의 당나라군과 그에 수반된 5만 여의 신라 보급부대에 대한 백제의 대응은 상비군의 가동과 우선적으로 긴급하게 동원할 수 있는 도성내 군사의 동원이 전부였을 것임을 추정하기 어렵지 않다. 그런데 계백의 5천 군사와 백강 하구에서 당나라군 저지에 투입된 병력을 고려하면 7세기 중후반 무렵 백제의 군사 역량을 결코 과소평가할 수 없는 것이기는 하다. 그리고 중과부적 상황에서 우선적으로 가동할 수 있는 군사력이 총체적으로 동원되었을 것이고, 동시에 전국 각지의 병력 결집이 이루어졌을 것이란 추정도 어렵지 않을 것이다. 그러나 나당군의 전광석화 같은 군사행동은 추가의 군사력 결집이 이루어지기도 전에 도성의 함락, 웅진성의 함락 나아가 의자왕 항복으로 귀착된 것이기도 하다.

따라서 상비군적 성격의 백제 중앙군대의 괴멸과 왕의 항복은 백제의 멸망을 의미하는 것으로 볼 수 있다. 그러나 전쟁 발발과 동시에 전국 각지에서 동원되었을 지방군대는 왕의 항복 후에도 도성주변에 운집하였고, 이들은 점령군과의 전투를 시작하였을 것으로 보아야 할 것이다. 아마도 그것이 우리가 주목하는 백제 부흥운동 전투의 시작일 것이다. 즉 부흥운동의 주체들은 처음에는 백제 중앙정부의 지시로 동원된 병력이었으나, 제반 여건으로 왕이 항복한 다음에나 대오를 갖추어 전투에 나선 것으로 여겨진다. 이들은 본래의 동원 목적인 침략군과의 전투를 전개함으로써 자연스럽게 부흥운동의 성격을 갖게 된 것이 아닌가 생각된다.

그런데 백제 부흥 운동군의 성격을 위와 같은 방식으로 이해한다면, 백제 멸망기의 정황을 이해하는데 시사되는 바가 많다. 앞서 살핀 것처럼 백제의 정치·사회·군사의 실체적 단면을 새롭게 이해할 수 있는 것이 그중 하나일 것이다. 이외에 당나라가 왜 백제를 침공하였는가의 배경적 문제와 함께 전쟁 후의 사후 처리 문제도 그러할 것인데, 그와 관련하여 주목될 수 있는 것이 앞서 살핀 취리산 회맹일 것이다. 취리산 회맹은 치열하게 전개된 백제 부흥운동의 과정에서 남겨진 부산물이기도 하다.

본래 당나라의 백제 공격은 고구려 정벌을 염두에 둔 것으로 이는 백제 정벌 후에 곧바로 군사를 돌려 고구려 정벌에 나서는 것에서 알 수 있다.[20] 그러나 고구려의 강력한 저항, 백제 부흥군의 발호로 말미암아 처음 계획한 것처럼 신라의 지원이 충분하지 않았고 주변의 군사 정세도 당나라에게 유리한 것이 아니었다. 특히 신라는 660년 백제 정벌 후에도 계속해서 일어난 백제 부흥군과의 지리한 전투를 전개할 수밖에 없었다. 신라는 두량윤성 전투에서 백제 부흥군에게 참패하는 등의 곤경으로 당나라의 고구려 정벌에 필요한 군량이나 보급품 지원에 상당한 차질을 빚게 한다. 그러한 이유로 660년 겨울부터 시작된 당나라의 고구려 정벌은 연이은 패배로 662년부터 666년까지는 전혀 정벌에 나서지 않았던 것이 아닌가 생각된다.

백제 정벌 후 연이어 고구려 정벌에 나선 당나라는 백제의 고토인 웅진에서 부흥군에게 포위되어 지리멸렬한 상태로 있던 당군을 본국으로 철수시키고자 하였다. 그러나 유인궤의 반대가 있었고, 662년부터 부흥군의 진압에 성공하기 시작하면서 점차 백제 고토에 대한 지배권을 확립하게 된다. 이를 기회로 새롭게 고구려 정벌에 필요한 후방기지를 마련하기 위한 방편으로 백제에 대한 지배권을 확실하게 장악코자 하였으며, 그 선행 작업이 백제의 고토에서 충돌 없이 신라군을 철군시키고자 한 것이 아닌가 여겨진다.

당나라는 백강전투의 승리를 발판삼아 주류성을 함락시키고 백제고토 지배

---

20) 金榮官, 2009, 「就利山會盟과 唐의 百濟 故土 支配 政策」『先史와 古代』 31, 韓國古代學會, 107쪽.

를 위한 새로운 정책을 실시한 것이다. 이는 이전의 백제 지방제를 모방하여 설치하였던 5도독부 체제를 현실에 맞게 재편하는 것이었다. 정책의 전면에는 부여융을 내세우는데 이는 백제 유민을 안무하고 황폐해진 백제고토를 복구하여 고구려 정벌을 준비하기 위한 것이었다. 그러나 이러한 정책을 실행하기 위해서는 동맹국인 신라의 입장을 무시할 수 없었을 것이다. 신라군은 백제 부흥군과의 전투에 폭넓게 참여하여 군사적 우위에 있으면서 당군을 포위하듯이 포진하고 있어, 현실에서 신라가 차지하고 있는 백제 고토를 효과적으로 통할하기 위해서는 새로운 수단이 필요하였던 것이다. 당나라가 선택한 백제고토의 지배전략은 군사적 충돌 없이 신라군이 백제의 고토에서 철군하도록 유도하는 것이기도 하다. 신라군이 철군할 경우 당나라는 백제고토를 직할영토로 삼아 고구려 정벌의 전초기지로 삼고자 하였기 때문으로 본다. 이에 웅진도독부를 설치한 것이고, 나아가 국가간 분쟁이 발생하였을 때 그들이 사용하는 전통적 방식인 회맹을 통해서 실질적 목적을 달성코자 한 것이다.[21]

이와 같은 목적 달성을 위해 당나라는 백제의 부여융을 웅진도독부의 도독으로, 신라의 문무왕을 계림대독부의 도독으로 임명하여 분쟁의 당사자로 삼고자 동등한 지위를 부여한다. 그런 다음 신라와 백제로 하여금 회맹하라는 칙령을 내렸는데, 이것은 당나라가 신라의 백제 고토 점령 즉 신라군이 백제에 머물고 있는 것을 웅진도독부와 계림도독부간의 분쟁으로 규정하고 이를 해결 중재하는 회맹을 명령한 것이다.

당군과 더불어 백제 정벌에 나섰던 신라는 백제 부흥군의 반격으로 한동안 위축되지만 전열을 정비하였고, 백강전투의 승리를 계기로 반격에 나서 부흥군의 대부분을 진압하기에 이른다. 그러나 663년 당나라가 일방적으로 기미주를 선포하고 신라를 계림대도독부로, 문무왕을 계림주 대도독으로 삼았는데 실제적으로 명분에 불과한 것임에도 당에 대항할 만한 국력의 부족으로 노

---

21) 金榮官, 2009, 앞의 글.

골적으로 대항하지 못한다. 이후 부흥군이 점차 진압되면서 당나라는 신라로 하여금 백제와의 회맹을 강요하지만 아직 평정되지 않은 임존성을 핑계로 회피코자 하나 664년의 웅령회맹을 맺기에 이른다.

웅령 회맹은 취리산 회맹 이전에 이루어진 것으로 유인원의 중재로 부여융과 김인문 그리고 천존이 참여하여 맺은 회맹이다. 이 회맹은 백강전투와 주류성 전투에 참여한 인물들 간에 이루어진 것인데 목적은 서로의 경계를 획정하기 위한 것으로 알려져 있다. 그러나 이 회맹은 참여인물이라던가 내용에 한계가 있었기에 다음해인 665년 8월에 취리산에서 다시금 회맹이 이루어진 것이다.

취리산 회맹은 당나라는 물론이고 신라도 중국의 전례에 따라 격식을 갖추어 엄격하게 실행된 것으로 전한다. 백마를 죽여 회생을 삼아 피를 나누고, 회맹문을 작성해 금서철권으로 만들어 종묘에 보관토록 하고 하늘과 땅의 신에 제사를 지내어 맹세를 한 것이다. 나아가 백제와 신라는 혼인을 통해 화친할 것을 약속하기도 한다.

취리산 회맹으로 당나라는 부여융을 통해 백제 고토에 대한 지배권을 확립한 것으로 볼 수 있다. 이전에 있었던 신라와의 회맹, 즉 경계의 획정을 위한 웅령 회맹이 이루어졌으나 1년 반의 시간이 흐른 뒤 다시금 취리산 회맹을 맺는 것은 신라가 차지한 백제고토의 지배권도 인정하였다고 볼 수 있다. 668년 고구려의 정벌 이후, 676년 한반도 남쪽에서 신라가 당군을 손쉽게 축출하는 것으로 볼 때 회맹의 실제 목적은 당의 고구려 정벌을 위한 배후기지 확보에 있었음을 알 수 있다.


## 4) 통일신라시대의 웅진

660년 나당연합군에 의한 백제의 멸망은 공주가 지방행정의 중심지 기능을 수행하는 역할을 부여하게 된다. 신라시대의 공주는 중앙이 아니라 변방에 해당하지만, 오늘날 충남지역의 거점으로서의 위상을 정립하며 이후 지방행정의 거점으로 지속적 기능을 갖는데, 통일신라시대 웅진에서 전개된 정황을 정리하여 제시하여 보겠다.[22]

　신라는 670년을 전후하여 한반도에서 당군을 축출한다. 삼국을 통일한 신라는 확대된 영토와 늘어난 인구를 효율적으로 통치하기 위하여 지방조직을 정비하기에 이른다. 당의 세력을 완전히 축출한 신라는 문무왕 17년·18년인 서기 677년과 678년경부터 신문왕 7년인 687년에 걸친 시기에 새로운 지방행정제도를 완성하였는데, 이때에 완성된 지방제도가 9주 5소경이다. 그 결과 백제 고지에는 웅천주와 완산주 그리고 무진주 등의 3개주가 설치되었으며, 각기 중심이 되는 고을로 지금의 공주인 웅주, 지금의 전주인 완주 및 지금의 광주인 무주가 선택되었다.

　그 뒤, 신라 경덕왕 16년인 757년에 대대적인 지명의 개명작업이 이루어지면서, 웅천주는 웅주로 완산주는 전주로, 무진주는 무주로 변경되어 신라 말기까지 이어진다. 주의 장관인 군주도 문무왕대에 총관으로, 다시 원성왕 때 도독으로 개칭되었다. 주의 아래에는 군을 두어 태수가 다스렸고, 군 아래에는 현을 두어 현령이 다스렸다.

　웅천주의 치소에 해당하는 공주지역에는 경주로부터 도독 혹은 총관이 파견되어 오늘날의 충남에 해당하는 예하 군현을 관리하였다. 당시 도독이 집무하는 웅천주의 관아가 어디에 위치하였는지에 대해서는 기록으로 확인되지는 않지만, 공산성 내 유적 현황을 토대로 공산성이 웅천주의 치소였고 거기에 관련 시설이 있는 것으로 판단한다. 발굴을 통해서 공산성 내 통일신라 시기의 대형 건물지가 다수 확인되었는데, 이들은 일반 생활건물보다는 특수한 용도로 사용되었던 건물 즉 관아 건물로 볼 수 있는 것이 대부분이기 때문이다.

　공산성 내 신라유적 중에는 28칸 건물지가 있다. 광복루 광장 아래쪽에 위

---

22) 백제 이후의 공주와 공산성이란 제목으로 이전에 정리되었던 내용을(이남석, 2010, 『공주 공산성』, 공주대학교 박물관) 요약 제시한다.

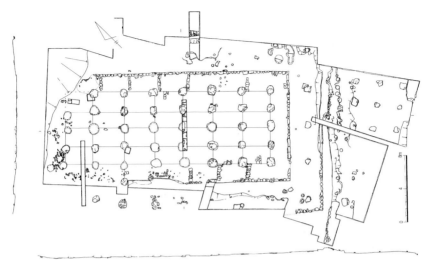

그림 3  공산성 통일신라시대 유적 <28칸 건물지>

치하며 정면 7칸·측면 4칸의 장방형으로 지형을 따라 서남향으로 건물이 배치되었고, 초석을 기준으로 정면 길이는 24.5m, 측면은 8.4m의 길이이다. 기단석을 기준으로 하면 정면 28.7m, 측면 12.6m로 건물면적은 362평방미터 규모의 당시로서는 초대형의 규모이다. 이 건물지는 통일신라시대 공산성 내 유적 중에서 가장 중심적 건물로 여겨지기에 그 기능은 아마도 주 치소의 정청에 해당하는 것으로 봄에 문제가 없을 것이다.

한편 12각 건물지도 2동이 확인되어 있다. 이들은 28칸 건물지에서 아래쪽에 자리하는데 건축의 구도에서 보면 원형 건물의 성격을 갖는 것이다. 건물 평면의 지름이 17.4m이고, 초석의 배치로 보아 도합 60개의 기둥을 가졌던 것으로 볼 수 있다. 두 건물은 특수한 형태로 보아 일반 용도가 아닌 제사용 내지 종교적 기능의 특수시설로 추정된다.

공산성 내 통일신라시대 건물지의 존재는 백제 멸망 후 웅천주의 설치와 주 치소로 공주지역이 선정되고, 아울러 관련 행정관아 및 시설이 공산성 내에 시설되었음을 보여준다. 특히 공산성 내의 신라 유적은 규모나 내용면에서 특

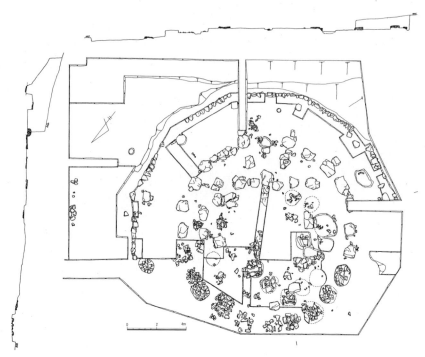

그림 4　공산성 통일신라시대 유적 <12각 건물지>

성을 지니고 있다. 원형 건물지의 경우 의례용 건물로 볼 수 있는 것이다. 그리고 규모를 갖추고 있는 대규모 건물지는 정청의 기능을 갖추고 있었을 것으로 추정되는 것이 그것이다. 이러한 유적의 정황은 공주가 신라 9주의 하나인 웅천주의 치소였고, 치소의 중심부가 공산성이었기에 공산성 내에 합당한 관청시설이 갖추어져 있었다는 것을 보여주는 것이다. 특히 공산성 내 28칸 건물지의 조성시기가 백제의 멸망 후 그리 먼 시기가 아니라는 점도 공주가 웅천주 치소로 선정되면서 곧바로 공산성 내에 관련 시설이 갖추었음을 알게 한다. 다만 통일신라시기 공주 특히 공산성을 중심으로 전개된 역사 정황에 대해서는 구체적이지 않다.

　통일신라시대 웅천주에서 발생한 가장 큰 사건은 신라 헌덕왕 14년인 서기

822년에 일어난 웅천주 도독 김헌창의 반란일 것이다. 이 사건은 공산성과 밀접한 관련이 있어 이를 통해 당시의 정황을 살펴 볼 수 있다.

삼국통일 후 150여 년이 경과한 신라사회는 분열의 조짐이 나타나기 시작한다. 특히 신라 하대의 김헌창 반란 사건을 전후한 시기는 물론이고, 신라가 삼국을 통일한 이후인 중대에도 나라에 기근이 드는 예가 흔히 있었다. 그럼에도 굶주린 농민들이라도 나라를 원망하거나 나라에 반발하는 경우는 거의 찾기가 어려운 것이 당시의 상황이었다. 그러나 신라 하대에 접어들면서 굶주린 농민들의 반발과 반항의 흔적이 뚜렷해지기 시작한다. 원성왕 4년인 서기 788년에 나라 서쪽에서 도적들이 많이 나타나자 왕이 사신을 파견하여 이들을 무마시킨 적이 있었다.

그런데 헌덕왕 7년인 서기 815년의 예는 상황이 더욱 악화되었음을 보여준다. 마찬가지로 나라 서쪽에 도적들이 크게 나타났는데, 이때는 군대를 출동시켜서 봉기한 도적들을 평정하기 때문이다. 즉 무력에 의한 진압이 필요했을 만큼 도적들의 반발이 컸던 것이다. 헌덕왕 11년인 서기 819년의 경우는 이보다 상황이 악화되어 갔음을 알려준다. 도적떼의 봉기가 더 이상 서쪽 변방지역에 국한되는 것이 아니라, 전국적인 일로 간주되어 갔다. 이즈음에 김헌창의 반란이 일어난 것이다.

김헌창은 무열왕계 후손이었던 그의 아버지 김주원이 귀족회의에서 정당한 왕위계승권자로 결정되었음에도 불구하고, 원성왕의 무력에 밀려 왕이 되지 못한 점과 원성왕계의 인사정책에 대한 불만 때문에 반란을 일으킨 인물이다. 그는 당시에 계속된 재난과 기근으로 인해 사회·경제적으로 불안하였던 서부지역의 민심을 적절히 이용하면서 웅천주를 세력의 근거로 삼고, 국호를 장안, 연호를 경운이라 하여 독립국가의 건립을 선포하였다.

김헌창은 반란 후에 웅천주 외에 무진주와 완산주 그리고 청주와 사벌주의 4주와 국원경과 서원경 그리고 금관경 등 3소경을 장악하였으니, 지금의 충청과 전라지역 그리고 경상지역의 일부가 그의 손아귀에 들어온 셈이다. 특히 공산성은 당시 김헌창의 웅거지였다. 그가 웅진도독으로 임명되어 불과 1년이 지나지 않아 이와 같은 대규모의 반란세력을 규합한 것이다. 이러한 사실로 보면 당시까지 웅진지역민들의 신라에 대한 반감은 적지 않았던 것 같다. 이를 김헌창이 적절히 이용한 것이 아닌가 추정된다.

김헌창의 반란군은 일거에 충청지역을 석권하고 전라와 경기 일대까지 세력을 뻗친다. 이어 소백산맥을 넘어 경상도로 진입하기도 한다. 이 때 경주에서는 진압군이 편성되어 방어에 나섰고, 김헌창군은 이에 맞서지만 패배를 거듭한다. 그는 삼년산성, 속리산에 이어 성산에서의 패전으로 군을 돌이켜 웅천주로 회군하였다. 열흘간을 계속한 최후의 전투는 공주의 공산성에서 벌어졌는데, 좌절한 김헌창은 스스로 목숨을 끊음으로서 마무리된다. 이때의 상황을 『삼국사기』는 다음과 같이 묘사한다. 김헌창은 겨우 몸을 빼고 공산성 안으로 들어가 굳게 지키었으나, 관군의 포위와 공격이 열흘 동안이나 계속되니 성이 함락되려 하였다. 김헌창은 화를 면치 못할 것을 알고 자살하니 부하들이 그 머리를 잘라 몸과 각각 파묻었다. 성이 함락되자, 관군은 그 시신을 옛 무덤에서 찾아 다시 베고 그 친족을 무려 239명을 죽이고, 그곳 백성은 놓아주었다는 것이다.

김헌창이 반란을 일으킨 곳이 옛 백제지역인 공주이었다는 점은 주목된다. 김헌창은 공주지역을 반란의 거점으로 삼았고, 전라도와 충청도 일원, 경상도의 김해·진주 지역과 상주지역의 호응을 기대했던 것이다. 즉 그는 중앙인 경주를 옛 백제 지역을 중심으로 먼 거리의 외곽에서 포위하는 형국을 염두에 두고 있었음에 틀림없다.

그런데 반란을 주도한 사람들은 대체로 중앙 출신의 관리들이었다. 김헌창도 그렇지만, 그가 크게 믿었던 4주의 도독이나 소경의 사신, 여러 수령들이 모두 중앙 출신의 관리들이었다. 그들은 기본적으로 중앙인으로 관리였고, 그리고 귀족들이었다. 그러나 이들의 힘만으로 반란을 획책할 수는 없었을 것이다. 중앙의 관리들이 특정한 지역에서 반란을 꾀하였다는 사실 자체는 그 지역의 호응을 전제로 한 것이다. 특히 김헌창은 진주의 도독이었다가 공주의 도독으로 부임한지 1년도 채 안 되는 짧은 기간이었다. 그는 애당초 공주

지역에 이렇다 할 연고가 없었을 뿐만 아니라 1년도 채 안 되는 기간에 세력을 키운다는 것도 불가능한 일이었다.

그럼에도 불구하고 나라를 세우기까지 하였다는 것은 이곳을 중심으로 한 지역에 이미 오래 전부터 경주와 경주인 그리고 신라의 중앙정부에 반대하는 기운이 무르익고 있었다고 볼 수 있다. 진입군의 규모도 컸지만, 여기저기에서 진행된 전투 역시 매우 치열하였다. 이러한 사실은 김헌창의 난이 지방의 토착세력의 큰 호응이 있었다는 것을 알려주는 것이기도 하다. 지방의 유력자들도 일반 농민들이 반란에 호응하여 그에 가담한 경우가 많았다는 사실도 그러한 정황을 알려주는 것이다.

통일신라 말기, 소위 골품체제의 붕괴로 집약되는 신라사회의 해체는 9세기 말 이후에 보다 심각하게 전개된다. 그 결과 경주 정부의 통제력은 점차 약화되고 지방 호족의 발호가 크게 나타나기에 이른다. 이러한 와중에 호남 지역을 중심으로 궐기한 견훤은 전주에 도읍하고 백제의 부흥을 공언하기에 이르며, 서기 900년에는 후백제를 건국하기에 이른다. 뒤이어 901년에는 철원에 기반하였던 궁예가 후 고구려를 세우면서 마침내 후삼국시대가 도래하게 된다.

이즈음 백제의 고토에서 나라를 세우고 기틀을 다진 인물은 견훤이었기에 백제의 고도로서 지리적인 이점과 천연의 자연지형을 갖추고 있는 공주와 그 중심권인 공산성은 후삼국 중 백제가 내세우기에 가장 유리한 지역이었을 것으로 볼 수 있다. 그러나 후삼국의 각축이란 소용돌이 속에 공주는 역사의 전면에 서기 보다는 변방에서 혹은 치열한 전쟁터로 자리하게 된다.

사실, 후삼국기에 공주는 견훤과 궁예 양대 세력이 마주하는 접점에 위치하고 있는 형국이었다. 때문에 공주는 때로는 남쪽의 견훤에, 때로는 북쪽의 궁예나 왕건의 세력권에 들어가게 된 것이다. 이는 공주의 자연지형이 수성하기에 알맞은 지형이고, 양대 세력의 전략적 요충지이기에 더욱 그러하였던 것으로 여겨진다. 공주는 교통상으로 육로와 수로 교통의 거점으로 볼 수 있다. 호남과 경기도를 연결하는 중간 교통 거점으로서, 호남지방에서 경기도로, 경기도에서 호남에 이르기 위해서는 반드시 거쳐야 하는 지점이 공주이기 때문이다. 여기에 공주는 오늘날 대표적 내륙수로의 하나인 금강의 중류에 위치하여 수로와 육로의 간선 교통체계가 서로 마주치는 곳이기도 하다.

후삼국시대에 공주의 구체적 정황을 전하는 것은 거의 없다. 다만 견훤이 후백제를 건국한 초기에는 그의 세력권에 있었던 것 같으며, 당시 공주의 실제적 지배자는 '공주장군'으로 지칭된 홍기라는 인물로 알려져 있다. 그러나 궁예가 홍기하고, 그 세력이 남쪽으로 확대되자 공주는 그의 휘하에 들게 된다. 그러다가 918년 왕건이 새로운 왕으로 등극하면서 공주는 다시 후백제 쪽으로 넘어갔다가 고려 태조 17년인 서기 934년에 지금의 홍성인 운주에서 견훤이 왕건에게 대패한 후 고려에 항복할 때까지 후백제의 수중에 있었다.


## 5) 맺음말

치밀한 준비 후에 진행된 나당군의 백제 침공은 급작스러웠다. 마땅한 방비책을 마련하지 못한 백제는 의자왕의 항복으로 국가의 운명이 종결되는 듯하였으나, 전국에서 운집한 부흥군의 치열한 항쟁은 전쟁을 새로운 국면에 접어들게 한다. 부흥군은 초기에 그 위세가 대단하였지만, 지휘부의 붕괴로 전쟁을 효과적으로 수행하지 못하고 더 이상 국가의 운명을 연장하지 못한다.

웅진은 백제 최후의 격전지이나 나당군의 지휘부가 설치된 지역이기도 하다. 웅진에는 취리산 회맹이란 역사적 사건을 간직한 취리산도 있다. 맹위를 떨쳤던 백제 부흥 운동군의 기세가 한풀 꺾이면서 당나라는 웅진 취리산에서 백제와 신라간의 맹약을 주선한다. 취리산 회맹은 백제 잔여세력과 신라의 회맹을 주선하였다는 점에서 당나라의 백제 침공이 백제 소멸보다 친당정권을 마련함에 목적이 있었음을 보여주는 것이기도 하다. 또한 백제 멸망 이후, 사비가 아닌 웅진을 거점으로 삼았던 나당 연합군이 공주의 취리산에서 회맹을 진행하였음도 알 수 있다.

의자왕의 최후 격전지였고, 나당군이 웅진을 점령한 후에는 웅진부성이었던 웅진지역에서 취리산 회맹과 같은 역사적 사건이 전개되었음에도 백제의 국운은 더 이상 이어지지 않는다. 그러나 백제의 멸망 이후, 웅진에는 신라 웅천주의 치소가 설치됨에 따라 다시금 중서부지역 거점으로 자리하게 된다.

# 참고문헌

·
·

## 1. 사료

『三國史記』『三國遺事』『新增東國輿地勝覽』
『三國志』『翰苑』『日本書紀』


## 2. 단행본 (가나다순)

姜仁求, 1977, 『百濟古墳研究』, 一志社.

輕部慈恩, 1946, 『百濟美術』, 寶雲舍.

輕部慈思, 1972, 『百濟遺蹟の研究』, 吉川弘文館.

강종원, 2002, 『4세기 백제사 연구』, 서경문화사.

金起燮, 2000, 『백제와 근초고왕』, 학연문화사.

김낙중, 2009, 『영산강유역 고분 연구』, 학연문화사.

김수태, 2007, 『백제의 전쟁』, 주류성.

金鍾完, 1997, 『中國南北朝史序研究 -朝貢·交聘關係를 중심으로-』, 一潮閣.

金翰奎, 1982, 『古代中國的世界秩序研究』, 一潮閣.

金元龍, 1986, 『韓國考古學槪說』, 一志社.

김영하, 2012, 『한국고대사의 인식과 논리』, 성균관대학교출판부.

盧重國, 1988, 『百濟政治史硏究』, 一志社.

노중국, 2012, 『백제의 대외 교섭과 교류』, 지식산업사.

박대재 외, 2012, 『공주 대통사지와 백제』, 아연출판부.

박순발, 2010, 『백제의 도성』, 충남대학교출판부.

박천수, 2011, 『일본 속의 고대 한국문화』, 진인진.

徐程錫, 2003, 『百濟의 城郭 : 熊津·泗沘를 中心으로』, 學硏文化社.

徐賢珠, 2006, 『榮山江 流域 古墳 土器 硏究』, 學硏文化社.

申瀅植, 1992, 『百濟史』, 梨女出版部.

양기석, 2013, 『백제의 국제관계』, 서경문화사.

양종국, 2008, 『의자왕과 백제부흥운동 엿보기』, 서경문화사.

李基東, 1996, 『百濟史硏究』, 一潮閣.

李南奭, 1995, 『百濟石室墳硏究』, 學硏文化社.

李南奭, 2002, 『百濟 墓制의 硏究』, 서경문화사.

李南奭, 2002, 『百濟의 古墳文化』, 서경문화사.

李南奭, 2002, 『熊津時代의 百濟考古學』, 서경문화사.

李南奭, 2012, 『공주 공산성』, 공주시·공주대학교박물관.

李南奭, 2012, 『송산리 고분군』, 공주시·공주대학교박물관.

李南奭, 2014, 『漢城時代 百濟의 古墳文化』, 서경문화사.

李南奭, 2014, 『泗沘時代의 百濟考古學』, 서경문화사.

李南奭, 2014, 『백제 기억이 보물창고 무령왕릉』, 학연문화사.

李道學, 1995, 『百濟古代國家硏究』, 一志社.

李鎔彬, 2002, 『百濟 地方統治制度 硏究』, 서경.

李賢惠, 1984, 『三韓社會形成過程硏究』, 一潮閣.

이형구, 2004, 『백제의 도성(都城)』, 주류성.

陳振裕, 1997, 『中國漆器全集』第1卷 先秦, 禮建美術出版社.

千寬宇, 1983, 『人物로 본 韓國古代史』, 正音文化社.

忠淸南道, 1994, 『百濟의 宗敎와 思想』.

公州市誌編纂委員會, 2002, 「제1편 자연 및 인문지리」『公州市誌』(상권).

대한문화유산연구센터, 2011, 『한반도의 전방후원분』, 학연문화사.

百濟文化開發硏究院, 1988, 『忠南地域의 文化遺蹟 -公州郡편-』第2輯.

忠南大學校百濟硏究所, 1997, 『百濟의 中央과 地方』.

韓國古代史硏究會, 1990, 『韓國 古代國家의 形成』, 民音社.

한국고대학회, 2010, 『취리산회맹과 백제』, 혜안.

韓國上古史學會, 1998, 『百濟의 地方統治』, 學硏文化社.

## 3. 보고서 및 학술자료 (가나다 순)

嘉耕考古學硏究所, 2013, 『論山 定止里遺蹟』.

公州大學校博物館·公州市, 1995, 『公州文化遺蹟』.

公州大學校博物館·公州市, 1997, 『舟尾寺址』.

公州大學校博物館·公州市, 1998, 『濟·羅會盟址 就利山』.

公州大學校博物館, 1997, 『汾江·楮石里 古墳群』.

公州大學校博物館, 2000, 『天安 龍院里 古墳群』.

公州大學校博物館, 2002, 『安永里遺蹟』.

公州大學校博物館, 2007, 『公州 熊津洞 遺蹟』.

公州大學校博物館, 2010, 『公州 燕尾山·月尾洞 遺蹟』.

公州大學校博物館, 2011~2015, 「사적12호 公山城 성안마을내유적 약보고서」.

國立公州博物館, 1995, 『下鳳里I』.

國立公州博物館, 1999, 『艇止山』.

國立公州博物館, 2002, 『水村里 土城』.

國立公州博物館, 2008, 『무령왕릉 기초자료집』.

國立公州博物館, 2009, 『武寧王陵 新報告書1』.

國立公州博物館, 2012, 『宋山里 古墳群 基礎資料集』.

國立公州博物館, 2013, 『武寧王陵 新報告書2』.

國立公州博物館, 2014, 『武寧王陵 新報告書3』.

국립광주박물관, 2008, 「해남 용두리고분 발굴조사 약보고서」.

國立文化財研究所, 1989, 『益山 笠店里古墳 發掘調査報告書』.

國立文化財研究所, 2001, 「나주 신촌리 9호분」.

국립부여문화재연구소, 2003, 『扶蘇山城』.

東邦文化財研究院, 2015, 『世宗 坪基里 遺蹟』.

文化財管理局, 1973, 『武寧王陵 發掘調査報告書』, 三和出版社.

백제고도문화재재단, 2015, 「부여나성(청산성 구간) 6차 발굴조사 약보고서」.

百濟文化開發研究院, 1996, 『保寧 鳴川洞 百濟 古墳群』.

성림문화재연구원, 2014, 「의성 신라본역사지움조성(조문지구)사업부지내 유적
        1·2차 약식보고서」.

세종대학교박물관, 2006, 『하남 광암동 유적』.

蠶室地區遺蹟發掘調査團, 1976, 『蠶室地區 遺蹟 發掘調査 報告』.

전남대학교박물관, 2013, 「남원 두락리 32호분 현장설명회 자료집」.

朝鮮總督府, 1917, 『大正六年度古蹟調査報告書』.

朝鮮總督府, 1927, 「公州宋山里古墳調査報告」『昭和二年度古蹟調査報告 第二冊』.

中央文化財研究院, 2015, 『燕岐 羅城里遺蹟』.

충남대학교박물관, 2000, 「논산 정지리 백제취락지 현장설명회자료집」.

忠南發展研究院, 2003, 『公州 長善里 土室遺蹟』.

忠北大學校博物館, 1983, 『清州 新鳳洞 百濟古墳 發掘調査 報告書』.

忠北大學校博物館, 1990, 『清州 新鳳洞 百濟古墳群 發掘調査 報告書』.

忠清南道, 1990, 『文化遺蹟總覽 : 寺刹扁』.

忠清南道·公州大學校百濟文化研究所, 1972, 『百濟武寧王陵 研究論文集I』.

忠清南道·公州大學校百濟文化研究所, 1991, 『百濟武寧王陵 研究論文集II』.

忠清南道歷史文化研究院, 2005, 『舒川 鳳仙里遺蹟』.

忠清南道歷史文化研究院·公州市, 2007, 『公州 水村里 遺蹟』

忠清南道歷史文化研究院·孝昌綜合建設(株), 2008, 『瑞山 富長里遺蹟』, 遺蹟調
        査報告55冊.

忠清南道歷史文化研究院·公州市, 2014, 『公州 水村里古墳群II』.

忠清埋藏文化財研究院, 1998, 『瑞山 餘美里遺蹟』.

忠淸埋藏文化財硏究院, 1999,『公州 安永里遺蹟』.

忠淸埋藏文化財硏究院, 2000,『公州 貴山里遺蹟』.

忠淸埋藏文化財硏究院, 2000,『東穴寺址』.

忠淸埋藏文化財硏究院, 2003,『公州 安永里 새터·신매遺蹟』.

忠淸文化財硏究院, 2003,『公州 安永里 새터·신매 遺蹟』.

忠淸文化財硏究院, 2006,『公州 丹芝里 遺蹟』.

忠淸文化財硏究院, 2008,『保寧 鳴川洞·花山洞 오야골 遺蹟』.

忠淸文化財硏究院, 2010,『舒川 鳳仙里遺蹟』.

韓國考古環境硏究所, 2010,『燕岐 松潭里·松院里 遺蹟 .

韓國文化財保護協會, 1986,『文化財大觀:石造物』6, 寶物4, 大學堂.

한국문화재보호재단, 2010,『성남 판교동 유적』.

한국문화재조사연구기관협회, 2011,『한국 출토 외래유물II』.

한국문화유산연구원, 2014,「화성 향남 2지구 동서간선도로(H지점) 문화유적
　　　발굴조사 제3차 학술자문회의 자료」.

한얼문화유산연구원, 2012,『서울 우면동유적』.

安承周, 1982,『公山城』, 公州師範大學 百濟文化硏究所.

安承周·李南奭, 1989,『公山城內推定王宮址發掘調査報告書』, 公州師範大學博
　　　物館.

安承周·李南奭, 1992,『公山城 建物址』, 公州師範大學博物館.

安承周·李南奭, 1992,『公州 보통골 百濟古墳群 發掘調査 報告書』, 百濟文化開
　　　發硏究院·公州大學校博物館.

安承周·李南奭, 1993,『公州 新基洞·金鶴洞 百濟·高麗古墳群發掘調査報告
　　　書』, 百濟文化開發硏究院·公州大學校博物館.

安承周·李南奭, 1999,『公山城池塘』, 公州師範大學博物館.

李南奭, 1999,『公州 山義里 遺蹟』, 公州大學校博物館.

李南奭, 2002,『山儀里 百濟古墳』, 公州大學校博物館.

李南奭·李賢淑, 1997,『公州 熊津洞古墳 -1996年度 發掘調査-』, 公州大學校博
　　　物館.

李南奭·李賢淑, 2000,『大通寺址』, 公州大學校博物館·公州市.

李南奭·李賢淑, 2002,『鶴岩里 遺蹟』, 公州大學校博物館.

李南奭·李勳, 1999,『水源寺址』, 公州大學校博物館.

李南奭·徐程錫, 2000,『大通寺址』, 公州大學校博物館.

李南奭, 2011,『鷄龍 龍洞里 遺蹟』, 公州大學校博物館.

李南奭, 2015,『공산성 토성지 발굴조사보고서』, 公州大學校博物館.

李勳, 1998,「공주산성동주택부지조사」『各地試掘調査報告書』, 公州大學校博物館.

慶尙大學校 博物館, 1986,『陜川 玉田古墳群 1次發掘調査槪報』.

慶尙大學校 博物館, 1988,『陜川 玉田古墳群 –木槨墓–』.

慶尙大學校 博物館, 1990,『陜川 玉田古墳群Ⅱ –M3號墳–』.

## 4. 논문(가나다순)

姜仁求, 1992,『三國時代遺蹟의 調査研究 1 –자라봉고분(峰古墳)–』, 韓國精神文
化研究院.

강종원, 2005,「수촌리 백제고분군 조영세력 검토」『百濟研究』42, 忠南大學校
百濟研究所.

강종원, 2007,「사비천도의 단행과 왕권중심의 지배체제 확립」『百濟文化史大
系』, 忠淸南道歷史文化研究院.

강종원, 2012,「백제의 지방과 대외교류」『百濟研究』55, 忠南大學校百濟研究所.

金起燮, 1997,『百濟 漢城時代 統治體制』, 韓國精神文化研究院 韓國學大學院 博
士學位論文.

金起燮, 1998,「百濟 前期의 部에 관한 試論」『百濟의 地方統治』, 韓國上古史學會.

金起燮, 2002,「4세기 무렵 백제의 지방지배」『白山學報』63, 白山學會.

金起燮, 2010,「백제 東城王 암살사건 재검토」『한국학논총』34, 국민대학교한
국학연구소.

金秉南, 2006,「백제 웅진시대의 남방 재진출과 영역화 과정」『軍史』61, 國防部
軍史編纂研究所.

金永培, 1978, 「水源寺 塔址 調査」『百濟文化』11, 公州師範大學 百濟文化研究所.

金永培, 1996, 「公州 百濟王宮 및 臨流閣址 小考」『考古美術』6-34.

金英心, 1990, 「5~6세기 백제의 지방통치체계」『韓國史論』22, 서울大學校 人
     文大學 國史學科.

金英心, 1997, 『百濟 地方統治體制 研究』, 서울大學校 博士學位論文.

金英心, 1998, 「百濟의 支配體制 差備와 王都 5部制」『百濟의 地方統治』, 학연문
     화사.

金英心, 2000, 「百濟史에서의 部와 部體制」『韓國古代史研究』17, 韓國古代史學會.

金英心, 2000, 「泗沘都城의 行政區域 編制」『泗沘都城과 百濟의 城郭』, 서경문화사.

金英心, 2009, 「6~7세기 삼국의 관료제 운영과 신분제 –衣冠制에 대한 검토를
     기반으로」『韓國古代史研究』54, 韓國古代史學會.

金英心, 2015, 「백제의 지방 통치기구와 지배의 양상」『韓國古代史探究』19, 韓
     國古代史探究學會.

金瑛河, 2004, 「古代 遷都의 역사적 의미」『韓國古代史研究』36, 韓國古代史學會.

金元龍, 1967, 「公州馬岩里洞窟遺蹟豫報」『歷史學報』35·36, 歷史學會.

金元龍, 1987, 『夢村土城 : 東北地區發掘報告』, 서울大學校博物館·서울特別市.

金元龍·鄭永和 外, 1981, 『韓國舊石器文化研究』, 韓國精神文化研究院歷史研究
     室 編.

김장석, 2007, 「청동기시대」『한국고고학강의』, 한국고고학회.

金周成, 1990, 『泗沘時代政治史研究』, 全南大學校 博士學位論文.

金周成, 1995, 「泗沘遷都와 支配體制의 改編」『韓國史』6, 國史編纂委員會.

金澤均, 1992, 「武寧王과 繼體天皇의 出自」『江原史學』45, 江原大學校 史學會.

輕部慈恩, 1933~1936, 「公州に於ける百濟古墳」『考古學雜誌』23~30, 考古學會.

掘敏一, 1993, 『中國と古代東アジア世界–中華的世界と諸民族』, 岩波書店.

盧重國, 1978, 「百濟王室의 南遷과 支配勢力의 變遷」『韓國史論』4, 서울大學校
     國史學科.

盧重國, 1978, 「熊津時代 百濟의 貴族勢力」『百濟研究』9, 忠南大學校 百濟研究所.

盧重國, 1991,「百濟 武寧王代 集權力 強化와 經濟基盤의 擴大」『百濟文化』21, 公州大學校 百濟文化研究所.

盧重國, 2005,「4~5세기 백제의 성장발전과 삼국의 각축」『향토서울』66, 서울특별시사편찬위원회.

盧重國, 2005,「5세기 韓日關係史의 성격 개관」『왜5왕 문제와 한일관계』, 경인문화사.

盧重國, 2013,「백제의 왕·후호제와 금동관 부장자의 실체 -歸葬을 중심으로-」『韓國古代史研究』70, 韓國古代史學會.

盧泰敦, 1984,「5~6世紀 東아시아 國際情勢와 高句麗의 對外關係」『東方學志』44, 延世大學校 國學研究院.

文暻鉉, 2000,「百濟 武寧王의 出自에 대하여」『史學研究』60, 韓國史學會.

朴淳發, 1996,「百濟都城의 變遷과 特徵」『重山鄭德墓博士回甲紀念韓國史論叢』.

朴淳發, 2000,「泗沘都城의 構造에 대하여」『百濟研究』31, 忠南大學校 百濟研究所.

朴淳發, 2003,「漢城基 百濟 都城의 問題」『先史와 古代』19, 韓國古代學會.

朴淳發, 2005,「공주 수촌리고분군 출토 중국자기와 교차연대문제」『충청학과 충청문화』4, 충청남도역사문화원.

朴淳發, 2007,「墓制의 變遷으로 본 漢城期 百濟의 地方 編制 過程」『韓國古代史研究』48, 韓國古代史學會.

박천수, 2011,「영산강유역 전방후원분에 대한 연구사 검토와 새로운 조명」『한반도의 전방후원분』, 학연문화사.

朴賢淑, 1990,「百濟 初期의 地方統治體制 研究」『百濟文化』20, 公州大學校 百濟文化研究所.

朴賢淑, 1997,『百濟 地方統治體制 研究』, 高麗大學校 博士學位論文.

백종오, 2015,「韓日古代集水遺構出土遺物의 儀禮性研究」『先史와 古代』46, 韓國古代學會.

徐榮洙, 1981,「三國과 南北朝 交涉의 性格」『東洋學』11, 東洋學研究院.

小泉顯夫, 1960,『朝鮮遺蹟の遍歷』.

孫寶基, 1976, 「石壯里의 舊石器文化」 『韓國史論文選集』 先史編, 歷史學會.

孫寶基 外, 1993, 『石壯里 先史遺蹟』, 韓國先史文化研究所.

신희권, 2014, 「공주 수촌리토기의 계통연구」 『百濟文化』 50, 公州大學校 百濟 文化研究所.

심정보, 2000, 「百濟 泗沘都城의 城郭築造時期에 對하여」 『泗沘都城과 百濟의 城 郭』, 서경문화사.

安承周, 1970, 『公州 西穴寺址에 關한 調査研究 : 西穴寺址 第一次 發掘調查報告 1』, 公州師範大學 百濟文化研究所.

安承周, 1975, 「百濟古墳의 研究」 『百濟文化』 7·8, 公州師範大學 百濟文化研究所.

安承周, 1978, 「公山城에 對하여」 『考古美術』 138·139, 韓國美術史學會.

安承周, 1980, 「公州 南山里 地域의 古代文化」 『百濟文化』 13, 公州師範大學 百 濟文化研究所.

安承周, 1981, 「公州熊津洞古墳群」 『百濟文化』 14, 公州師範大學 百濟文化研究所.

安承周, 1984, 「公州 公山城에 對하여」 『文化財』 17, 國立文化財研究所.

安承周, 1987, 「公山城 推定王宮址에 대한 小考」 『三佛金元龍教授停年紀念論叢1』.

安承周, 1991, 「武寧王陵의 發掘과 研究現況」 『百濟文化』 21, 公州大學校 百濟 文化研究所.

安承周, 1995, 「武寧王陵과 宋山里 6號墳」 『公州의 歷史와 文化』, 公州大學校博 物館.

王朝文, 2000, 「漆器的産地和製造」 『中國美術史』 秦漢卷, 明天出版社

野守建 外, 1935, 「公州宋山里古墳調查報告」 『昭和二年度古蹟調查報告』 第二冊, 朝鮮總督府.

梁起錫, 1980, 「熊津時代의 百濟 支配層 研究」 『史學志』 14.

梁起錫, 1991, 「백제 성왕대의 정치개혁과 그 성격」 『韓國古代史研究』 4, 韓國古 代史學會.

梁起錫, 1991, 「百濟 熊津時代 武寧王」 『百濟武寧王陵』, 公州大學校 百濟文化研 究所.

梁起錫, 1991, 「韓國古代의 中央政治」 『國史館論叢』 21, 國史編纂委員會.

梁起錫, 2000, 「백제초기의 部」『韓國古代史研究』17, 韓國古代史學會.

양종국, 2009, 「웅진도독 부여륭과 신라 문무왕의 취리산 회맹지 검토」『先史와 古代』31, 韓國古代學會.

여호규, 2000, 「4세기 동아시아 국제질서와 고구려 대외정책의 변화 –對前燕關係를 중심으로–」『역사와 현실』36, 한국역사연구회.

여호규, 2002, 「漢城時期 百濟의 都城制와 防禦體系」『百濟研究』36, 忠南大學校 百濟研究所.

연민수, 1998, 「5세기 후반 백제와 왜국」『고대한일관계사』, 혜안.

연민수, 2011, 「영산강유역의 전방후원분 피장자와 그성격」『日本學』32, 東國大學校 日本學研究所.

오계화, 2004, 「百濟 武寧王의 出自와 王位繼承」『韓國古代史研究』33, 韓國古代史學會.

윤용혁, 2003, 「무령왕 '출생전승'에 대한 논의」『百濟文化』32, 公州大學校 百濟文化研究所.

尹武炳, 1991, 「武寧王陵 및 宋山里六號墳의 塼築構造에 대한 考察」『百濟文化』21, 公州大學校 百濟文化研究所.

李基東, 1987, 「馬韓領域에서의 百濟의 成長」『馬韓·百濟文化』10, 圓光大學校 馬韓·百濟文化研究所.

李基東, 1991, 「武寧王陵 出土 誌石과 百濟史研究의 新展開」『武寧王陵의 研究現況과 諸問題』, 忠清南道·公州大學校 百濟文化研究所.

李基白, 1978, 「熊津時代 百濟의 貴族勢力」『百濟研究』9, 忠南大學校 百濟研究所.

李基白, 1996, 『韓國古代政治社會史研究』, 一潮閣.

이근우, 2007, 「熊津時代 百濟와 伽倻」『百濟文化』37, 公州大學校 百濟文化研究所.

이귀영, 2012, 「百濟冠象徵體系의 變遷樣相」『百濟文化』46, 公州大學校 百濟文化研究所.

李南奭, 1990, 「百濟 冠制와 冠飾 –冠制·冠飾의 政治史的 意味考察」『百濟文化』20, 公州大學校 百濟文化研究所.

李南奭, 1992, 「百濟 初期 橫穴式 石室墳과 그 淵源」『先史와 古代』 2, 韓國古代學會.

李南奭, 1994, 「古墳出土 黑釉鷄首壺의 編年的 位置」『湖西考古學』 創刊號, 湖西考古學會.

李南奭, 1997, 「公州 宋山里 古墳群과 百濟王陵」『百濟研究』 27, 忠南大學校 百濟研究所.

李南奭, 1997, 「熊津時代 百濟遺蹟의 存在意味」『百濟文化』 26, 公州大學校 百濟文化研究所.

李南奭, 1999, 「백제 웅진성인 공산성에 대하여」『馬韓·百濟文化』 14, 圓光大學校 馬韓·百濟文化研究所.

李南奭, 2000, 「陵山里 古墳群과 百濟王陵」『百濟文化』 29, 公州大學校 百濟文化研究所.

李南奭, 2002, 「百濟墓制의 展開에서 본 武寧王陵」『百濟文化』 31, 公州大學校 百濟文化研究所.

李南奭, 2002, 「公州 公山城內 百濟 推定王宮址」『百濟文化』 30, 公州大學校 百濟文化研究所.

李南奭, 2002, 「百濟 大通寺址와 그 出土遺物」『湖西考古學』 6·7, 湖西考古學會.

이남석, 2006, 「수촌리 고분군과 백제의 웅진천도」『역사와 역사교육』 11, 웅진사학회.

이남석, 2007, 「백제 금동관모출토 무덤의 검토」『先史와 古代』 26, 韓國古代學會.

이남석, 2007, 「漢城期 百濟石室墳의 再認識」『震檀學報』 103, 震檀學會.

이남석, 2007, 「百濟 熊津 王都와 熊津城」『馬韓·百濟文化』 17, 圓光大學校 馬韓·百濟文化研究所.

이남석, 2008, 「百濟의 冠帽·冠飾과 地方統治體制」『韓國史學報』 33, 高麗史學會.

李南奭, 2009, 「橫穴式 墓制의 淵源과 展開」『先史와 古代』 30, 韓國古代學會.

李南奭, 2010, 「考古學資料를 통한 百濟 泗沘遷都의 再認識」『百濟文化』 43, 公州大學校 百濟文化研究所.

李南奭, 2012, 「公山城出土 百濟 漆刹甲의 銘文」『목간과 문자』 9, 한국목간학회.

李南奭, 2012,「東亞細亞橫穴式墓制 展開와 武寧王陵」『百濟文化』46, 公州大學校 百濟文化研究所.

李南奭, 2013,「백제 적석총의 재인식」『先史와 古代』39, 韓國古代學會.

李南奭, 2013,「百濟王都속의 웅진성」『馬韓·百濟文化』21, 圓光大學校 馬韓·百濟文化研究所.

李南奭, 2014,「泗沘의 景觀과 羅城의 築造背景」『百濟文化』50, 公州大學校 百濟文化研究所.

李道學, 1984,「漢城末熊津時代 百濟王系의 檢討」『韓國史研究』45, 韓國史研究會.

李道學, 1990,「漢城 後期의 百濟 王權과 支配體制의 整備」『百濟論叢』2, 百濟開發研究院.

李道學, 2002,「'百濟復興運動'에 관한 몇 가지 檢討」『東國史學』38, 東國史學會.

李道學, 2003,「百濟泗沘遷都의 再檢討」『東國史學』39, 東國史學會.

李丙燾, 1972,「百濟武寧王陵出土誌石에 대하여」『學術院論文集』11 -人文·社會科學篇-, 학술원.

李鎔彬, 2004,「百濟 地方統治制度 研究 現況과 課題」『明知史論』14, 明知史學會.

李鎔彬, 2007,「동성왕의 왕권강화 추진과 신진세력」『熊津都邑期의 百濟』百濟文化史大系研究叢書 4, 忠淸南道歷史文化研究院.

李亨求, 1993,「百濟의 部 體制」『百濟史의 比較研究』, 忠南大學校 百濟研究所.

이종욱, 1976,「百濟의 國家形成」『大邱史學』11, 大邱史學會.

이청규, 2007,「초기철기시대」『한국고고학강의』, 한국고고학회.

李春植, 1969,「朝貢의 起源과 그 意味」『中國學報』10.

李漢祥, 1998,「公州 艇止山遺蹟의 編年과 性格」『백제의 왕실제사유적, 공주 정지산 학술발표회』, 國立公州博物館.

李漢祥, 2008,「百濟 金銅冠帽의 製作과 所有方式」『韓國古代史研究』51, 韓國古代史學會.

李漢祥, 2015,「수촌리고분군에서 본 백제 금공양식의 발현과 전개」『百濟文化』52, 公州大學校 百濟文化研究所.

이현숙, 2009,「就利山遺蹟의 考古學的 檢討」『先史와 古代』31, 韓國古代學會.

이현숙, 2015, 「公山城 新出土 銘文資料」『목간과 문자』, 한국목간학회.

李賢惠, 1976, 「三韓의 國邑과 그 成長에 대하여」『歷史學報』69, 歷史學會.

李賢惠, 1994, 「三韓의 對外交易體系」『李基白先生古稀紀念韓國史學論叢』.

李浩炯, 2008, 「公州 丹芝里 橫穴墓群을 통해 본 古代 韓日交流」『韓國古代史研究』50, 韓國古代史學會.

이훈, 2004, 「墓制를 통해 본 水村里遺蹟의 年代와 性格」『百濟文化』33, 公州大學校 百濟文化研究所.

이훈, 2006, 「공주 수촌리 백제 금동관의 고고학적 성격」『한성에서 웅진으로』, 충청남도역사문화원 · 국립공주박물관.

이훈, 2012, 「공주 수촌리고분군 제2차 발굴조사의 성과와 의의」『금강유역권 신출토자료와 그 해석』, 제11회 백제학회 정기발표회.

이훈 · 강종원, 2001, 「公州 長善里 土室遺蹟에 대한 試論」『韓國上古史學報』34, 韓國上古史學會.

林起換, 2004, 「漢城期 百濟의 對外交涉」『漢城期 百濟의 물류시스템과 對外交涉』, 학연문화사.

林永珍 外, 1994, 『光州 月桂洞 長鼓墳 · 雙岩洞 古墳群』, 全南大學校博物館.

임영진, 2015, 「한국 분주토기의 발생과정과 확산배경」『湖南考古學報』49, 湖南考古學會.

俞元載, 1986, 「熊津都城의 防備體制에 對하여 : 周邊의 山城分布를 中心으로」『忠南史學』1, 忠南大學校 史學會.

俞元載, 1993, 「百濟熊津城 研究」『國史館論叢』44, 國史編纂委員會.

俞元載, 1997, 「熊津時代의 地方統治와 貴族勢力」『百濟文化』26, 公州大學校 百濟文化研究所.

俞元載, 1999, 「백제의 마한정복과 지배방법」『영산강유역의 고대사회』, 학연문화사.

徐程錫, 2001, 「公州地域의 山城」『國立公州博物館紀要』創刊號.

서현주, 2011, 「영산강유역 토기문화의 변천 양상과 백제화과정」『百濟學報』6, 百濟學會.

成洛俊, 1992,『咸平 禮德里 新德古墳 緊急收拾調查略報』, 第35回 全國歷史學大會發表要旨.

전남대학교 · 전남대학교박물관, 2011,『고흥 길두리 안동고분의 역사적 성격』, 고흥 길두리 안동고분 특별전 기념 학술대회.

田中俊明, 2000, 「영산강유역 前方後圓墳古墳의 성격」『영산강유역 고대사회의 새로운 조명』.

鄭求福, 1987, 「武寧王 誌石 解釋에 대한 一考」『宋俊浩敎授停年紀念論叢』, 송준호교수정년기념논총간행위원회.

정동준, 2009, 「백제 22부사체제의 성립과정과 그 기반」『韓國古代史研究』54, 韓國古代史學會.

鄭載潤, 1992, 「熊津 · 泗沘時代 百濟의 地方統治體制」『韓國上古史學報』10, 韓國上古史學會.

鄭載潤, 1997, 「東城王 23年 政變과 武寧王의 執權」『韓國史研究』99 · 100집, 韓國史研究會.

鄭載潤, 2000, 「東城王의 卽位와 政局 運營」『韓國古代史研究』20, 韓國古代史學會.

鄭載潤, 2007, 「집권 기반의 확립과 영토확장」『熊津都邑期의 百濟』百濟文化史大系研究叢書4, 충청남도역사문화연구원.

趙由典, 1991, 「宋山里 方壇階段形 무덤에 대하여」『百濟文化』21, 公州大學校 百濟文化研究所

池上悟, 1984,『橫穴墓』, 二コ- · サイエソス社. 2004,『日本橫穴墓の形成と展開』, 雄山閣, 1~5쪽.

최욱진, 2012, 「백제의 웅진 천도 배경과 천도지 선정과정 검토」『백산학보』94, 백산학회.

최욱진, 2015, 「武寧王(斯麻)卽位過程 檢討」『百濟文化』53, 公州大學校 百濟文化研究所.

최희수, 2014, 「백제 초기 부의 성립 · 운영과 지방통치」『韓國古代史探究』18, 韓國古代史探究學會.

洪性和, 2011, 「熊津時代 百濟의 王位繼承과 對倭關係」『百濟文化』45, 公州大學校 百濟文化研究所.

韓鴻烈, 1995, 「韓國 漆器手工業의 地域的 展開過程에 관한 研究」『社會科學研究』8.

# 찾아보기

•
•

## _기타